KB266440

알파

알파

내 삶의 주인으로 사는 법

임성현 지음

좋은땅

우리는 각자 삶의 주인으로서 누구나 성공과 행복을 누릴 수 있어야 한다. 우리는 모두 알파로서 자신의 삶을 스스로 창조할 수 있게 태어났다. 하지만 대부분의 사람들은 자신의 에고에 갇혀 산다. 소우주인 창조자로서의 자신을 잊은 채, 에고에 갇혀 사회라는 시스템에 끌려다니며 억압받고 수동적인 삶을 살고 있다. 이 에고를 자신과 분리시키고 사회 시스템의 노예에서 벗어나야 한다. **여러분 스스로의 노력으로 진정한 삶의 주인이 되어 자유로운 알파로서의 삶을 살아가야 한다.**

필자는 수의학과에 입학하여 21살 때부터 여러 분야의 책을 읽고 일찍 재테크에 눈을 뜨게 되었다. 재테크로 은퇴하겠다는 명확한 목표를 가지고 수의학 공부와 과외, 재테크 공부를 20대 내내 10여 년간 병행하였다. 대학을 졸업 후엔 낮에는 수의사 일을 하고, 저녁 시간과 휴일에는 대치동에서 과외 강사를 병행하였다. 일이 끝나고 집에 와서는 몇 시간씩 꾸준히 재테크 공부를 하였다. 그렇게 다시 5년이란 시간을 보내고 마침내 재테크로 수의사 일과 과외 활동을 은퇴하게 되었다. 일을 은퇴한 후에는 부동산과 주식 등 재테크 투자를 하고, 남는 시간에 명상과 행복 관련 공부를 하며 행복한 삶을 추구하기 위해 노력하고 있다.

수의사로 살았고, 대치동에서 꽤 유명한 과외 강사였으며, 재테크로 은퇴하여 시간적 경제적인 자유를 얻고, 매일 삶을 즐겁게 경험하고 행복을 선택하는 알파로 살기 위해 노력하고 있다.

이 책에 필자가 그동안 수많은 분야를 공부하고 도전하면서 깨달은 여러 방법들과 생각들을 적어 두었다. 주식, 부동산, 자기계발, 끌어당김, 행복 등 이 모든 것들을 아우르는 세상에 없던 특별한 재테크 책을 만들고 싶었던 게 필자의 오랜 소망이었다. 이 책 한 권에는 인생을 성공으로 이끌고 마침내 행복으로 도달하기 위한 여러 지침이 담겨 있다.

물론 책 한 권을 본다고 어느 날 갑자기 성공이 오는 것은 아니다. 이 책은 자신의 노력으로 성공과 행복을 쟁취하려는 미래의 알파들에게 삶의 이정표를 알려 주는 책이다. 책을 통하여 인생의 알파로서 자신의 삶을 창조할 수 있게 지름길을 제시하여 줄 것이다. 책 안의 내용들을 잘 읽고 꾸준히 실천하여 여러분의 삶의 여정에 든든한 지침서가 될 수 있길 바란다.
사실 이렇게 여러 분야를 아우르는 책은 거의 없다. 최대한 많은 것을 담으려 노력하였지만, 책 한 권에 모든 분야의 세세한 부분까지는 다 담을 수가 없었다.
책 속의 여러 분야를 더 심도 있게 공부하고 싶은 이들은 필자의 블로그(https://m.blog.naver.com/alpha3232)를 찾아오면 될 것이다. 책에서 다 하지 못한 여러 분야의 정보들과 매주 시장의 흐름을 분석할 것이다.
그리고 알파로서 함께 삶을 노력하고 성장시키고 싶은 분들은 필자가 만든 카카오톡 오픈 채팅방 알파(재테크), 알파(자기계발) 이 두 곳에 들어와서 함께 정보를 나누고 나아가면 좋겠다.

차례

서문 — 4

1부 알파로 가는 길

Chapter 1. 책책책 책을 읽자! — 10

Chapter 2. 성공의 지름길 — 4단계 전략 — 18

Chapter 3. 성공의 5원소 — 열정, 의지, 노력, 도전, 변화 — 31

Chapter 4. 대중과 다르게 가자 — 42

Chapter 5. 마케팅을 배우자 — 49

Chapter 6. 사람을 대하는 기술 — 56

Chapter 7. 위기는 반드시 온다 — 71

Chapter 8. 욕심이 사기를 부른다 — 80

2부 알파의 투자법

Chapter 1. 나에게 맞는 재테크 — 91

Chapter 2. 재테크 비교 분석하기 — 108

Chapter 3. 투자의 3가지 요소 — 123

Chapter 4. 코인 — 투자를 할 것인가? 도박을 할 것인가? — 134

Chapter 5. 한국 주식 — 어렵다고 포기할 것인가? — 154

Chapter 6. 미국 주식 ― 새로운 기회를 찾다 · 190

Chapter 7. 아파트 투자 ― 인생에서 한 번쯤은 마주하게 되는 투자 · 210

Chapter 8. 상가 투자 ― 안정적인 임대료를 목표로 하자 · 226

Chapter 9. 공장 투자 ― 일석이조 투자법 · 247

Chapter 10. 토지 투자 ― 노력한 만큼 얻으리라 · 262

3부 알파로서의 마음가짐

Chapter 1. 에고에서 벗어나 알파로서 살기 · 293

Chapter 2. 에고를 치유하고 사랑하기 · 302

Chapter 3. 인생은 즐거운 게임 · 309

Chapter 4. 모든 것은 나에게서 시작돼서 돌아온다 · 315

Chapter 5. 끌어당김의 법칙으로 현실 창조 · 322

Chapter 6. 내 안의 행복 · 334

Chapter 7. 행복을 위한 실천 · 341

Chapter 8. 물질 만능주의에 빠지지 마라 · 350

Chapter 9. 인간관계 설정하기 · 356

Chapter 10. 가화만사성 · 364

맺음말 · 369

알파로 가는 길

1. 독서가 모든 것의 시작

토마스 칼라일은 말했다.

"책은 인생의 길잡이이자 친구이며, 과거 모든 시대와 대화하는 수단이다."

짐 론은 이렇게 말한다.

"성공한 사람과 그렇지 못한 사람의 차이는 결국 책장에 꽂힌 책의 차이일 뿐이다."

워런 버핏은 매일 하루의 대부분을 독서로 채웠다.

"나는 매일 500페이지를 읽는다. 지식은 복리처럼 쌓여 성공으로 돌아온다."

그는 실제로 고등학교 시절 읽은 책 목록만 300권이 넘는다.

토니 로빈스 역시 책을 강조한다.

"당신의 성공 확률을 가장 빠르게 높이는 방법은 독서다."

그는 18살 때부터 7년 동안 700권의 책을 읽었다. 심리학, 생물학, 철학, 인간 행동학 등 지금의 세계적인 자기계발 코치가 만들어지기까지 이러한 책이 기본 토대가 되었다.

1) 왜 성공한 사람들은 모두 '독서'를 말할까?

성공한 사람들의 공통점은 단 하나다. 바로 끊임없이 배우는 사람이라는 것이다. 그리고 그 배움의 가장 강력한 도구가 바로 '책'이다. 책은 누군가의 인생 전체가 압축된 경험이다. 책을 읽는다는 것은 누군가가 수십 년 동안 시행착오하며 배운 것을 단 몇 시간 만에 흡수하는 것이다.

마케팅 책 한 권에는 저자가 10년 동안 실패한 광고, 성공한 카피, 시장 분석이 모두 정리되어 있다.
철학 책 한 권에는 수백 년 전부터 인간이 고민해 온 삶의 문제들이 이미 답과 함께 정리되어 있다.
심리학 책 한 권에는 사람이 무엇에 움직이고, 멈추는지, 무엇을 불안해지는지 모든 실험과 데이터가 담겨 있다.
이 모든 것을 단 몇 시간 만에 흡수할 수 있다. 책보다 빠른 성장 도구는 없는 것이다.

2) 독서를 하면 무엇이 달라지는가?

책을 읽으면 생각이 달라지고, 생각이 달라지면 선택이 달라지고, 선택이 달라지면 인생이 달라진다.

책을 통하여 우리는 열정과 자신감을 얻게 된다

지금 당장 자기계발 서적 5권만 읽어 보아라. 생각하는 흐름이 바뀌고 내면의 자신감이 차오를 것이다. 이제껏 주변 누구도 주지 못했던 생생한 성공의 조언들을 얻을 것이다.

경제 뉴스가 들리기 시작한다

경제학 서적의 숫자와 용어들은 낯설지만 책을 5권만 읽어도 그동안 이해되지 않던 경제 뉴스가 이해되기 시작한다.
금리가 오르면 왜 주식이 떨어질까?
공급이 늘면 부동산 가격은 왜 조정될까?
농지 정책이 바뀌면 어떤 식으로 투자할까?
이런 경제 구조와 뉴스가 보이기 시작하면 새로운 투자의 길이 열린다.

사람의 마음이 읽히기 시작한다

심리학 책은 몇 권만 읽어도 왜 어떤 사람이 화를 내는지, 왜 어떤 관계는 끊어지는지, 왜 어떤 조직은 성장하는지, 사람과 세상의 내면이 보인다.

시장이 보이기 시작한다

마케팅·브랜딩 책을 읽으면 어떤 식으로 나를 홍보해야 하는지, 어떤 비즈니스가 뜨고, 어떤 시장이 줄어드는지, 변화하는 세상의 흐름을 읽을 수 있다.

필자도 21살 때 학교 도서관에서 1년 동안 약 백여 권의 책을 읽었다. 도서관의 책들을 한두 권씩 읽으면서 내가 몰랐던 여러 분야의 세상을 알게 되는 것이 너무나 즐거웠다. 그 당시 관심있던 여러 분야의 책들을 닥치는 대로 읽었다.

자기계발, 마케팅, 경영, 심리, 철학, 종교, 명상, 부동산, 주식 등. 이 수많은 책들이 나의 생각과 행동을 완전히 바꾸어 놓았다. 경제나 사회 뉴스가 들리고 이해가 가기 시작하였으며 세상이 돌아가는 흐름이 보이기 시작했다. 내 안은 열정과 자신감으로 가득 찼으며 인생에서 성공할 수 있는 여러 방법들이 눈에 들어오기 시작했다. 나는 비로소 책을 통하여 내 삶의 주인이 되고자 하는 꿈을 꾸기 시작하였다. 그게 20여 년 전 내가 알파로서의 길에 들어서게 된 첫 시작이었다.

성공하고 싶다면 반드시 책으로 시작하라. 책을 등한시한 채 성공하고자 하는 것은 지름길을 두고 일부러 험한 산길을 오르는 것과 같다. 삶을 창조하는 첫 단추, 모든 변화의 출발점은 바로 '책'이다.

누군가의 미래를 알고 싶다면, 그 사람이 현재 여유시간에 시간을 어떻게 보내고 있는지를 보면 된다.

당신은 지금 여유 시간에 무엇을 하고 있는가?

사람은 모두 같은 24시간을 가지고 있지만, 그 시간을 어디에 쓰느냐에 따라 10년 뒤의 모습은 완전히 달라진다.

우리가 고등학교 때를 생각해 보라. 물론 극소수의 예외는 있겠지만 대부분 매일 열심히 공부하던 친구들이 좋은 대학을 나오고, 전문직을 얻고, 사회적으로 성공한다. 우리는 그때 이미 인생의 기회를 놓친 것이다. 지금의 내 현실은 세상이나 부모가 만든 게 아니라 과거의 내가 만든 미래이다. 현재도 여전히 노력하지 않는다면 우리는 미래의 기회마저 놓치게 될 것이다.

대부분의 사람들은 집에 있는 여유시간에 TV를 틀고, SNS를 보고, 게임으로 시간을 보낸다. "잠깐만…" 하고 시작한 그 10분이 어느새 1시간이 되고, 하루가 되고, 10년 뒤 그들의 인생을 결정한다. 주어진 여유 시간에 조금이라도 자신을 변화하려고 노력하지 않는 사람은 결국 항상 다람쥐 쳇바퀴 돌듯이 한 발자국도 앞으로 나아갈 수 없다. 자신의 삶을 변화시키려는 사람은 그 여유 시간에 책을 읽고, 자신만의 방법을 만들고, 시장을 분석한다. 이 선택이 하루 만에 변화를 만들 순 없지만, 3개월, 1년, 3년이 지나면 그 선택은 따라올 수 없는 삶의 차이를 만든다.

남들과 똑같은 행동을 하면서 남들과 다른 결과를 바라는 것은 욕심이고 망상이다. 답은 간단하다. 내 미래가 현재와는 달라지고 싶다면 나의 현재가 달라지면 된다. 내 인생을 내가 창조하고 싶다면 현재의 시간부터 남들과는 달라야 한다.

단 처음부터 너무 완벽하려 하지 마라. 지금까지 큰 노력 없이 살아왔던 내 자신이 한번 마음먹는다고 하루 만에 변하진 않는다. 나의 자아에는 이미 부정적인 마음이 가득할 것이다.

"내가 되겠어?", "역시 안 되는 거겠지", "괜히 시간 낭비하지 말자", "남들도 못 하는 걸 어떻게 해"

이런 자아를 가지고 대부분은 평생을 살아왔다.

자아를 하루 아침에 바꾸기는 힘들 것이다. 하루에 조금씩 책을 읽고, 매일 꾸준히 읽고, 시간을 늘려 가며 읽다 보면 잃었던 자신감이 서서히 차오르게 된다. 내가 스스로를 믿지 못한다면 세상 누구도 나를 믿어 주지 않는다. 먼저 나 스스로에 대한 부정적 자아를 책을 통하여 긍정적으로 바꾸어야 한다.

"나는 변화하는 사람이다", "나는 결국 해내는 사람이다", "나는 계속 발전하는 사람이다".

변화는 갑자기 일어나지 않는다. 처음에는 30분, 1시간이면 충분하다. 책한 권 끝내는 것이 목표가 아니라, 책을 꾸준히 읽는 내가 되는 것이 목표다. 좋아하는 분야부터 시작해도 좋다. 취향이 습관을 만든다.

어떤 분야부터 시작할지 모르겠다면 자기계발서로 열정과 동기부여를 얻고, 심리학 책으로 자신과 타인을 이해하고, 마케팅 책으로 세상이 움직이는 방식을 배워라. 이런 책들을 몇 권만 읽어도 '아, 내가 성장하고 있구나'

라는 감각이 서서히 올라온다.

독서를 꾸준히 하다 보면 어느 날 문득 이런 느낌이 든다.

"어제의 나와 오늘의 내가 다르다", "내 사고가 깊어지고 있다", "내가 원하는 방향으로 변하고 있다", "내가 뭔가를 해낼 수 있을 것 같다"

책을 읽다가 문득 지금까지의 나에게 미안함이 밀려와 눈물이 흐른 적이 있는가?

앞으로의 나에게 기대가 되어 가슴 깊은 곳에서 벅찬 흥분이 치밀어 오른 순간이 있는가?

그 순간이 바로, 내면에 '자신감의 씨앗'이 심어지는 때다.

책을 통해 지식이 쌓일 때 사람은 자연스럽게 스스로를 믿기 시작한다. 이 믿음이 바로 '자신감'이다.

필자도 처음 책을 통해 자신감을 얻었다. 20대 초반의 나이에 필자도 어제보다 오늘 더 나은 사람이 되고 싶다는 마음으로 도서관에서 여러 책을 읽었다. 어느 순간부터는 주말에 하루 종일 책 읽을 생각만 해도 가슴이 두근거렸다. 그 감정은 중독에 가까웠다.

"오늘은 또 어떤 지식을 얻을 수 있을까?", "오늘은 어떤 생각이 변화할까?"

그 기대감만으로 새벽 6시에 눈이 떠지곤 했다. 그때 나는 확신했다.

"나는 성공할 수 있는 사람이다."

이 자신감이 이후 내 인생에서 모든 성취의 원동력이 되었다. 기회가 보이면 도전할 수 있었고 시련이 와도 포기하지 않을 수 있었다.

하루하루 책을 읽어 가며 어제보다 조금 더 성장한 나를 느끼면 목표를

 알파

향해 흔들림 없이 걸어갈 수 있는 내적 원동력이 생긴다. 동기부여가 생기고, 목표가 세워지고, 나 자신을 믿게 되고, 하루가 달라지고, 결국 인생이 달라진다. 이 모든 변화는 책이라는 작은 행동에서 시작된다.

책을 읽는 사람만이 스스로를 변화시킬 수 있다. 매일 1시간씩 독서를 꾸준히 시작하자. 이것이 바로 알파로서 자신의 삶을 창조하는 시작이다.

Chapter 2.

성공의 지름길
— 4단계 전략

필자가 여러 분야를 공부하고 도전해 본 결과 분야와 상관없이 성공으로 가는 방법은 거의 동일하다는 사실을 깨달았다. 지금부터 필자가 직접 경험하며 검증한 가장 빠르게 성공에 도달하는 4단계 전략을 소개하고자 한다. 여러분도 부디 멀리 돌아가지 말고 이 전략을 통해 자신만의 '성공의 지름길'을 만들기 바란다.

1. 책으로 지식 뿌리 만들기

우리가 어떤 분야든 성공하고 싶다면 먼저 그 분야의 기본이 되는 지식을 얻어야 한다. **기본 지식을 얻는 가장 좋은 방법이 해당 분야의 좋은 책을 5권 이상 3회독하는 것이다.**

단 아무 책이나 고르면 안 된다. 책마다 중점 내용이 다르기 때문에 내용이 서로 다른 책들로 선별해야 한다. 그리고 반드시 나에게 도움이 되는 책을 선택해야 한다. 실제로 별 도움이 안 되는 책들은 나의 시간과 열정을 낭비하게 만든다.

1) 좋은 책을 고르는 기준은 다음과 같다

책 선택 전 리뷰와 목차, 요약본을 확인하라

먼저 책을 고르기 전에 리뷰와 목차 등을 참고하여 정말 내가 필요로 하는 내용이 잘 담겨 있는지 파악해야 한다. 혹은 요약 정리본이나 책의 처음 10페이지 정도만 읽어 보고 책의 수준을 어느 정도 판단한다. 별 내용은 없고 하나 마나 한 이야기를 반복하거나, 수사적인 표현만 길게 늘어놓은 책은 피해야 한다.

읽고 난 뒤 '행동'을 변화시키는 책을 선택하라

좋은 책은 단순히 지식을 늘리는 책이 아니라 나의 행동과 삶을 변화시키는 책이다. 읽고 나면 열정이 샘솟고, 작은 행동이라도 실천하게 만들며, 나의 삶을 조금이라도 더 나아지게 만드는 책을 선택해야 한다.

저자의 삶과 책의 내용이 일치하는지 확인하라

저자의 삶이 책에 자연스럽게 녹아 있어야 한다. 저자의 실제 경험과 전문성이 책의 주제와 연결되지 않는다면 그 책은 신뢰하기 어렵다.

책이 '지식을 나누기 위한 마음'으로 쓰였는지 확인하라

저자가 독자에게 자신의 지식과 경험을 나눠 주기 위해 쓴 책인지, 아니면 단순히 자기 홍보와 수익을 위해 쓴 책인지 반드시 살펴보아야 한다. 요즘은 단순히 책을 통해 자신을 홍보하고 명예와 수익을 얻기 위해 고민 없이 쓰인 책들이 너무나도 많다.

그 분야의 5권 이상 좋은 책들을 선정했다면, 한 번만 읽지 말고 반드시 3회독하여 책의 내용을 온전히 나의 것으로 만들어야 한다.

2) 책을 3회독하는 법은 다음과 같다

1회독: 전체 흐름 파악하기

1회독에서는 가벼운 마음으로 쭉 읽으며 전반적인 내용 흐름을 파악하고 핵심 주제만 기억한다.

2회독: 개념 이해 단계

2회독에서는 중심 내용들은 밑줄을 그어 가며 읽고, 중간중간 생소한 단어나 이해가 안 되는 개념들은 스스로 인터넷 등을 찾아가며 반드시 이해하고 넘어가야 한다.

3회독: 요약 정리·나만의 노트 만들기

3회독에서는 필요한 지식들을 나만의 노트에 옮겨 적어야 한다. 후에 나만의 방법을 만들고 실전에 활용하려면 반드시 정리된 노트가 있어야 한다. 그때 가서 다시 여러 책을 처음부터 읽는 것은 막대한 시간 낭비가 된다. 한 분야의 모든 책은 내 노트 한 권 혹은 두 권에 깔끔하게 요약·정리되어 있어야 한다. 이 노트는 앞으로 필요할 때마다 빠르게 참고할 수 있는 나만의 지식 자산이 된다.

이렇게 한 분야의 좋은 책들을 반복하여 읽으며, 내용을 확실히 찾아서 습득하고, 나만의 정리 노트까지 만들어 두었다면 그 분야의 지식은 이미 단단하게 쌓인 상태가 된다. 바로 이러한 지식이 바탕이 되어 성공의 든든한 뿌리가 만들어진다.

2. 외부 자료로 줄기 만들기

독서를 통하여 성공의 뿌리가 되는 지식을 쌓았다면, 이제 네이버 카페나 유튜브, 세미나, AI 등을 통하여 그 지식에 살을 붙여 지식이 뻗어 나갈 줄기를 만들어야 한다.

독서는 지식의 기초를 쌓는 데 가장 강력한 도구지만, 단순히 책을 읽는 것만으로는 '실전 감각'과 '속도'에서 한계가 생긴다. 독서로 기본 개념과 원리를 이해했다면, 그 다음 단계는 네이버 카페, 세미나, 유튜브, AI 같은 외부 자료를 통해 지식을 확장해 나가는 것이다. 물론 외부 자료를 통해 확장된 지식들도 모두 내가 만든 공책에 다 첨가하여 잘 정리해 두어야 한다.

독서를 통해 배운 지식들이 실제로 적용 가능한 것인지, 승률은 어떠한지, 다른 효과적인 방법은 또 없는지, 최근 트렌드는 어떻게 변하고 있는지 등등 지식을 확장시키고 심도 있게 조사해야 한다.

단 카페나 세미나, 유튜브는 지식을 확장하는 데 필수적이지만 정보의 검증이 제대로 이루어지지 않기 때문에 우리가 주의해서 살펴보아야 한다. 과장된 멘트나 근거 없는 확신은 우리를 끌어들여 돈을 벌기 위한 거짓 정보일 가능성이 크다. 과한 확신이나 자기 자랑, 자극적인 정보는 걸러 듣고, 거짓된 정보는 주의해야 한다. 의심되는 정보는 다른 여러 곳에 교차검증을 통해 확인해 보아야 한다.

1) 네이버 카페, 카카오 오픈 채팅방 — 실전 경험과 최신 정보의 보고

관련분야에서 잘나가는 카페나 오픈방 2곳 이상을 가입하길 권유한다. 네이버 카페나 오픈 채팅방은 수많은 사람들이 최신 정보, 자신의 경험, 실패담, 성공 사례를 실시간으로 공유하는 공간이다. 책에서는 얻기 어려운 현장 정보, 시장 분위기, 다수의 경험과 사례 들 같은 실전형 지식을 빠르게 흡수할 수 있다. 또한 비슷한 목표를 가진 사람들과 교류하면서 자극을 받거나, 질문을 통해 생각의 폭을 넓힐 수도 있다.

독서가 지식을 만든다면, 카페나 오픈방은 정보 교류와 현장감을 더해 주는 단계다.

알파

2) 세미나 ― 깊이 있는 강의와 생생한 인사이트

관련 분야에 양질의 세미나를 최소 2~3번 이상은 들어 보길 권한다. 세미나는 전문가가 수십 년간 쌓은 경험과 노하우를 단 몇 시간 안에 압축해서 전달받을 수 있는 효율적인 학습 방법이다. 특히 세미나에서 강사의 감정, 톤, 철학, 질문과 답변을 통한 실전 해결, 세미나를 통해 만난 오프라인 네트워크 등등 독서로 얻지 못하는 현장 에너지를 직접 경험할 수 있다.

독서로 닦은 기초 위에 세미나를 더하면 지식의 폭과 깊이가 훨씬 넓어진다.

3) 유튜브 ― 빠르게 변화하는 시대를 따라잡는 속도전

관련 분야에서 인기 있는 유튜브 채널을 5개 이상 구독하길 권한다. 채널 선택 시엔 중점적으로 다루는 내용이 서로 다른 채널들을 선택하도록 한다.

유튜브는 최신 트렌드, 시장 흐름, 기술 변화, 투자 패턴 등을 가장 빠르게 확인할 수 있는 플랫폼이다. 시장의 방향성, 중요한 사건·이슈 분석, 실전 투자자들의 관점, 강의나 코칭의 영상 등을 시각적·청각적으로 쉽게 학습할 수 있다. 이를 통해 지식을 '머리 → 감각'으로 빠르게 전환할 수 있다.

독서는 깊이를 주고, 유튜브는 실전 스피드를 더해 준다.

4) AI — 성공 시간을 줄여 주는 나만의 비서

우리는 이제 AI 시대에 살고 있다. AI를 잘 활용한다면 성공에 이르는 시간을 크게 줄일 수 있다. 과거에는 인터넷에서 정보를 하나하나 찾아 분석하고, 과거 사례 등 자료를 정리하는 데 정말 많은 시간이 필요했다. 하지만 이제는 AI를 통해 쉽고 빠르게 원하는 정보를 얻을 수 있게 되었다. 책에서 나오는 어려운 개념들이나 이론들도 이런 AI를 통하면 쉽게 이해가 가능하다. 앞으로 세상은 AI를 활용하는 사람과 그렇지 못한 사람으로 나뉠 것이다. 빠르게 변화하는 시대에 성공하기 위해서는 이제 AI를 적극적으로 활용해야 한다.

독서로 기본을 다지고, 카페나 오픈방에서 실전 사례들을 접하고, 세미나로 깊이를 더하고, 유튜브로 최신 흐름을 따라가고, AI로 시간을 줄이게 되면, 성공 지식은 빠르고 넓게 확장된다.
이 과정을 지속하면 성공의 줄기가 넓게 뻗어 나가게 된다.

3. 나만의 방법으로 꽃피우기

책과 외부 자료를 통해 지식을 충분히 흡수했다면 이제 그 배움을 바탕으로 '나만의 방법'을 만들 차례이다.
누구나 책을 읽을 수 있고, 누구나 정보는 모을 수 있다. 하지만 그 정보를 자신만의 방식으로 정리하고 재해석해 하나의 시스템으로 만드는 사람만이 성공하는 소수가 되는 것이다. 성공은 정보가 아니라, 정보를 나만의 방법으로 재구성하는 힘에서 탄생한다.

책과 외부 자료 들로 만든 정리 노트가 없으면 지식은 금방 사라진다. 우리가 이제껏 공부한 내용들은 반드시 나만의 노트에 정리되어 있어야 한다. 그 노트는 단순한 기록이 아니라 나만의 전략서이며, 나만의 매뉴얼이며, 나만의 성공 지도를 그리는 도구다.

스타벅스 창업자 하워드 슐츠는 이탈리아 카페 문화를 연구하던 시절 느낌, 구조, 맛, 향기, 고객 동선까지 모든 정보를 노트에 미친 듯이 기록했다. 그 노트들이 쌓여 세계적인 커피 브랜드의 전략이 되었다.

방법을 만들 때는 자신의 노트와 과거 데이터를 기반으로 다음 요소들을 반드시 분석해야 한다.

성공 확률

적어도 방법 적용 시 승률이 70% 이상은 되어야 한다.

수익 실현까지 걸리는 기간

수익 실현까지 너무 많은 시간이 걸리면 재고해야 한다.

방법의 장단점과 예상되는 문제들

다른 방법들과 장단점을 비교해 보고, 예상되는 여러 문제들의 대처법을 파악해 두어야 한다.

수익률과 리스크

수익률이 너무 적거나, 리스크가 너무 크면 수익률을 더 올릴 수 있는지, 리스크를 줄일 수 있는지 파악하고 재고해야 한다.

이 4가지 데이터를 종합해야 비로소 실전에서 통하는 방법이 만들어진다. 방법에 대한 감이 아직 안 잡힌다면 공부와 자료조사가 아직 부족하기 때문일 것이다. 다시 1~2단계를 좀 더 세밀하게 공부하며 반복해야 한다.

책을 읽고, 자료를 모으고, 데이터를 기록한 뒤, 그 모든 것을 다시 나만의 방식으로 재조립할 때, 비로소 그동안의 노력이 방법으로 꽃피어 난다.

4. 방법을 성장시켜 성공 열매 맺기

방법을 만들었다고 해서 처음부터 무리하게 도전하는 것은 어리석은 일이다. 결코 첫술에 배부를 수는 없다. 처음에는 반드시 모의 투자, 소액 투자, 시범적인 도전을 해 보며 방법의 허점과 승률을 직접 확인해야 한다.

알파

이 과정에서 얻는 시행착오가 나의 방법을 확실히 완성시키게 만든다. 방법은 시행착오를 통해 확신이 들었을 때 비로소 본격적으로 실전에 적용하는 것이다.

이론상 검증이 충분히 되고, 과거 데이터로 승률이 나오고, 시범적인 도전에서도 큰 문제 없이 작동한다면, 그때야 비로소 방법을 실제로 적용하는 것이다. 점점 승률이 맞아 가고 확신이 생기면서 방법은 안정화된다.

여기서 끝이 아니다. 시장은 끊임없이 변화한다. 그러므로 나의 방법도 변해야 한다. 아무리 뛰어난 방법도 시장이 변화하면 언제든 무용지물이 될 수 있다. 과거에 잘 먹히던 부동산 매매 전략이 정부 정책 변화로 더 이상 통하지 않기도 하고, 암호화폐 시장에서 유효했던 기술적 패턴이 시장과 유동성 변화로 사라지기도 하고, 마케팅에서 통하던 광고 구조가 알고리즘 변화 한 번으로 성과가 줄어들기도 한다.

세상은 빠르게 변하고, 아무리 성공적인 전략도 영원할 수 없다. 이 사실을 인정하는 것이 중요하다. 방법은 결코 고정된 것이 아니다. 방법은 변화하는 시장에서 살아남기 위해 계속 성장해야 하는 나무와 같다. 이전의 가지를 잘라 내야 할 때가 있고, 새로운 가지가 돋아나야 할 때가 있고, 환경에 적응하기 위해 완전히 방향을 틀어야 할 때도 있다.

고정된 전략은 오래가지 못하지만, 계속 진화하는 전략은 어떤 시장의 변화에도 살아남는다.

좋은 방법을 만들고 그 방법을 지속적으로 수정하고 업그레이드하는 과정에서 당신은 결국 성공이라는 열매를 얻게 될 것이다.

예시

토지 투자를 예로 들어 보겠다.

내가 토지 투자로 성공하겠다고 목표를 세웠다면, **토지 분야의 좋은 책을 선정해 앞서 말한 방법으로 5권 이상을 3회독해야 한다.** 이때 책마다 중점적으로 다루는 내용이 다르기 때문에 다루는 정보가 크게 겹치지 않는 책들을 선택해야 한다. 토지 공법, 토지 경매, 토지 개발, 토지 투자 유망 지역 등 토지 분야 안에서도 전문 영역이 서로 다른 책들을 고르는 것이다. 책에서 나오는 부동산 용어나 생소한 개념들은 일일이 인터넷 등으로 조사하며 공부해야 한다. 그리고 공부한 내용은 반드시 공책에 요약·정리해 두어야 한다.

책을 통해 어느 정도 지식의 뿌리가 잡혔다면 그다음은 외부 지식을 확장하는 단계이다. 사람 수가 많은 토지 카페나 오픈 채팅방을 2개 이상 가입하여, 생생한 최신 토지 정보를 얻고 그들의 성공·실패 사례를 분석해야 한다. 양질의 토지 투자 관련 세미나에 참석해 함께 공부할 수 있는 오프라인 인맥을 만들어 두는 것도 매우 좋다. 함께 현장 답사를 다니고, 소액으로 공동 투자도 해 볼 수 있다.

토지 관련 유명 유튜브 채널도 5개 이상 구독해야 한다.

물론 이때도 서로 중심 내용이 크게 겹치지 않는 채널을 선택하는 것이 중요하다. 유튜브를 통해 현장 답사나 경매 투자 등을 간접적으로 체험할 수도 있고, 최근 토지 동향이나 투자 유망 지역 파악, 투자 시 실제로 겪게 되는 여러 문제점과 그 대처법, 그리고 성공한 투자자의 방법 등을 참고해 내 방식을 만들 때 도움을 받을 수 있다.

또한 자료 조사나 정보 분석을 할 때 AI를 적극 활용해 시간을 단축해야 한다. 토지 용어·개념 정리, 해당 지역 분석, 토지 개발 시 법적 문제, 지역별 평균 토지 가격, 새로 신설되는 도로나 개발 사례 분석 등등 과거와 현재의 방대한 자료를 AI로 쉽고 빠르게 파악할 수 있다.

이렇게 공부하고 조사한 모든 자료는 반드시 내 노트에 체계적으로 정리되어 있어야 한다.

이제 나만의 성공 방법을 만들어야 한다. 투자 방법을 만들 때는 투자 성공 승률, 투자 기간, 예상 수익률과 리스크, 각 투자 방식의 장·단점과 예상되는 문제점 등등 여러 데이터를 조사하고, 그 데이터를 기반으로 방법을 설계해야 한다. 이러한 다양한 노트 자료와 정확한 데이터가 축적될 때 비로소 정확한 나만의 방식이 만들어진다.

토지 경매를 통한 투자, 스스로 토지를 개발해서 투자, 맹지에 길을 내서 가치 상승을 노리는 투자, 개발 호재 지역의 토지에 투자 등등 자신만의 투자 전략을 많은 데이터를 분석하여 정밀하게 만들어야 한다.

처음 투자 시 절대 무리해서는 안 된다.

방법을 만들어 처음 적용 시엔 반드시 소액으로 투자 경험을 쌓아야 한다. 경험을 통해 시행착오를 거치며 방법을 업그레이드하고, 투자 금액도 조금씩 늘려 나간다.

마지막으로 시장 상황에 따라 방법을 유용하게 바꿔 가며 적용해 나간다.

점점 투자 금액이 커지고 확실한 나만의 투자 방법이 만들어지면, 토지 투자 전문가가 되어 성공이라는 열매를 맺게 될 것이다.

Chapter 3

성공의 5원소
─ 열정, 의지, 노력, 도전, 변화

1. 삶에 대한 타오르는 열정

같은 일을 하더라도 어떤 사람은 매일을 반복되는 지루한 하루로 생각하고, 억지로 일하는 시간을 때우며 수동적으로 삶을 살아간다. 이런 삶은 어떠한 발전도 없으며, 삶의 의미도, 아무런 만족도 없다. 반면 어떤 사람은 같은 일을 하면서도 매일을 나에게 주어진 소중한 하루로 생각하고, 능동적으로, 성실하게, 의미를 찾으며 일한다. 이런 삶은 성취감을 느끼며, 즐거움이 가득하고, 꾸준히 성장해 나아간다.

이 두 사람의 차이는 능력이 아니라 바로 오늘의 삶을 대하는 열정에서 비롯된다. 오늘 하루를 소중히 살아가는 삶의 열정은 누군가가 넣어 주는 것이 아니다. 외부 상황이 만들어 주는 선물도 아니다. 열정은 내가 오늘 내 삶을 어떻게 바라보느냐에 따라 스스로 만들어 내는 선택이다.

많은 사람들은 "지금 환경이 안 좋으니까 열정이 안 생겨" "상황이 좀 나아지면 나도 열심히 할게"라고 말한다.

하지만 열정은 상황이 좋아졌을 때 생기는 것이 아니다. 상황이 나쁠 때조차 삶의 의미를 발견하려는 사람에게서 생긴다. 나에게 주어진 모든 일에 순간순간 최선을 다하라. 이건 작은 일이니까 대충 해도 된다는 그 마음이 내 삶의 열정을 차갑게 만든다.

필자가 자주 다니는 단골 미용실이 있다. 이곳의 담당 헤어 디자이너분은 항상 미소로서 인사하고 자신의 일에 대한 에너지가 넘친다. 그분은 밤늦게까지 일을 하고, 퇴근 후에는 운동과 영어 공부를 한다. 일주일 중 단 하루 휴일에는 마케팅 세미나를 나가고, 자신이 일하는 미용실에서 배운 것들을 이것저것 접목시켜 본다. 그 어린 디자이너의 삶에는 열정이 가득하다. 5년 후, 10년 후에 그분이 자신만의 미용실을 차리고 분명 잘될 거라는 사실은 누구나 짐작할 수 있을 것이다.

성공은 재능보다 삶의 열정이 결정할 때가 훨씬 많다.

열정 있는 사람은 뛰어난 재능이 없더라도 결국 앞서간다. 열정 있는 사람은 실패해도 다시 일어선다.

열정 있는 사람은 밤을 새워서라도 배운다.

열정 있는 사람은 기회가 오면 용기를 내어 도전한다.

열정 있는 사람은 누가 보지 않아도 최선을 다한다.

열정 있는 사람은 끝까지 포기하지 않는다.

재능은 출발선의 차이를 만들지만 열정은 도착선의 차이를 만든다. 열정이 있으면 평범한 하루도 의미 있는 하루가 되고, 작은 행동도 성장으로 변하고, 어려움도 도전으로 변하며, 삶 전체가 밝아진다.

열정은 타고난 것이 아니라 내가 선택하는 것이다. 오늘 당신이 어떤 태

도로 오늘의 삶을 맞이하느냐에 따라 당신의 미래는 완전히 달라질 것이다. 열정을 선택하라. 삶의 불꽃은 그 순간부터 타오르기 시작한다.

2. 성공에 대한 간절한 의지

성공은 지식이나 운에서 시작되지 않는다. 성공은 내면의 강한 의지에서 시작된다. 의지는 밖에서 주어지는 것이 아니라 내가 내 인생을 주도하고 내 삶을 창조하고 싶다는 깊고 강렬한 욕구에서 만들어진다.

막연한 목표에는 의지가 생기지 않는다. 의지는 반드시 명확한 이유에서 출발한다. 대부분의 사람들은 목표로서 성공을 말하지만 왜 그 성공을 원하는지, 얼마나 간절히 원하는지 모르는 경우가 많다. 성공의 이유와 간절함이 없으니 의지도 약하고, 의지가 약하니 행동도 약해진다. 조금만 버티기 힘들어도 금방 무너지고 포기해 버린다.

"왜?"라는 질문이 의지를 만든다.

왜 돈을 벌고 싶은가?, 왜 성공해야 하는가?, 왜 지금의 삶을 변화시키고 싶은가?

이러한 질문에 대한 답이 명확할수록 성공에 대한 간절함이 생기고, 성공의 의지는 쉽게 무너지지 않는다.

불교에서는 이를 발심(發心)이라고 한다.

마음이 깨어나는 순간이 바로 삶을 바꾸겠다는 결심이 일어나는 순간이다.

일론 머스크는 말한다.

"나는 목표가 있기 때문에 버틴다. 목표가 없는 사람은 단 하루도 못 버 틴다."

뜻이 분명해지는 그 순간 의지는 절대 부서지지 않는 힘이 된다. 그 힘은 외부에서 꺼뜨릴 수 없는 순수한 내면의 에너지다.

꾸준함은 의지가 눈에 보이는 형태가 된 것이다. 의지가 강한 사람은 꾸 준하다. 꾸준한 사람은 반드시 성장한다. 성장하는 사람에게는 운도, 기 회도, 성공도 자연스럽게 따라온다. 꾸준함은 재능과는 상관이 없다. 꾸 준함은 의지가 있는 사람만이 지속적으로 만들어 낼 수 있다.

의지가 약하면 며칠 하다가 포기하고, 실패 한 번에 흔들리고, 남들과 비 교하며 무너진다. 의지가 강하면 실패해도 다시 일어서고, 힘들어도 계속 가고, 결국 목표를 달성한다. 의지가 강한 사람은 실패를 두려워하지 않 는다. 그들에게 실패는 끝이 아니라 방향을 조정하고 업그레이드할 기회 이다.

강한 의지를 가진 사람은 반드시 결과를 만든다. 성공하는 사람들에게 공 통적으로 존재하는 것은 재능이 아니라 성공에 대한 강렬한 의지다. 의지 는 성공으로 나아가는 가장 근본적이고 원초적인 에너지이다.

사람들은 빠른 성공을 바란다. 단기간에 부를 이루고, 하루아침에 유명해지고, 몇 달 만에 인생이 바뀌는 기적 같은 사례들을 기대한다. 하지만 그것은 망상이자 욕심이다.

운으로 인한 성공은 한두 번 정도 가능할 뿐 시간이 지나면 더 크게 무너질 수 있다.

노력과 경험으로 쌓은 소중한 지식만이 성공의 열쇠이다.

결코 서두르지 마라. 욕심은 큰 화를 부른다. 실제로 인생을 관찰해 보면 진짜 성공은 결코 빠르게 오지 않는다. 성공은 인내, 꾸준함 그리고 성장의 과정을 통해 완성된다.

대나무는 씨를 심은 뒤 5년 동안 보이지 않는 뿌리만 자란다. 그 5년 동안 아무 변화가 없는 것처럼 보이지만 땅속에서는 거대한 뿌리망이 만들어지고 있다. 그리고 어느 순간 때가 되면 단숨에 30미터까지 치솟는다.

사람의 성공도 똑같다. 꽃이 피고 열매가 열기 전에는 반드시 뿌리와 줄기가 준비되어야 한다. 성공의 결과가 나타나기 전에는 반드시 '보이지 않는 노력의 시간'이 필요하다. 어떤 분야를 목표로 하느냐에 따라 다르겠지만 한 분야에서 성공을 이루려면 빨라도 2년, 길게는 10년 이상의 시간이 소요된다. 성공을 위해서는 매일 여유시간에 적어도 2~3시간 이상은 꾸준히 공부하고 노력해야 하는 것이다.

20대라면 성공을 위해 노력할 시간은 충분하다. 하지만 30대를 넘어 직장을 다니고, 결혼을 하고, 자녀를 키우기 시작하면 노력할 시간을 내기가 점점 어려워진다. 그렇다고 포기해서는 안 된다. 만약 지금 당신의 현실이 힘들다고 생각된다면 그것은 20대를 아무 생각 없이 흐지부지 보냈기 때문이다. 그리고 지금 또 노력하지 않는다면 앞으로 남은 평생이 그대로일 것이다.

중요한 점은 한시라도 빨리 시작해야 한다는 것이다. 나이가 들수록 시간을 줄어들고, 공부는 더욱 힘들어진다. 왜 우리는 노력할 수 있는데 포기하는가! 성공은 특별한 사람만이 이루는 것이 아니라 오늘을 노력하는 사람만이 만드는 것이다.

"시간이 없다"는 말은 사실 구차한 변명이다.

필자는 세 가지 일과 공부를 병행하며 살았다. 수의사 일을 하고, 남는 시간엔 과외를 다니고, 집에 오면 재테크 공부를 하며 하루 6시간 정도만 잠을 잤다. 1년 계획을 만들고, 분기별 계획을 만들고, 달별 계획을 만들고, 매주 계획을 만들어, 매일 실행에 옮기곤 했다.

성공하고 싶다면 반드시 노력 계획표를 만들어서 하나둘씩 실천해 나가라. 만약 계획대로 실천하지 못했다면, 다시 또 계획을 수정해서 실천하려 노력하라. 이렇게 꾸준히 계획을 세우고 노력을 반복하는 것이다.

계획이 없는 사람은 현재의 시간을 아무렇게나 낭비한다. 나에게 주어진 시간의 총량을 알 수 없기에 현재 시간의 소중함을 깨닫지 못한다. 계획하는 사람만이 나에게 주어진 시간의 아까움을 느낄 수 있는 것이다.

시간은 없는 것이 아니다. 단지 지금의 현실에서 누리고 있는 의미 없는

알파

즐거움을 포기하지 못하고 있는 것이다. 나의 목표를 향한 노력, 발전, 성취는 그 어떤 온라인 게임이나 드라마보다 더 큰 즐거움이 될 수 있다. 왜 자신의 삶을 실제로 창조할 수 있는데 가상의 게임을 하고, 드라마에 빠지고, 쓸데없이 모여 수다를 떠는가. 아무런 발전도, 의미도 없는 일에서 단순한 재미를 추구하기보다는 현재 자신에게 필요한 의미 있는 일에서 삶의 즐거움을 찾아야 한다. 잠을 줄이고, 취미를 줄이고, 여가를 줄이고, 모임을 줄이면 노력할 시간은 반드시 생긴다.

더 이상 자신의 시간을 낭비하지 마라. 계획하고 노력하라. 오늘의 노력만이 미래의 성공을 보장해 줄 것이다.

4. 경험과 도전을 통한 확장

"젊었을 때 고생은 사서도 한다."

우리는 인생에서 많은 경험과 도전을 하고 그 경험을 통해 배우고 익히고 깨달아야 한다. 결코 부끄러워하거나 망설이면 안 된다. 부끄러움은 순간이지만 도전을 통해 얻은 자신감은 평생을 간다. 새로운 것들을 경험하고 도전하는 사람만이 앞으로 나아갈 수 있다. 책을 아무리 많이 읽어도, 강의를 아무리 많이 들어도, 직접 도전해 보지 않으면 절대 자신의 것이 되지 않는다.

헬렌 켈러는 말했다.

"삶은 과감한 모험이 아니면 아무것도 아니다."

경험과 도전이 없는 삶은 안전할진 몰라도 성장하지 않는다.

필자는 처음 서울에 올라왔을 당시에 강남의 한 오피스텔에서 월세를 살았다. 그 당시 강남 쪽 오피스텔의 특성상 자동차가 없는 여성분들이 대부분 거주하고 있었고, 지하 주차장은 텅텅 비어 있었다. 반면 강남대로의 회사 건물들은 주차 자리가 많이 부족한 상태였다. 지금이야 주차권을 사고파는 어플들이 많이 있지만 그 당시에는 그런 어플들이 전무하였다. 필자는 전단지를 만들어 여러 오피스텔에 집집마다 돌리면서 월 주차권을 10만 원에 팔 사람을 구하였다. 동시에 직장인들의 퇴근 시간에 길거리에서 월 주차권을 20만 원에 살 사람을 찾기 위해 전단지를 돌렸다.

약 3개월 동안 노력한 결과, 평균 매달 2~30장의 주차권을 팔 수 있게 되었고, 결과적으로 당시 월 2~300만 원의 부수입을 창출하였다. 물론 점차 과외를 구하게 되면서 시간이 부족했기에 중간에 그만두게 되었지만, 그 경험은 도전에 대한 자신감을 심어 주기에 충분했다.

도전이 실패로 끝나면 교훈을 얻게 되고, 성공으로 끝나면 자신감을 얻게 된다. 반면 아무것도 하지 않으면 아무것도 얻지 못한다.

토머스 에디슨은 1,000번 넘게 실패하며 전구를 만들었다.

사람들이 어떻게 그렇게 실패를 견딜 수 있었냐고 묻자 그는 이렇게 말했다.

"나는 1,000번 실패한 것이 아니라, 전구가 되지 않는 1,000가지 방법을 도전하여 깨달은 것이다."

도전을 통한 실패가 많을수록 깨달음은 깊어지고, 성공 확률은 더욱 높아진다. 경험과 도전을 두려워하는 사람은 실패도, 자신감도, 깨달음도, 성공도 없는 삶을 살게 된다.

사람은 해 보기 전에는 항상 두렵다. 하지만 막상 해 보는 순간 의외로 쉽다는 생각이 들고, 도전에 자신감이 생기고, 성공의 가능성이 넓어진다. 이러한 작은 경험과 도전들이 모여 삶이 확장되고 성공을 만드는 것이다.

5. 변화를 통한 성장

아인슈타인은 말했다.

"같은 행동을 반복하면서 다른 결과를 기대하는 것은 광기다."

지금의 행동을 그대로 유지한 채 새로운 결과를 바라는 것은 불가능하다. 성공은 변화의 결과이며, 변화는 익숙한 나를 버리고 새로운 나를 받아들이는 과정이다. 현재에 머무르는 사람에게 성공은 오지 않는다. 하지만 매일 조금씩이라도 변화하려는 사람은 언젠가 반드시 원하는 위치에 도달한다.

작은 변화가 큰 성장을 만든다. 작은 행동은 단순해 보이지만 매일 반복되면 폭발적인 변화를 만든다. 하루 30분 운동하기, 책 50페이지 읽기, 1시간 자기계발하기, 1시간 일찍 일어나기 등등 이러한 '작은 행동들'이 습관이 되어 누적되면 어느 순간 인생 전체가 달라져 있다.

심리학에서는 이를 '복리 효과'라고 한다. 작은 변화들의 누적이 인생의 궤도를 완전히 바꿔 버리는 것이다.

변화는 어제의 나를 부수고 내일의 나를 만드는 과정이다. 변화는 불편하다. 왜냐하면 변화는 어제의 나를 깨뜨려야 하기 때문이다. 편안함을 버려야 하고, 익숙함을 떠나야 하고, 새로운 것을 받아들여야 한다. 하지만

이 불편함 속에서 우리는 새로운 능력, 새로운 생각, 새로운 기회를 만나게 된다.

변화는 고통이 아니라 새로운 나를 만드는 진통이다. 성공은 머릿속에서만 이뤄지지 않는다. 성공은 반드시 몸으로 부딪히고 행동하며 변화하는 과정에서 만들어진다.

변화는 선택이 아니라 생존이다. 세상은 변하고 시장도 변한다. 그 속에서 변하지 않는 사람은 결국 뒤처진다. 반면 매일 조금씩 변화하려는 사람은 언젠가 반드시 성장의 계단을 넘어서 자신이 상상했던 삶을 살게 된다.

코닥(Kodak)이란 회사는 디지털카메라 기술을 세계 최초로 개발하고도 필름 사업에 집착해 변화의 타이밍을 놓치고 무너져 내렸다.

노키아(Nokia)란 기업은 스마트폰 시대가 오는데도 기존 버튼폰 전략을 고수하다가 운영체제·생태계 투자 부족으로 애플·삼성에 밀려나게 되었다.

한때 전 세계를 호령했던 기업들마저 현실에 안주하여 변화하는 세상을 따라가지 못하면 속절없이 무너져 버린다.

현실에 안주하지 마라. 변화를 두려워하지 말라.
변화를 선택하는 사람이 성장하고, 성장하는 사람이 결국 성공을 얻는다.

〈삶을 **열정**을 가지고 임하라〉
〈성공에 대한 간절하고 강한 **의지**를 지녀라〉
〈충분한 시간을 써서 즐겁게 **노력**하라〉

　　　　　　　　　　　　　　　　　　　　　　　알파

〈두렵더라도 망설이지 말고 **도전**하라〉

〈익숙함에 안주하지 말고 **변화**하라〉

성공을 위해서는 이 다섯 가지 요건을 반드시 갖추어야 한다.

Chapter 4. 대중과 다르게 가자

대중심리를 따르면 성공은 불가능하다. 우리는 대중 속에서 대중과 같은 길을 가는 것을 안전하다고 여긴다. 모두와 함께 가는 길은 가장 안전해 보이지만 가장 막히는 길이다.

대중은 항상 "익숙함"을 선택한다. 익숙한 선택은 두려움을 줄여 주지만, 동시에 성공의 가능성도 함께 지워 버린다. 남들과 같은 생각, 같은 행동, 같은 선택을 반복하면서 남들과 다른 결과를 기대하는 것은 불가능하다. 성공은 언제나 '다르게 생각하고, 다르게 행동한 사람'에게 돌아간다. 그리고 이 다름은 재능이 아니라, 남들과 다른 길을 선택할 수 있는 용기에서 시작된다. 성공은 다수의 것이 아니라 소수의 것이다. 성공은 당신이 얼마나 많이 노력했느냐 만큼이나 당신이 얼마나 다르게 노력했느냐에 달려 있다.

성공하려면 대중과 다른 소수가 되어야 한다.

1. 남들이 몰라서 안 하는 일을 하자

베조스는 28살에 월스트리트에서 잘나가는 기획자였다. 연봉도 높고, 미래도 보장된 삶이었다. 그러던 어느 날 인터넷 사용량이 매년 2,300%씩 증가한다는 기사를 본다. 그는 상사에게 말했다. "저는 인터넷 서점을 만들고 싶습니다."

상사는 베조스에게 이렇게 충고했다. "지금 자리에서 5년 더 일하면 네 삶은 안정될 거야. 인터넷 서점? 누가 책을 온라인으로 사?" 그럼에도 베조스는 회사를 나왔다. 남들이 비웃었던 그 선택으로 그는 세계 최대 기업 아마존을 만들었다.

나이키 창립자 필 나이트는 육상선수였다. 그 당시에는 러닝화를 신는 사람이 거의 없었다. 심지어 "러닝화 시장이 존재하지 않는다"는 말까지 들었다. 그래서 모든 신발 제조사들은 그 시장을 무시했다. 하지만 필 나이트는 말했다. "없으면 내가 만들면 된다." 그는 트렁크에 신발을 싣고 경기장을 돌아다니며 하나씩 팔기 시작했다. 아무도 신지 않던 러닝화를 '대중 문화'로 만든 최초의 사람이 되었다. 지금 나이키는 전 세계 스포츠 브랜드 1위다.

역사를 보면 세상을 바꾼 사람들은 모두 남들이 하지 않는 선택을 한 사람들이었다. 그들은 남들이 절대 가지 않던 길을 선택했다. 그리고 그 길 위에서 시장을 만들고, 독점하고, 성공했다.

대중이 몰린 곳에는 이미 수많은 경쟁자가 있다. 이런 곳에서 성공하려면 엄청난 시간과 에너지를 소모해야 한다.

그렇기에 남들이 이미 몰려 있는 안전한 길보다 남들이 하지 않는 새로운 길에 집중해야 한다.

1) 최초가 되어라

어떤 분야에서든 가장 먼저 해 보는 사람이 되라. 아무도 시도하지 않았던 최초는 그 자체로 강력한 경쟁력이다.

2) 차이를 만들어라

단순한 모방으로는 살아남을 수 없다. 기존 것들 사이에서 새로운 조합, 새로운 차원을 창조하라. 남들이 생각하지 못한 방식으로 A와 B를 결합해 전혀 새로운 C를 만들어라.

3) 틈새시장에 진입하라

대중이 무심코 지나치는 작은 틈새가 오히려 가장 빠르게 성장하고 가장 안전하게 독점할 수 있는 공간이다. 크지 않아 보이는 시장일수록 '선점의 힘'은 더욱 강하다.

4) 남들이 안 하는 탐구를 하자

새로운 기술 공부하기, 최신 트렌드 분석하기, 어려워 보이는 분야 깊게 파고들기, 해외 책·논문·유튜브로 새로운 정보 수집하기, 전문 커뮤니티에서 인사이트 찾기 등등 남들이 하지 않는 탐구에 집중하는 사람만이 남들이 보지 못하는 기회를 발견한다.

세상을 바꾸는 사람과 평범하게 남는 사람의 차이는 단 하나다. 바로 남들과 다른 길을 선택하는 용기, 그리고 그 길을 탐구하려는 집요한 태도이다.

2. 남들이 어려워서 못 하는 일을 하자

대부분의 사람들은 쉬운 일만 선택한다. 조금만 어려워 보이면 시도조차 하지 않는다. 하지만 성공은 쉬운 일을 반복하는 사람에게 오지 않는다. 성공은 남들이 "너무 어렵다"며 포기한 일을 끝까지 해내는 사람에게 찾아온다. 남들이 어려워서 기피하는 분야는 경쟁자가 거의 없다. 그렇기 때문에 그 어려움을 돌파하는 순간 그 분야에서 독보적인 존재가 된다.

워렌 버핏에게 한 학생이 물었다.
"왜 모두가 버핏처럼 부자가 되지 못하나요?"
버핏은 이렇게 답했다.

"대부분은 숫자를 끝까지 파고들지 않는다. 10분 분석하고 어렵다고 느끼면 손을 떼 버린다. 나는 10시간을 파고든다."

버핏이 다른 사람보다 특별한 것이 아니라, 단지 모두가 어렵다고 그만두는 분석을 묵묵히 하는 사람이었다. 그 어려운 것을 끝까지 해낸 사람은 주식의 전설로 남게 되었다.

어려운 일을 선택하는 사람이 얻는 것

어려운 공부를 한다 → 전문가가 된다

어려운 기술을 배운다 → 높은 연봉을 받는다

어려운 사업 모델에 도전한다 → 독점 시장을 만든다

어려운 투자 분석을 한다 → 남들이 못 보는 기회를 잡는다

남들이 어려워서 기피하는 곳에는 보석처럼 숨겨진 기회가 있다. "남들은 이걸 못 한다." 바로 그것이 내가 해야 할 일이다.

3. 남들이 무서워서 거부하는 일을 하자

"남들이 두려워할 때 탐욕스러워라."

이 말의 진짜 의미는 단순히 '욕심내라'가 아니다. 남들이 무서워서 도망칠 때, 그 순간이 가장 큰 기회라는 뜻이다.

주식, 부동산, 사업 모두 마찬가지다. 남들이 불안에 떨며 멈춰 있을 때 용

기 있는 소수만이 그 기회를 잡는다.

2008년 글로벌 금융위기는 전 세계가 공포에 빠진 순간이었다. 사람들은 투자를 중단했고, 대부분의 기업이 파산 직전이었다. 그때 워런 버핏은 정반대 선택을 한다. 금융주가 폭락하고 누구도 손대지 않을 때 그는 골드만삭스와 GE에 수십 억 달러를 투자했다.
기자가 물었다. "지금은 너무 위험하지 않습니까?"
버핏은 답했다. "위험한 게 아니다. 공포가 극에 달할 때 가장 큰 기회가 온다."
몇 년 뒤 이 투자들은 수십 배 수익을 만들어 냈다. 사람들이 무서워서 달아날 때 버핏은 시장을 집어 들었다.

부동산 시장도 마찬가지다. IMF, 서브프라임 등 전 세계의 위기 앞에서 부동산 가격은 폭락하였고, 대중들은 감당할 수 없는 공포에 빠졌다. 대중은 좌절하고, 공포에 휩싸여, 섣불리 투자하지 못하였다. 하지만 바로 그 순간이 가장 잠재력이 큰 시점이다. 그 무서운 시기에 용기 내서 들어간 사람들은 인생의 큰 기회를 잡을 수 있었다.

대중의 두려움 속에는 언제나 큰 기회가 숨어 있다. 성공하는 사람들은 남들이 무서워서 멈춘 순간 가장 먼저 문을 열고 들어간 사람들이다. 두려움은 성공으로 가는 '검문소'다. 대부분은 두려움 앞에서 돌아간다. 그래서 그 문 너머는 늘 비어 있다. 용기 있는 소수만이 그 문을 통과해 기회를 손에 넣는다. 대중이 무서워서 못하는 바로 그 순간, 그 일을 해내는 사람이 결국 성공을 얻는다. 안전한 길은 편하지만 그 길에는 기회가 없다.

모두가 가는 길은 익숙하지만 그 길에는 성공이 없다.

성공은 언제나 "남들이 모르는 길", "남들이 어려워하는 길", "남들이 무서워하는 길"에서 시작된다.

남들과 다른 소수의 길을 선택하라. 그 순간부터 당신의 인생은 평균의 궤도가 아니라 성공의 궤도로 올라가게 된다.

Chapter 5. 마케팅을 배우자

현대 사회에서 성공은 단순히 '능력이 있는가'로 결정되지 않는다. 세상에는 재능 있는 사람이 너무 많고, 뛰어난 상품도 넘쳐 난다. 사람들의 인식 속에 자리 잡지 못하면 그 모든 재능과 상품은 존재하지 않는 것과 다름 없다. **마케팅은 존재를 세상에 등장시키는 창이며, 무명의 가능성을 현실의 결과로 바꾸는 힘이다.**

당신의 재능, 경험, 지식, 노력을 가치가 있게 만드는 것도 중요하지만, 그 가치를 세상에 전달하는 기술이 없다면, 당신의 가능성은 잠든 채로 남겨질 것이다. 마케팅은 그 잠든 가능성을 깨우고, 당신을 세상 앞에 당당히 세우는 힘이다.

우리는 종종 착각한다. "좋으면 알아서 팔리겠지.", "실력이 있으면 언젠가는 알아주겠지."

그러나 현실은 다르다. 좋아도 모르면 팔리지 않고, 실력 있어도 알려지지 않으면 사용되지 않는다. 세상은 '가장 뛰어난 것'이 아니라 '가장 먼저 보이는 것'을 선택하곤 한다. 따라서 세상 앞에 드러나는 방식, 즉 마케팅은 성공의 결과를 바꾸는 결정적 변수다.

사업에서 마케팅은 필수다

아무리 훌륭한 제품, 서비스, 콘텐츠를 만들었다 해도 그것을 필요로 하는 사람들에게 도달시키지 못하면 비즈니스는 결코 성장하지 않는다. 마케팅은 사업가가 반드시 갖춰야 할 최소한의 생존 기술이자 성공에 도달하기 위해 필요한 핵심 무기다.

투자에서도 마케팅은 작용한다

주식은 기업의 가치뿐 아니라 심리와 기대감에 의해 움직인다. 시장은 언제나 이야기에 반응하고, 스토리와 기대를 전달하는 힘이 바로 마케팅이다. 따라서 투자자는 차트를 읽는 것만큼이나 시장에서 어떤 이야기가 만들어지고 어떤 방향으로 대중의 심리가 확산되는지를 읽을 줄 알아야 한다.

부동산 역시 마케팅 역량이 중요하다

좋은 물건을 싸게 사는 것도 중요하지만 좋은 가격에 매도하는 능력, 즉 '출구 전략'을 설계하는 능력은 결국 마케팅 역량에서 갈린다. 내가 가진 부동산을 누가, 왜, 어떤 가치를 느껴야 매수하는지 이 흐름을 이해하지 못하면 아무리 좋은 투자도 빛을 발하지 못한다.

현대 사회에서 마케팅은 더 이상 특정 분야의 전유물이 아니다. 창업가

알파

뿐 아니라 크리에이터, 직장인, 프리랜서, 투자자, 심지어 개인의 삶을 살아가는 모든 사람에게 마케팅은 선택이 아니라 필수다. 나를 알리는 것은 거창한 자기 PR이 아니라 이 시대를 살아가기 위한 생존 방식이다.

그러므로 배워야 한다. 마케팅은 당신의 가치를 숨기지 않는다. 당신의 길을 넓히고, 당신의 시간과 재능이 헛되지 않도록 가장 효율적인 방식으로 세상과 연결해 준다.

현대 사회에서 마케팅은 성공을 위한 필수 역량이다.

1. 마케팅은 나를 드러내는 기술

마케팅은 단순한 광고 기술이 아니다. 타인의 마음을 이해하고, 그 마음에 맞는 방식으로 '나'를 포지셔닝하는 전략적 행위이다.

오늘날 모든 개인은 대인관계 속에서 살아간다. 나를 매력 있게 보여 주고 좋은 신뢰 관계를 유지하기 위해서 마케팅은 필수 역량이 된다. 어떤 사람은 외모가 평균적이어도 커뮤니케이션 능력, 가치관, 안정감, 유머 등 자신만의 브랜드 자산을 효과적으로 전달해 매력을 획득한다. 개인도 하나의 브랜드이며, 신뢰는 브랜드의 가장 강력한 자산이다. 일관된 행동, 약속을 지키는 실행력, 사람을 대하는 기술 등. 이 요소들은 모두 나라는 브랜드 신뢰도를 높이는 핵심 요소다.

현대 사회에서는 자신의 지식이나 경험, 취미 등이 돈이 되는 세상이고 이를 통해 얼마든지 성공까지 도달할 수 있다. 하지만 마케팅이 없이는 불가능한 일이다. 기업이 광고 없이 성장하기 어려운 것처럼 개인이 SNS나 지식 콘텐츠 없이 영향력을 확장하는 것도 어렵다. SNS·블로그·유튜브·책은 나와 내 가치를 24시간 시장에 노출시키는 자동 영업 시스템이다. 내가 가진 전문성을 기록하고, 내 경험을 콘텐츠로 변환하고, 나의 철학을 구조화하여 전달할 때, 사람들은 나를 전문가, 신뢰 가능한 사람, 투자할 만한 사람으로 인식한다. 나의 가치를 세상에 마케팅하고자 한다면 반드시 SNS와 책 등을 이용해야 한다.

마케팅의 본질은 화려한 포장이 아니라 명확한 나의 가치를 전달하는 것이다. 좋은 마케팅은 과장을 하지 않는다. 좋은 마케팅은 고객이 나의 가치를 오해하지 않도록 정확하게 설명하는 것이다.

내 지식과 능력은 어떤 문제를 해결하는가?

내 경험은 어떤 고객에게 가장 유용한가?

나의 철학은 어떤 기준을 가지고 있는가?

나의 상품, 서비스는 어떤 가치를 제공하는가?

이러한 질문에 명확히 답할 수 있어야 시장과 고객은 나를 정확하게 평가할 수 있다. 명확함이 곧 가치다. 나의 가치가 명확해지면 기회는 따라온다.

능력만으로는 더 이상 성공을 보장할 수 없다. 전달되지 않은 능력은 '없는 능력'과 같다. 마케팅은 나를 포장하는 기술이 아니라, 나를 시장에서 올바르게 평가받게 만드는 전략이다. 이 전략을 이해하는 순간, 삶의 모든 접점 직장, 사업, 인간관계, 성공 기회가 달라진다. 세상은 스스로를 명확히 정의하고 드러내는 사람에게 자원을 몰아준다.

이렇듯이 이제 더 이상 마케팅은 선택이 아니다. 현대 사회에서 나의 가치를 극대화하기 위한 필수 생존 기술이다.

2. 마케팅으로 심리를 읽다

세상은 논리가 아니라 감정으로 움직인다. 사람들은 합리적인 판단을 내린다고 믿지만, 실제로는 감정이 먼저 반응하고 논리는 그 결정을 정당화할 뿐이다. 따라서 마케팅을 공부한다는 것은 결국 이러한 감정과 심리의 구조를 이해하는 것이며, 이 능력을 갖추는 순간 세상을 바라보는 시야가 완전히 달라진다.

마케팅은 인간의 감정 구조를 해석하는 기술이다.

사람들이 무엇을 두려워하고, 무엇을 원하는지, 어떤 메시지에 마음이 흔들리고, 어떤 장면을 보면 소비 충동이 생기는지 등 이러한 요소들을 파악하고 분석하는 게 마케팅의 핵심 데이터가 된다.

예를 들어,

사람들은 "손해 보기 싫다"는 감정에 강하게 반응한다.

사람들은 "남들이 이미 하고 있다"는 신호에 쉽게 움직인다.

사람들은 "나를 이해해 주는 브랜드"에 충성한다.

사람들은 '희소성', '긴급성', '스토리'에 구매 결정을 내린다.

이러한 법칙들을 이해하는 순간 인간관계, 협상, 투자까지 모든 분야에서 심리 흐름을 읽는 눈이 생긴다.

또한 마케팅을 이해하면 비즈니스 모델이 보이기 시작한다.

마케팅을 모르면 사업이 어렵다. 그러나 마케팅을 이해하는 순간 모든 사업이 단순한 구조로 보인다.

어떤 제품이든 성공의 조건은 세 가지로 정리된다.

누구에게 팔 것인가?(타깃)

무엇을 어떻게 말할 것인가?(메시지)

왜 지금 사야 하는가?(심리적 트리거)

이 개념을 이해하면 어떤 비즈니스 모델이든 고객이 어떤 패턴으로 움직이는지가 명확하게 보이기 시작한다. 사람이 보이면 시장이 보이고, 시장 구조가 보이면 돈의 흐름이 보인다.

마케팅을 아는 사람은 모든 분야에서 경쟁 우위를 가진다.

사업가는 고객 심리를 이해하므로 성공 확률이 올라가고, 직장인은 메시지를 정확히 전달해 승진이 쉬워지며, 프리랜서는 나만의 강점을 명확히 표현해 수요가 증가하고, 투자자는 시장 심리를 읽어 남들보다 빠르게 움직인다.

사업, 직장, 관계, 협상, 리더십, 투자 등 모든 영역은 결국 사람을 이해하는 능력에서 시작한다. 마케팅은 인간 심리를 가장 깊이 있게 분석한 학문이기에 이를 아는 사람은 자연스럽게 모든 분야에서 성과를 낸다.

많은 사람들이 기술, 경영, 투자만 공부하려 한다. 그러나 마케팅은 모든 지식의 레버리지다. 마케팅을 이해하면 같은 능력이라도 3배 더 좋은 평가를 받고, 같은 상품이라도 10배 더 많이 팔 수 있으며, 같은 노력이라도

 알파

훨씬 빠르게 기회를 얻는다.

마케팅은 돈을 벌고 기회를 만들고, 사람을 이해하는 가장 본질적 기술이다. 빠르게 성공하고 싶다면 먼저 마케팅 책 다섯 권을 읽어라.

Chapter 6. 사람을 대하는 기술

성공은 결코 혼자 이루어지지 않는다. 우리가 어떤 목표를 향해 나아갈 때, 그 과정의 거의 모든 순간에는 사람이 존재한다. 누군가에게 도움을 요청해야 하고, 누군가는 우리에게 기회를 준다. 협업을 해야 할 때도, 갈등을 해결해야 할 때도, 성과를 나눠야 할 때도 결국 '사람'이라는 변수가 중심에 있다. 그래서 인생의 질은 인간관계의 질에 좌우되고, 성공의 속도는 사람을 다루는 능력에 의해 결정되곤 한다.

많은 사람들은 기술, 지식, 경험만이 성공을 만든다고 생각한다. 하지만 같은 능력을 가진 두 사람 중 더 큰 성취를 이루는 사람을 보면, 항상 공통적으로 존재하는 것이 바로 사람을 대하는 능력, 즉 인간관계의 기술이다. 이 능력이 뛰어난 사람은 자연스럽게 기회를 끌어당기고, 사람들이 그와 함께 일하고 싶어 하기 때문에 성공의 문이 훨씬 쉽게 열린다. 반대로 인간관계가 서툰 사람은 실력이 뛰어나도 주어진 기회가 닿기 어렵고, 때로는 혼자 모든 것을 버텨야 하는 상황에 놓인다.

그렇다고 해서 모든 사람에게 마음을 열고 모든 관계에 에너지를 쏟으라는 뜻은 아니다. 인간관계에는 반드시 선택과 집중이 필요하다. 우리는 살아가면서 수많은 사람을 만나지만, 그중 정말 내 삶에 긍정적인 영향을 주는 사람은 극소수다. 반면, 부정적인 사람들과 가까워질수록 나의 에너지와 시간은 조금씩 잠식되고, 내가 가야 할 방향에서 벗어나기 쉽다. 즉 내가 어떤 사람을 옆에 두느냐에 따라 내 성장이 가속화될 수도, 지연될 수도 있다. 우리는 소수의 긍정적인 사람에게 집중해야 한다.

사람을 대하는 기술은 타고나는 것이 아니다. 처음부터 대화를 잘하는 사람도 없고, 처음부터 배려심 깊은 사람도 없다. 처음부터 신뢰를 얻는 법을 아는 사람도 없다. 모든 인간관계의 스킬은 관찰하고, 배우고, 연습하고, 반복하며, 몸에 자연스럽게 스며드는 과정 속에서 만들어진다. 우리가 운동을 통해 근육을 만들듯, 대화를 통해 언어의 근육을 만들고, 배려를 통해 감정의 근육을 만들며, 협력을 통해 관계의 근육을 키우는 것이다. 이 기술들은 어느 날 갑자기 얻어지는 것이 아니라 매일의 작은 선택과 실천을 통해 천천히 쌓여 간다.

또한 인간관계의 기술은 단순히 '사람을 잘 대하는 법'을 넘어서 사람의 심리를 이해하는 능력이기도 하다. 사람들은 자신을 존중해 주는 사람에게 마음을 연다. 자신의 의견을 경청해 주는 사람에게 신뢰를 느낀다. 자신의 감정을 안전하게 표현할 수 있는 사람에게 더 깊이 다가간다. 결국 인간관계란 사람의 마음을 이해하고, 그 마음의 공간을 존중하는 데서 시작된다.

이 챕터에서는 좋은 인간관계를 만들고 유지하기 위한 원칙들을 다룰 것이다. 이 원칙들은 복잡한 이론이나 기술적 용어가 아니라, 바로 오늘 실천할 수 있는 구체적 행동들로 이루어져 있다. **이 기술들을 조금씩 삶에 적용한다면 사람들이 당신을 바라보는 시선이 달라지고, 성공의 기회가 늘어나며, 삶의 전반적인 행복도 자연스럽게 높아질 것이다.**

1. 경청하고, 공감과 위로해 주기

인간관계에서 가장 큰 영향력을 가진 사람은 말을 잘하는 사람이 아니라 잘 들어 주는 사람이다. 경청은 상대의 마음을 열고, 공감은 상처를 녹이며, 위로는 관계를 깊게 만드는, 가장 따뜻한 인간관계의 기술이다.

1) 경청

경청은 침묵이지만 가장 강력한 대화다.
눈을 바라보기
고개 살짝 끄덕이기
리액션 해 주기
말 끊지 않기
마지막 말 끝나고 2초 뒤에 답하기 등
이 작은 행동들이 상대를 편안하게 하고 진짜 경청이 완성된다. 경청이 잘되는 순간 상대의 마음속 문은 자연스럽게 열린다.

2) 공감

공감은 문제를 해결하는 것이 아니다. 공감은 "너의 감정을 이해한다"는 마음의 표현이다. 사람은 감정이 인정되는 순간 괴로움의 절반이 사라진다.

"많이 힘들었겠다."

"그 상황이면 누구라도 그렇게 느꼈을 거야."

"네 마음 이해돼."

이 단순한 문장들은 상대의 상처를 깊게 치유하는 힘을 갖고 있다. 공감은 이성과 논리가 아니라 감정의 언어다. 상대의 감정을 고치려고 하지 말고, 그 감정이 '존재할 수 있게' 만들어 주는 것이 진짜 공감이다.

3) 위로

위로란 상대의 아픔을 대신 해결해 주는 것이 아니라 상대의 감정에 따뜻한 쉼터를 만들어 주는 것이다. 사람들은 실수, 상처, 실패보다 그때 혼자였던 외로움 때문에 아파한다. 그래서 위로는 곧 "혼자가 아니다"라는 메시지다.

"괜찮아, 네 잘못 아니야."

"네가 얼마나 노력했는지 알아."

"힘들면 언제든 말해 줘."

이 말들은 상대의 영혼 깊은 곳까지 닿아 평온을 만드는 힘이 있다. 위로는 해결책보다 따뜻함이 우선이며, 이 따뜻함이 큼직한 치유가 된다.

1) 칭찬

"칭찬은 고래도 춤추게 한다."

칭찬을 싫어 하는 사람은 없다. 사람은 누구나 인정받고 싶어하고, 자신의 가치가 존중받기를 원한다. 칭찬은 단순한 말이 아니라 상대의 존재 자체를 밝히는 에너지다.

"너는 정말 성실한 사람이야."

"네가 있어서 일이 훨씬 수월해졌어."

"너의 진심이 느껴졌어."

칭찬은 상대를 변화시키고, 상대의 마음속에 '나도 더 잘하고 싶다'는 긍정적 동기를 만들어 낸다. 칭찬을 아끼지 않는 사람은 어디서든 사랑받고, 좋은 관계를 유지하며, 성공의 기회를 끌어당긴다.

2) 감사

감사는 인간관계를 부드럽게 만들고, 상대에게 따뜻함과 의미를 부여한다. 감사는 단순한 인사가 아니라, 상대의 존재와 행동에 가치를 부여하는 행위다.

"고마워."

"덕분에 정말 도움이 됐어."

"네가 있어서 참 든든하다."

이 짧은 말은 상대의 하루와 기분, 감정, 자존감을 순식간에 밝게 바꾼다. 감사를 잘하는 사람은 사람들의 마음에 깊은 신뢰를 남기고 오랫동안 기억되는 사람이 된다. 큰 걸 받고도 감사하지 않는 사람은 어느 누구도 도와주려 하지 않는다. 작은 것에 감사하는 사람은 더 많은 사람들의 도움을 받게 될 것이다.

3) 사과

사람들은 실수할 수 있고, 때로는 오해가 생기거나 상대를 불편하게 만들 수도 있다. 문제는 실수가 아니라 사과를 잘하지 못하는 태도에서 시작된다.

"미안해."

"내가 잘못했어."

"너의 마음을 제대로 이해하지 못했어."

진심 어린 사과는 관계를 회복시키는 가장 빠르고 강력한 도구다. 사과는 나를 낮추는 것이 아니라 상대를 존중한다는 신호이며, 관계를 소중히 여긴다는 표현이다. 사과할 줄 아는 사람은 성숙하고 지혜로운 사람이다.

물론 사람의 습관은 쉽게 변하지 않는다. 내가 대인관계에서 상대에게 대하는 태도들은 이미 오랜 시간 습관화되어 있다. 이런 습관을 바꾸려면 경청, 공감, 위로, 칭찬, 감사, 사과 이 여섯 가지를 항상 생각하며 대화하려고 노력해야 한다. 그렇게 조금씩 노력하며 변화하다 보면 결국 좋은 대화의 습관이 길러지게 되고, 주위 사람들에게 신뢰받고 사랑받게 될 것이다.

사람의 마음은 거창한 선물보다 작은 배려에 훨씬 더 깊이 움직인다. 인간관계에서 진정한 힘을 발휘하는 것은 크고 값비싼 선물이 아니라 상대의 마음을 가볍게 두드리는 작은 마음의 선물이다. 이 작은 선물은 돈이 거의 들지 않거나, 조금만 들기 때문에 부담 없이 어떤 상황에서도 건넬 수 있다. 하지만 그 효과는 상상 이상이다. 작은 선물은 상대의 감정에 직접 닿아 '이 사람이 나를 이렇게 생각해 주었구나'라는 따뜻한 여운을 남긴다.

작은 마음의 선물은 형태가 다양하다. 짧은 문자 한 통, 고마움을 담은 손글씨 메모, 상대가 좋아할 것 같아 건네는 작은 음료, 사소한 기념품, 진심이 담긴 칭찬 문자 한마디.

이런 것들은 모두 부담 없이 주고받을 수 있지만 관계의 분위기를 부드럽게 만들고, 상대의 감정 상태를 긍정적으로 전환시키는 힘을 가지고 있다.

예를 들어, 함께 회식을 한 다음 날 숙취해소제를 책상 위에 올려두고 "어제 좋은 말씀 감사히 잘 들었습니다"라는 짧은 메모까지 남겨 두는 사람을 떠올려 보자. 받는 사람은 그 한순간에 마음이 따뜻해지고, 그 사람을 바라보는 시선이 달라진다. 작은 것 하나가 관계의 온도를 바꾸는 것이다.

중요한 점은, 작은 마음의 선물은 단순한 물건이나 행동이 아니라, 상대를 향한 '관심'과 '정성'의 표현이라는 것이다. 사람들은 자신을 특별히 대하는 사람을 자연스럽게 좋아하게 되어 있고, 자기 마음을 소중히 다뤄 주는 사람에게 신뢰를 느낀다. 따라서 작은 마음의 선물을 건네는 사람은 좋은 인연을 만들고, 좋은 기회를 얻으며, 사람들로부터 신뢰와 사랑을 받게 된다.

작은 마음의 선물은 단순한 배려를 넘어 인생을 풍요롭게 만들어 주는 가장 싸고, 가장 강력한 투자다. 적은 비용으로 큰 감동을 만들고, 작은 노력으로 깊은 인간관계를 만들어 내기 때문이다. 크고 특별한 무엇을 하지 않아도, 이 작은 선물들만 꾸준히 건넬 수 있다면 당신의 주변에는 따뜻한 마음을 가진 사람들이 자연스럽게 모이고 당신의 삶은 훨씬 부드럽고 따뜻해질 것이다.

결국 인간관계의 힘은 거창함이 아니라 사소함 속의 진심에 있다. 오늘 당신이 누군가에게 건네는 작은 친절 하나가 생각보다 훨씬 큰 울림이 되어 돌아올지도 모른다.

4. 먼저 다가가라

좋은 인간관계는 우연히 굴러오지 않는다. 대부분의 관계는 누군가가 먼저 손을 내밀었기 때문에 시작된다. 가만히 있는 사람에게는 아무 일도 일어나지 않는다. 관계는 기다리는 사람의 것이 아니라 먼저 움직이는 사람의 것이다.

누군가와 좋은 관계를 만들고 싶다면, 또는 이미 좋은 인연을 더 발전시키고 싶다면 망설이지 말고 먼저 다가가야 한다. 인생에서 정말 중요한 기회는 두 번 오지 않는다.

눈앞에 스쳐 지나가는 소중한 사람을 "다음에 이야기해야지"라고 미루는
순간, 그 기회는 다시 돌아오지 않을 수도 있다.

많은 사람들은 "먼저 다가가는 건 어렵다", "괜히 어색해지면 어떡하지?",
"거절당하면 상처받을 것 같은데…"라고 생각한다.

하지만 진실은 단순하다. 먼저 다가가는 것은 용기가 아니라 습관이다.
몇 번 반복하면 자연스러워지고, 관계가 편안해지며, 나중에는 그 행동이
당신의 매력이 된다.

먼저 인사하는 습관, 먼저 눈을 마주치고 미소 짓는 습관, 먼저 안부를 묻
는 습관. 이 세 가지는 작고 사소해 보이지만 관계를 넓히고 깊게 만드는
핵심 기술이다.

사람들은 큰 호의보다 작은 관심에 더 쉽게 마음을 연다.

"이 사람이 나에게 관심을 가지고 있구나"라고 느끼는 순간 상대는 자연
스럽게 마음의 문을 조금 더 열어 준다.

예를 들어, 경매 세미나를 들으러 갔을 때를 생각해 보자.

쉬는 시간에 옆자리 사람에게 캔커피 한 잔을 건네며"혹시 어느 지역 투
자에 관심 있으세요?" 하고 가볍게 말을 건넨다면 그 짧은 순간이 인연의
출발점이 될 수 있다.

그 대화로 궁금한 것을 물어볼 수 있고, 대화가 잘 맞으면 연락처를 교환
할 수도 있다. 나중에는 함께 경매 임장을 다니기도 하고, 나아가 공동투
자까지 이어질 수도 있다. 사람과 사람의 연결은 항상 이렇게 작은 행동
에서 시작된다.

중요한 것은 인연은 예측할 수 없다는 사실이다. 어디서, 누구를 통해, 어

떤 기회가 들어올지는 아무도 모른다. 하지만 한 가지는 분명하다. 적극적이고 호의적인 사람에게는 기회가 더 자주 찾아온다. 먼저 다가가는 사람은 사람들이 기억하고 싶어지는 사람이 된다. 그 행동은 작지만, 그 행동이 만들어 내는 결과는 엄청난 차이를 가져온다.

먼저 다가가라. 그 작은 발걸음 하나가 당신의 인생 방향을 완전히 바꿔 놓을 수도 있다. 결국 성공은 용기를 낸 사람에게 다가간다.

5. 갈등을 다루는 사람이 관계를 지배한다

인간관계에서 갈등은 피할 수 없는 자연스러운 현상이다. 오래 만난 사람도, 처음 만난 사람도, 가까운 사이도, 의견이 다르고 감정이 다르기 때문에 갈등은 언제든 발생할 수 있다. 중요한 것은 갈등을 '없애는 것'이 아니라, 갈등을 어떻게 다루느냐이다. 잘 다루어진 갈등은 관계를 더 단단하게 만들고, 잘못 다루어진 갈등은 관계를 한순간에 무너뜨린다. 그래서 갈등 관리 능력은 모든 인간관계 기술 중 가장 강력한 힘을 가진다.

많은 사람들은 갈등을 회피한다. 어색해질까 봐, 감정이 상할까 봐, 더 나쁜 상황이 될까 봐 말하지 않고 참는다. 하지만 억눌린 감정은 절대 사라지지 않는다. 겉으로는 조용하지만 안에서는 천천히 관계를 부식시킨다. 그리고 결국 더 큰 문제로 폭발하게 된다.

반면, 갈등을 성숙하게 다루는 사람은 작은 오해를 빠르게 바로잡고, 상대와의 관계를 더욱 건강하게 만든다. 이런 사람은 관계를 오래 지속할 수 있으며 사람들이 편안함과 신뢰를 느끼게 된다. 그렇기 때문에 갈등을 다루는 능력은 곧 관계를 지배하는 능력이 된다.

갈등을 잘 다루는 사람들의 공통점은 다음과 같다.

첫째, 감정보다 사실을 먼저 본다

감정이 앞서면 말이 날카로워지고 관계가 훼손된다. 하지만 사실을 보면 문제를 해결할 수 있다. "내가 느낀 감정이 이렇다"를 차분히 표현하면 상대도 마음을 연다.

둘째, 상대의 입장을 이해하려고 한다

갈등의 대부분은 '의도'가 아니라 '해석'에서 시작된다. 상대가 왜 그렇게 행동했는지 이해하려는 마음은 갈등을 빠르게 진정시키는 힘이 있다.

셋째, 싸우지 않고 대화한다

대화를 하는 사람은 문제를 해결하려 하고, 싸움을 하는 사람은 상대를 이기려 한다. 대화는 관계를 살리고, 싸움은 관계를 죽인다.

넷째, 해결을 향해 나아간다

"누가 잘못했는가?"에 머물지 않고 "앞으로 어떻게 하면 좋을까?"를 함께 찾는다. 이 태도는 상대에게 '신뢰할 수 있는 사람'이라는 인상을 준다.

예를 들어, 직장이나 비즈니스 파트너와의 갈등 상황을 떠올려 보자. 작은 오해가 생겼을 때 피하거나 무시하면 관계는 빠르게 냉각될 수 있다. 그러나 조용한 곳에서 "사실 전 이 부분이 조금 마음에 걸렸습니다"라고 먼저 이야기한다면, 상대는 오히려 당신의 솔직함과 성숙함을 높게 평가하게 된다. 오해가 풀리고 나면 이전보다 훨씬 더 깊은 신뢰가 만들어지기도 한다.

갈등은 위기가 아니라 관계를 강화할 기회다. 갈등을 잘 다루는 사람은 어떤 사람과도 오래 가고, 주변에서 자연스럽게 리더 역할을 맡게 된다. 사람들은 편안함을 주는 사람을 따르고, 문제를 해결하는 사람을 신뢰하며, 감정을 조절할 줄 아는 사람을 존중한다.

결국 인간관계의 품질은 갈등을 어떻게 다루는가에 달려 있다. 갈등을 피하지 말고 지혜롭고 성숙하게 다루는 연습을 하라. 이 능력을 갖추는 순간 당신은 어떤 관계에서도 흔들리지 않는 중심이 될 것이다.

우리는 어릴 때부터 참는 것이 미덕이고, 맞춰 주는 것이 착함이며, 거절하는 것은 무례하다고 배워 왔다. 그래서 많은 사람들이 싫다는 말을 삼키고 괜찮다는 말을 내뱉으며 살아간다. 하지만 그렇게 만들어진 관계는 겉보기엔 평화롭지만 안에서는 조용히 썩어 간다. 거절하지 못하는 사람은 사실 상대를 위해서가 아니라, 거절했을 때 돌아올 불편함을 피하기 위해 "알겠다"라고 말하는 경우가 많다.

상대가 실망할까 봐, 관계가 틀어질까 봐, 나쁜 사람으로 보일까 봐, 그러나 그 선택의 대가는 언제나 자기 자신에게 돌아온다.

거절은 나의 이기심이 아니다. 거절은 나를 보호하는 경계의 선언이다. "여기까지는 괜찮지만 이 선을 넘으면 나는 무너진다"라는 나를 보호하기 위한 경계선이다. 경계가 없는 사람은 늘 이용당한다. 의도적인 악인이 아니더라도 사람은 본능적으로 상대방이 허락해 주면 선이 없는 곳까지 들어오기 때문이다. 그래서 거절하지 못하는 사람은 무르고 남에게 이용당하기 쉬운 사람이 되고, 점점 스스로는 피로해지고 스트레스를 받게 된다. 이렇게 만들어진 대인관계는 나에게 부정적인 에너지로만 돌아오게 된다.

정중히 거절을 했을 때 그 이유로 관계가 틀어지는 사람들은 오히려 내가 멀리해야 한다. 내 인생에 긍정적으로 도움이 되는 사람들은 당연히 정중한 거절을 이해한다. 그들은 "안 돼"라는 말을 들었을 때 상처받기보다 상대의 상황을 존중한다. 그들은 오히려 모든 부탁을 다 들어주는 사람보다 가끔은 분명하게 선을 긋는 사람을 더 신뢰한다.

단 거절을 잘한다는 것은 무례하게 말하라는 뜻이 아니다. 짧고, 명확하고, 변명 없이 정중하게 말하면 된다.

"그런 건 사실 어렵습니다."

"그건 제 상황에서 많이 힘들어요."

"그 일은 제 능력 밖이라 맡지 못하겠습니다."

설명을 길게 할수록 상대는 협상의 여지를 느끼고 당신은 다시 설득당한다. 거절은 설득의 문제가 아니라 내 결정의 문제다.

기억해야 할 것은 이것이다. 당신의 인생에서 모든 사람을 만족시키는 것은 불가능하다. 누군가를 실망시키지 않으려다 결국 가장 많이 실망하게 되는 것이 자기 자신이다.

거절은 물론 사람을 잃게 만들 수도 있다. 하지만 그건 당신이 잃은 게 아니라 당신의 경계를 존중하지 않는 부정적인 사람들이 자연스럽게 빨리 떨어져 나간 것이다. 그리고 남은 사람들은 당신의 "NO"까지 포함해서 당신을 받아들일 수 있는 사람들이다.

내 스스로 경계선을 명확히 설정하고, 거절을 하게 되면 인간관계는 오히려 편해진다. 마음은 가벼워지고, 감정은 덜 소모되며, 선택은 명확해진다. 내 삶에 부정적인 사람들은 자연스레 멀어지고 중요한 사람들만이 남게 된다.

타인의 부탁 중에 대부분이 금전적인 부탁이다.

필자도 어렸을 적 친구들 중에 금전적인 요구를 거절해서 이제는 사라진 친구들이 몇 명 있다. 하지만 절대 그들의 부탁을 거절한 점에 대해서 후회하지 않는다. 생각해 보라.

금전적인 부탁을 하는 사람들은 대부분 습관적으로 남에게 의지하는 경우이거나, 자신의 실패를 은행 대출로도 감당하지 못했을 경우이다. 습관적인 사람들은 받아 주면 계속 그 상대에게 의지하고 요구한다. 결국 언젠가 나의 인내가 바닥나서 결국 거절할 때, 그동안 나의 호의는 무시되고 나에 대한 서운함만 남게 될 것이다.

그리고 은행 대출로도 막지 못한 위기에 봉착한 사람은 현재 굉장히 위험한 상태이다. 십중팔구 빌려준 돈은 거의 받지 못할 것이다. 결국 관계도 깨지고 돈도 없어지는 것이다. 요즘 세상에서 갑자기 급한 돈이 부족할 때는 은행 등에서 안 되면 제2, 3 금융권이라도 대출받을 수 있다. 자신이 스스로 삶을 책임지지 않고, 위험한 리스크는 짊어지려 하지도 않으면서, 타인에게 기대려는 사람들을 우리는 멀리해야 한다. 이런 사람들이 주변에 있다면 그 관계 속에서 우리는 항상 불안감과 스트레스만을 받게 된다. 그 사람과의 과거의 추억이 있다고 하여 현재의 부정적 관계를 결코 용납해서는 안 될 것이다.

Chapter 7. 위기는 반드시 온다

우리는 살아가면서 언제든 큰 위기를 맞이할 가능성이 있다.
위기는 예고 없이 찾아오고, 위기가 준비되지 않은 사람은 삶 자체가 무너질 수 있다.

"원숭이도 나무에서 떨어진다"는 속담처럼, 대부분의 위기는 방심할 때 발생한다. 특히 몇 번의 성공을 경험하며 자신감이 붙었을 때, 사람은 스스로를 과대평가하고 다가올 위험을 등한시한다.

처음 시작할 때 우리는 늘 조심스럽다. 작은 변수에도 긴장하고, 하나하나 확인하며 움직인다. 그러나 일이 잘 풀리기 시작하면 점점 그 태도가 느슨해진다.

"이 정도는 괜찮겠지.", "설마 이런 일이 생기겠어?"

이런 생각이 쌓일수록 위기는 조용히 자라난다. 계속되는 성공은 우리에게 안도감을 준다. 하지만 그 안도감은 때로 경계심을 마비시키는 독이 된다. 주위를 살피는 눈은 흐려지고, 리스크를 점검하던 습관은 사라지며, 처음 가졌던 절실함과 긴장감은 어느새 당연함으로 바뀐다. 그 순간, 자신감은 서서히 자만으로 변한다. 자만은 경고를 무시하게 만들고, 경고를 무시하는 순간 위기는 이미 시작된 것이나 다름없다. 위기는 갑자기 터지는 것처럼 보이지만, 사실은 오랜 시간 동안 준비되어 온 결과다.

그래서 우리는 항상 "돌다리도 두드려 보고 건넌다"는 마음으로 살아가야 한다. 이 말은 소심해지라는 뜻이 아니다. 겸손하게 자신을 바라보고 언제든 위기가 올 수 있음을 인정하라는 의미다. 초심은 단순한 감정이 아니다.

초심은 위기를 막아 주는 태도이며, 위험을 감지하는 감각이고, 성공 이후에도 자신을 점검하게 만드는 기준이다.

진짜 위험한 사람은 실패한 사람이 아니라 계속 성공만 할 것이라 믿는 사람이다. 세상은 언제나 변하고, 환경은 끊임없이 달라진다. 그런데도 자신의 방식이 영원히 통할 것이라 착각하는 순간 위기는 이미 문 앞까지 와 있다. 위기를 완전히 피할 수 있는 사람은 없다. 하지만 위기의 크기와 상처의 깊이는 준비된 정도에 따라 달라진다. 항상 최악의 상황을 상상하고 대비하는 사람은 위기가 와도 무너지지 않는다. 반대로 "설마 나에게?" 라고 생각하는 사람은 작은 충격에도 크게 흔들린다.

결국 인생에서 중요한 것은 얼마나 많은 성공을 거두었느냐가 아니라, 다가오는 큰 위기를 어떻게 통과하느냐이다. 위기는 사람을 파괴하기도 하지만, 동시에 사람의 진짜 실력을 드러내는 시험대이기도 하다. 성공의 순간일수록 더 냉정해져야 한다. 잘될 때일수록 스스로를 점검하고, 항상 한발 물러나 전체를 바라볼 수 있어야 한다.

그 태도가 바로 다음 단계로 나아갈 수 있는 힘이 된다.

위기는 반드시 온다. 그러나 위기를 맞이하는 자세는 선택할 수 있다. 준비된 위기는 성장의 계단이 되고, 방심한 위기는 추락의 시작이 된다. **결국 성공도 중요하지만 성공 후에 위기에 대비하는 태도가 우리가 성공을 계속 유지할지를 결정한다.**

1. 분산 투자하라

성공보다 중요한 것은 돌이킬 수 없는 실패를 경험하지 않는 것이다. 작은 실패는 성공을 위한 소중한 경험이 되지만, 회복이 불가능한 큰 실패는 우리를 깊은 좌절과 절망으로 끌어내릴 수 있다.

투자금을 한곳에 올인하지 말고 큰 실패를 방지하기 위해서는 반드시 여러 곳에 분산해야 한다. 투자에서 가장 위험한 행동은 '하나의 종목, 하나의 자산, 하나의 시장'에 모든 것을 걸어 버리는 것이다. 시장은 언제든 흔들릴 수 있고, 예상치 못한 위기는 늘 발생하기 때문이다.

그래서 재테크 세계에서 반복되는 가장 오래된 지혜가 있다.

"계란을 한 바구니에 담지 마라."

많은 사람들은 분산투자를 수익을 줄이는 방식이라고 생각한다. 그러나 진짜 의미는 그 반대다. 분산투자는 폭락장에서 나를 지켜 주고, 상승장에서 기회를 넓혀 주는 방식이다. 투자는 결국 수익을 내는 것보다 수익을 잃지 않는 것이 더 중요하다. 분산투자는 그 수익을 지키기 위한 가장 강력한 도구다. 분산 투자는 단순히 여러 종목을 사는 것이 아니라 위험과 기회를 균형 있게 배분하여 전체 포트폴리오를 안정시키는 기술이다.

1) 분산 투자의 장점

- 하나의 실패가 전체 투자금을 흔들지 않게 한다.
- 시장 충격이 와도 자산 일부는 방어 역할을 한다.
- 특정 자산이 뜰 때 큰 기회를 잡을 수 있다.
- 시간이 지나면서 '평균보다 안정적인 수익'을 만든다.

분산은 '아무거나 많이 사기'가 아니다. 초보자들이 가장 흔히 하는 착각이 있다. 종목을 20, 30개 사면 분산투자인가? 절대 아니다. 진짜 분산 투자는 서로 다른 성질을 가진 자산을 섞는 것이다.

주식은 성장성이 있지만 변동성이 크고, 채권과 금은 성장성은 낮지만 안정성이 높고, 부동산은 느리지만 견고하며, 코인은 매우 빠르고 위험하지만 기회도 크다. 이렇게 서로 다른 움직임을 가진 자산을 조합해야 리스크가 줄고 수익이 부드럽게 안정된다.

2) 좋은 분산의 구조

자산군 분산

주식/부동산/현금/채권/대체자산(금·코인 등)

지역 분산

한국/미국/글로벌/신흥국

시간 분산

적립식 투자로 시장의 고점·저점을 자연스럽게 평균화

전략 분산

장기 포지션 자산 + 단기 대응 자산
안정형 자산 + 성장형 자산

이 4가지 분산이 균형을 이루면 어떤 시장에서도 크게 흔들리지 않는 견고한 포트폴리오가 완성된다.

3) 부동산에서의 분산

부동산에서도 분산은 매우 중요하다.
"지역을 여러 곳에 사면 된다"는 단순한 개념이 아니다.
부동산 분산은 다음과 같은 기준으로 이루어진다.

- 아파트와 상가, 토지 등 종류의 분산

- 수도권·지방·신도시 등 지역 분산

- 월세 수익형 + 시세차익형 수익 구조 분산

- 주식 등 다른 투자 형태로의 분산

부동산을 한 분야나 한 지역에 올인하면 정책 변화나 지역 침체가 오면 큰 충격을 받을 수 있다.

4) 성공 분야도 분산하기

빠르게 변화하는 세상에서 사업이든 재테크든 모든 것을 단 한 분야의 성공에 걸어 두는 것도 위험할 수 있다. 시간이 나면 자신의 성공 분야를 2개 이상 만들어 두어야 한다. 이때도 연관성이 적은 서로 다른 분야일수록 효과적이다.

예를 들어 사업과 토지 투자, 주식 투자와 부동산 투자 등 연관성이 적어 한 분야에 위기가 와도 다른 분야는 영향을 덜 받아야 한다. 주식 투자와 코인 투자처럼 거시경제 흐름상 서로 비슷하게 움직이는 분야는 효과적이지 않다.

필자 또한 재테크는 주식, 코인, 부동산 등에 분산투자하고 있고, 최악의 경우 수의사 일과 전문 과외를 통해서도 성공할 수 있게 방법을 만들어 두었다.

인생은 길고 세상은 빠르게 변화한다. 위기는 언제 어떤 식으로든 다가올 수 있다. 우리는 한 분야의 성공에 만족할 것이 아니라, 최소 두 분야 이상에서 미리 성공을 준비해 두어야 한다.

2. 위기를 기회로 삼아라

문제는 위기 그 자체가 아니다. 문제는 위기를 어떻게 바라보고, 어떻게 해석하며, 어떤 선택을 하느냐에 있다.

많은 사람들은 위기가 닥치면 "왜 하필 나에게 이런 일이 생겼을까"라고 묻는다. 하지만 인생의 방향을 바꾸는 사람들은 전혀 다른 질문을 던진다.

"이 위기는 나에게 무엇을 가르치려 하는가?"

"이 상황 속에 숨겨진 기회는 무엇인가?"

위기가 언제 오느냐는 중요하지 않다. 중요한 것은 그 위기 앞에서 무너질 것인가, 아니면 그 위기를 디딤돌 삼아 한 단계 더 성장할 것인가이다.

역사를 돌아보면, 위대한 인물들의 인생에는 예외 없이 거대한 위기가 존재했다.

스티브 잡스는 자신이 창업한 회사인 애플에서 쫓겨나는 치욕적인 경험을 했다. 그러나 그 실패의 시간 속에서 그는 기술과 인간, 디자인과 감성을 완전히 새로운 관점으로 결합하는 법을 배웠고, 그 경험은 훗날 아이폰이라는 혁신으로 완성되었다.

넬슨 만델라는 27년이라는 긴 시간 동안 감옥에 갇혀 있었지만, 그곳에서 분노 대신 용서를 선택했고, 복수 대신 화합을 준비했다. 그 결과 그는 단순한 정치인이 아니라 역사를 바꾼 지도자가 되었다.

이처럼 인생의 큰 전환점은 대부분 가장 힘든 위기의 시기에 찾아온다.
위기는 기존의 것을 파괴하지만 동시에 새로운 것을 찾을 기회가 된다.

이는 개인의 삶뿐 아니라 사회와 경제에서도 똑같이 반복된다. IMF 외환
위기, 서브프라임 모기지 사태, 코로나 팬데믹과 같은 전 세계적인 위기
속에서 수많은 기업이 사라졌고, 수많은 사람들이 절망했다. 아파트와 상
가 가격은 폭락했고, 주식과 코인 등 금융자산은 한순간에 휴지 조각처럼
보이기도 했다. 그 시기에는 "이제 끝났다"라는 말이 곳곳에서 들려왔다.
그러나 같은 상황 속에서도 완전히 다른 선택을 한 사람들이 있었다.
누군가는 공포 속에서 자산을 던졌지만, 누군가는 공포 속에서 기회를 보
았다.
누군가는 시장이 끝났다고 말했지만, 누군가는 시장이 다시 시작될 준비
를 하고 있었다.
그들은 저렴해진 아파트와 상가를 경매로 차분히 사들였고, 모두가 두려
워할 때 주식을 분할 매수했으며, 코로나 이후 세상이 비대면과 온라인
중심으로 재편될 것을 읽고 새로운 사업을 준비했다. 결과는 명확했다.
같은 위기를 겪었지만 누군가는 인생이 무너졌고, 누군가는 인생이 도약
했다. 결국 차이는 운이 아니었다. 정보도 아니었다. 타이밍도 아니었다.
차이는 오직 하나, 위기를 대하는 태도와 준비된 실력이었다.

운에 기대어 살아가는 사람은 정말 운이 좋으면 순간적인 성공은 얻을 수
있다. 그러나 큰 위기가 오면 그 성공은 너무 쉽게 무너진다. 반면 자신만

필자가 말하는 자산은 통장에 찍힌 숫자가 아니다. 그 숫자는 언제든 사라질 수 있다. 그동안의 공부와 경험을 통해 얻은 나만의 방법들, 그리고 스스로의 성실함과 열정을 끝까지 믿는 마음가짐. 이것이 바로 필자가 가진 가장 큰 자산이다. 이러한 기반이 있기에 위기는 더 이상 공포의 대상이 아니다. 위기는 오히려 나를 시험하고, 나를 단련시키며, 다음 단계로 밀어 올리는 신호가 된다. 오랜 시간 쌓아 온 노력과 경험은 어느 날 갑자기 배신하지 않는다. 그것들은 위기의 순간에 비로소 진가를 드러낸다.

결국 위기를 극복하는 사람은 위기를 단순히 피한 사람이 아니라 위기를 통과한 사람이다. 그리고 그 위기를 통과한 사람만이 다음에 오는 기회 또한 자신의 것으로 만들 수 있다.

Chapter 8. 욕심이 사기를 부른다

1. 사기가 만연한 사회

우리가 인생을 살아가며 단 한 번도 사기를 당하지 않고 살아가기란 생각보다 쉽지 않다. 직접적인 금전 사기일 수도 있고, 사람을 믿었다가 당하는 배신일 수도 있으며, 달콤한 말과 과장된 약속에 속아 시간과 기회를 빼앗기는 형태일 수도 있다. 사기의 모습은 시대에 따라, 환경에 따라 점점 더 교묘하고 정교해지고 있다.

물질 만능주의가 팽배해진 사회에서는 돈이 더 이상 삶을 위한 수단이 아니라 삶의 목적 그 자체가 되어 버린다. 돈을 목적이라고 믿는 사람에게 도덕과 양심은 언제든지 합리화의 대상이 된다. 그들은 타인의 노력, 신뢰는 물론 타인의 인생과 재산을 이용해서라도 자신의 물질적 욕망을 채우려 한다.

도덕성이 결여된 이들은 타인의 고통에 공감하지 못한다. 오히려 타인을 속였다는 사실에서 우월감과 쾌감을 느끼기도 한다. 겉으로는 친절하고, 말은 논리적이며, 겉모습은 성공한 사람처럼 보이지만그 내면에는 약육강식의 세계에서 타인을 도구로만 바라보는 차가운 계산이 숨어 있다. 우리 주변을 돌아보면 10명 중 한 명은 이런 유형의 사람일 수도 있다. 문제는 그들이 특별한 범죄자처럼 보이지 않는다는 점이다. 그들은 우리의 이웃일 수도 있고, 친구나 직장 동료일 수도 있으며, 온라인에서는 전문가나 성공 멘토의 가면을 쓰고 나타나기도 한다.

현대 사회는 끊임없이 경쟁을 부추긴다. 대중 매체와 SNS는 타인의 성공과 화려한 삶을 과장되게 보여 주며 사람들의 비교심과 질투심을 자극한다. 우리는 어느새 '남들보다 뒤처지면 안 된다'는 불안에 휩싸이고, '나만이 기회를 놓치고 있는 것은 아닐까'라는 조급함을 느끼게 된다.

그리고 사기꾼들은 바로 그 욕심과 불안을 가장 정교하게 파고든다. "지금이 아니면 기회가 없다.", "아는 사람만 아는 정보다.", "당신에게만 알려준다."

이런 말들은 사람의 이성을 마비시키고 판단력을 흐리게 만든다. 사기꾼들은 돈이 아니라 사람의 심리를 먼저 훔친다.

특히 우리 사회는 사기죄에 대해 비교적 관대한 편이다. 미국과 같은 선진국에서는 사기죄를 중대한 범죄로 간주하여 무기징역이나 수십 년 형이 선고되는 경우도 적지 않다. 반면 우리나라는 100억 원 이상의 사기를 저질러도 고작 10년 남짓의 형량이 나오는 경우가 많다. 게다가 피해 금액을 모두 회수하지 못한 채 가해자가 다시 사회로 복귀하는 일도 드물지 않다. 이러한 구조 속에서는 사기의 위험 대비 처벌의 부담이 지나치게 낮아지고, 그 결과 사기는 '한번 해 볼 만한 범죄'로 인식되기 쉽다. 이처럼 사회적 장치가 충분하지 않은 환경에서는 결국 개인이 스스로를 지켜야 한다. 우리가 접하는 온라인과 오프라인 곳곳에는 수많은 사기꾼이 존재하며, 그들은 우리의 무지, 욕심, 외로움, 조급함을 호시탐탐 노리고 있다.

한번 크게 사기를 당하면 단순히 돈만 잃는 것이 아니다.
소중한 자산을 잃고, 사람을 믿는 마음이 무너지고, 그로 인한 정신적 충격으로 다시 일어서는 데 오랜 시간이 필요할 수 있다. 어떤 사람들은 사기 피해 이후 삶에 대한 의욕 자체를 잃기도 한다. 그만큼 사기는 개인의 인생을 파괴할 수 있는 치명적인 범죄다.
인생을 바꾸어 놓는 사기는 성공의 가장 큰 장애물인 것이다.

2. 사기꾼들은 욕심을 이용한다

욕심은 단순히 무언가를 더 갖고 싶어 하는 마음이 아니다. **진짜 위험한 욕심은 스스로 노력해 얻으려 하지 않으면서, 쉽고 빠르게 남에게 의지해 큰 결과만 얻고 싶어 하는 마음이다.** 이 욕심은 사람을 게으르게 만들기보다 오히려 조급하게 만든다. 그리고 조급함은 가장 먼저 이성을 무너뜨린다.
사기를 당한 사람들을 보면 결코 어리석거나 무지한 사람들이 아니다. 의사, 교수, 공무원, 전문직 종사자, 성공한 사업가, 심지어 오랜 경력을 가진 투자 전문가들조차 사기의 피해자가 된다.
그렇다면 왜 이런 일이 반복될까? 그 이유는 분명하다. 사기는 지능의 문제가 아니라 감정의 문제이기 때문이다. 사기꾼이 노리는 것은 지식의 부족이 아니라 욕망의 틈이다.

사기꾼들은 우리의 욕심을 정확히 자극한다.

"이 기회를 놓치면 다시는 없다."

"이미 많은 사람들이 돈을 벌고 있다."

"당신 정도면 충분히 이해할 수 있다."

이런 말들이 귀에 들어오는 순간, 사람의 판단력은 서서히 마비된다. 이성은 흐려지고, 평소라면 의심했을 말들을 당연하게 받아들이게 된다. 그 결과 평소라면 절대 하지 않았을 선택을 아무렇지 않게 하게 된다.

심리학에서는 이런 현상을 흔히 '도파민 착시'라고 부른다.

"더 빨리, 더 많이, 더 쉽게 얻고 싶다"는 욕구가 뇌의 보상 시스템을 강하게 자극하면 위험을 인식하는 기능은 급격히 약화된다. 이때 사람은 손실 가능성보다 이익 가능성에만 집중하게 된다. 그래서 사기꾼들은 수익을 말하지만 위험은 말하지 않는다. 과정은 생략하고 결과만 강조한다. 확률은 숨기고 성공 사례만 보여 준다.

욕심이 커질수록 경계심은 사라지고, 위험에 둔감해지며, 비합리적인 판단이 늘어난다. 검증은 귀찮아지고, 확인은 나중의 문제로 밀린다.

"설마 나한테까지 그런 일이 생기겠어.", "이 정도면 괜찮겠지." 이런 생각이 들기 시작했다면 이미 욕심이 판단을 앞서고 있다는 신호다. 그래서 평소라면 절대 속지 않을 사람도 큰 욕심 앞에서는 너무나 쉽게 무너진다. 사기꾼은 사람을 속이는 것이 아니라 사람이 스스로 속도록 만든다. 결국 구조는 단순하다. 사기꾼은 욕심을 노리고 욕심은 판단을 마비시킨다. 이 사실을 이해하지 못한 채 "나는 똑똑하니까 괜찮다"고 생각하는 순간, 그 사람은 사기꾼에게 가장 이상적인 표적이 된다.

진짜 지혜는 자신의 욕심을 부정하는 데 있지 않다. 욕심이 생겼다는 사실을 인식하고 그 순간 물러설 줄 아는 능력이다. 욕심을 통제하지 못하면, 아무리 많은 지식과 경험도 한순간에 무력해질 수 있다. 반대로 욕심을 다스릴 수 있다면 사기의 덫에 걸려들지 않을 수 있다.

쉽게 얻으려 말고, 크게 얻으려 말고, 타인에게 기대어 얻으려 하지 말아라. 시장이 주는 기회만큼만, 내가 스스로 공부하고 노력한 만큼만 얻으려고 하자.

3. 사기를 피하는 방법

1) 수익률을 확정하거나 너무 높으면 피하라

세상에 위험 없이 높은 수익은 존재하지 않는다. 수익이 높다는 말은 그만큼 위험도 높다는 뜻이다. 그리고 어떤 투자 수익률도 100% 확정될 수 없다.

"안전하게 월 5~10%"라는 말은 사기의 전형이다.

2) 검증 불가능한 정보를 조심하라

사기꾼은 "비밀 정보", "내부 정보", "선택받은 사람만 하는 투자" 같은 말을 강조한다. 그러나 현실에서 비공개 정보는 대부분 허구이며, 검증되지 않은 정보는 사기의 첫 관문이다. 검증되지 않은 것은 시작조차 하지 않는다.

3) 시간 압박을 주는 제안은 무조건 거절하라

"오늘 안 하면 기회가 사라집니다.", "지금 바로 결정하셔야 합니다." 이 말들은 사기꾼의 대표적인 기술이다. 건전한 투자나 사업은 절대 시간 압박을 주지 않는다.

4) 일확천금을 약속하는 사람, 쉽게 돈 번다는 사람을 멀리하라

수백 년 동안 단 한 번도 변하지 않은 진리가 있다. 노력 없이 쉽게 얻는 일확천금은 존재하지 않는다.
"쉽고 크게 번다"는 말은 욕심을 자극해 판단력을 마비시키는 독이다.

5) '너에게만 주는 정보'라는 말은 100% 거짓이다

가족도 아니고 친구도 아닌 생전 처음 보는 타인이 그 귀중한 정보를 줄 리가 없다. 타인에게 주는 것은 결국 사기뿐이다.

6) 특정 종목이나 부동산 물건을 추천한다면 절대 믿지 마라

진짜 투자로 돈을 버는 전문가들은 주변 지인들에게 특정 종목을 추천하지 않는다. 만약 손해가 발생하면 비난의 화살이 나에게 돌아올 것을 알기 때문에 그런 리스크를 짊어질 이유가 없다.

누군가 종목이나 물건을 추천하는 세 가지 이유는 다음과 같다.

첫째, 자기만의 방법과 기준이 없이 종목을 사게 된 경우 불안한 심리가 생기게 된다. 자신의 주변 지인들에게도 같은 종목을 추천하여 함께 투자함으로써 자신의 불안함을 해소하려 하는 것이다.

둘째, 종목이나 부동산 물건을 돈을 받고 홍보하는 것이다.

사기 세력들로부터 돈을 받고 종목이나 특정 물건을 유튜브나 블로그로 홍보해 주는 경우가 대다수이다.

셋째, 자신이 가진 종목이나 부동산 물건을 남에게 비싸게 매도하기 위해 유튜브나 카페, 카카오 오픈방 등에서 추천하는 것이다.

7) 처음에는 적은 수익을 내주다가 점차 큰돈으로 투자를 권유한다

사기꾼들이 처음부터 큰돈을 권유하지 않는다. 의심을 피하고 확신을 주기 위해 작은 돈으로 여러 번 수익을 내주다가 상대가 넘어올 것 같으면 그때서야 큰돈을 요구하는 식이다. 이런 패턴이 보일 경우엔 단호하게 차단해야 한다.

8) 보여 주는 것을 믿지 말고, 그 사람의 의도를 의심하라

집·자동차·수익률·계좌 인증까지 모든 것이 위조 가능하다. 사진, 영상, 어플 화면도 전부 조작이 가능하다. 겉으로 보여 주는 어떤 것도 믿지 말고 이 사람이 왜 나에게 이런 것들까지 보여 주고, 무엇 때문에 노력을

알파

들어서 접근하는가를 먼저 생각해야 한다. 정말 스스로 돈을 많이 벌고 성공한 사람이라면, 잘 모르는 사람에게까지 시간을 써서 자신을 홍보하고 고급 정보를 나눠 줄 이유가 없다.

9) 절대 타인에게 내 돈을 맡기지 마라

돈은 결국 내가 공부하고 노력해서 벌어야 한다. 세상에 공짜는 없으며 누구도 당신의 돈을 불려 주려 하지 않는다. 그들은 당신의 돈을 이용하려는 것이다.

10) 의심이 가면 반드시 스스로 찾아보고 검증하라

조금이라도 의심이 간다면 반드시 인터넷에서 비슷한 사기 사례가 있는지 조사하고 찾아보아라. 사기꾼들은 대부분 이전과 유사한 방식으로 접근하기 때문에 이미 당한 사람들의 사례가 많이 있을 것이다.

앞으로 이 책의 많은 부분에서 각 분야별로 사기에 대해 다룰 것이다. 왜 이렇게까지 사기를 경고하는가!

사기는 나의 실패 경험이 아니다. 내가 한 실패는 소중한 경험이 되고, 그 안에서 다시 방법을 수정하고 성공으로 나아가는 바탕이 된다. 하지만 남에게 당한 사기는 내 소중한 시간과 노력으로 만든 종잣돈만 없어질 뿐이지 무엇도 얻을 수가 없다.

필자 또한 30대 초반에 믿었던 친구에게 10년 동안 피와 땀으로 모은 전 재산인 3억 가까운 돈을 모두 사기당하고 인생 전반이 위태로웠었다. 밤에 잠을 자려고 해도 잠도 오지 않았으며, 목에서 뜨거운 울화가 항상 치밀어 오름을 느꼈으며, 자살 충동까지 일어났다. 물론 그 아픔 후에 오랜 공부와 명상을 통해 행복을 찾았고, 더 간절히 노력하여 성공을 이루었지만 죽어도 다시 그런 일을 당하고 싶진 않다.

이 책을 통해 여러분의 인생에서 그런 일은 결코 당하지 말기를 당부하고 싶다. 사기는 우리의 욕심이 불러오고, 욕심이 만든 허상은 우리의 판단력을 흐린다. 결국 사기를 피하는 가장 근본적인 지혜는 허황된 욕심을 줄이고, 상황을 이성적으로 냉정하게 판단하고, 타인에게 기대지 말고, 돈은 내가 스스로 공부하고 노력해서 벌어야 한다는 사실을 깨닫는 것이다. 자신의 욕심을 다스리는 사람은 흔들리지 않으며 큰 사기를 당하지 않는다. 크게 잃지 않는 사람이 결국 크게 얻는 사람이다.

—| 2부 |—

알파의 투자법

1부에서 우리는 성공의 여러 법칙들(알파로 가는 길)을 살펴보았다. 이제 2부에서는 각 재테크 분야별 투자법(알파의 투자법)을 살펴볼 것이다.

필자는 주식을 20년 넘게 공부하고 부동산도 10여 년에 걸쳐 공부하였다. 수많은 책들을 읽고 내가 정리한 공책만 하더라도 주식만 20권이 넘으며, 부동산도 10여 권에 이른다. 그 모든 것을 이 한 권의 책에 담기란 불가능할 것이다. 사실 재테크 분야는 너무도 광범위하며, 어느 한 분야만 집중적으로 서술하더라도 책 몇 권 분량이 될 것이다. 어쩔 수 없이 이 책에서는 분야별로 두루 도움이 될 만한 내용들만을 간단히 요약하여 정리하였다. 책에서 다루지 못한 각 분야의 세세한 방법들은 추후 필자의 블로그나 강의를 통해 이야기할 것이다. 여기서는 전반적인 여러 재테크를 파악하고, 각 재테크별로 투자하는 방법 등을 간단히 설명할 것이다.

우리가 좋은 대학을 가려고 초중고 12년이 걸렸고, 사회에서 좋은 직장을 잡기 위해 준비하는 데도 5년 이상이 걸린다. 하지만 재테크로 인생을 바꾸는 데 고작 1~2년도 공부하지 않고 뛰어드는 건 무모한 일이다.
운에 기댄 투자, 남의 말에 기댄 투자, 욕심에 의한 무리한 투자, 심리에 무너진 투자는 한두 번은 통할 수 있으나 시간이 지나면 반드시 무너진다. 스스로 공부하고, 방법을 만들고, 경험을 쌓고, 시장을 분석하여 투자하라. 이 책이 여러분의 투자 기준을 만들고, 방법을 찾아가는 노력의 여정에 큰 도움이 되길 바란다.

Chapter 1.   **나에게 맞는 재테크**

공격적인 투자 성향을 가진 사람에게 아파트나 상가 투자는 마치 1년에 한 번 움직이는 느린 배를 타는 것처럼 답답한 여정이 될 수 있다. 반대로, 안정적인 성향의 사람에게 주식이나 코인은 롤러코스터에 억지로 태워진 느낌처럼 불안하고 피곤한 투자일 수 있다. 직장인에게 매일 주식을 단기 투자하는 것은 출근·업무·가정 관리까지 챙겨야 하는 현실에서 거의 불가능한 일이다. 또 은퇴 후 퇴직금으로 주식을 시도하면 마치 안전벨트 없이 고속도로에 뛰어드는 것과 같은 도박이 된다. 남에게 좋은 재테크가 꼭 나에게도 좋은 것은 아니다. 몸에 맞지 않는 옷이 불편하듯 나에게 맞지 않는 길을 선택하면 성공은 힘들어진다.

그래서 재테크를 시작할 때 가장 먼저 해야 할 일은 수많은 재테크 방법들 중에서 나의 상황, 자본, 나이, 성향, 직업 환경에 맞는 길을 찾는 것이다. 그리고 그 길을 선택해 집중하는 것이 결국 재테크에서 승리하는 가장 빠른 방법이다.

1) 안정형

안정형 투자자는 자산의 꾸준한 증가와 심리적 평온을 가장 중요하게 생각한다. 삶에서 예측 가능성과 안정감을 선호하기 때문에, 갑작스러운 가격 변동이나 단기간의 수익 경쟁에는 큰 매력을 느끼지 못한다. 안정형 투자는 원금을 잘 지키면서 안정적으로 수익을 올리는 방법이다. 안정형 재테크로는 인생을 크게 바꿀 순 없다.

이미 만족할 만한 자산을 형성하고 안전하게 분산투자 한다든지, 은퇴 후에 자산을 투자한다든지, 공부할 시간이 적은 투자자에게 적합하다.

이들은 보통 다음과 같은 특징을 가진다.

- 삶의 안정이 가장 중요하며, 장기적으로 자산을 천천히 조금씩 늘리고 싶은 사람
- 심리가 약해 변동성이 큰 투자에서 쉽게 불안과 스트레스를 겪는 사람
- 나이가 많아 재도전이 어려운 시기, 실패의 위험을 최소화해야 하는 사람
- 가족을 책임지고 있어 원금 손실 자체가 큰 부담이 되는 사람

안정형 투자자에게 적합한 투자처

적금 · 예금

원금 보전이 확실하며, 누구나 시작할 수 있는 기초적이고 안전한 자산 관리 방식.

금 ETF

'위기 때 강한 자산'으로 불리며 변동성이 크지 않아 심리적 안정감을 제공.

채권, 국채, 채권형 펀드

안정성이 매우 높고, 예측 가능한 이자 흐름이 있어 장기적인 수익 관리에 탁월.

연금저축 · IRP

세제 혜택을 받으며 노후 자산을 준비할 수 있어, 안정형에게 가장 효율적.

우량 배당 ETF

가격 변동은 적고 배당으로 꾸준한 현금 흐름을 제공해 장기 관리에 적합.

매달 일정한 수익이 들어와 '현금흐름을 중시하는 안정형'에게 최고의 선택 중 하나.

2) 중립형

중립형 투자자는 안정성과 수익률의 균형을 가장 중요하게 생각한다. 너무 느린 성장에는 만족하지 못하지만, 그렇다고 큰 변동성과 스트레스를 감당하고 싶지도 않다. 중립형 투자자는 투자에 대한 이해도가 어느 정도 있으며, 장기적 관점으로 꾸준히 가져갈 수 있는 자산 구조를 선호한다. 너무 안전하지도, 너무 위험하지도 않은 황금비율을 중시하는 타입이다. 이들은 다음과 같은 특징을 가진다.

- 어느 정도 위험은 감수할 수 있지만, 전체 자산의 큰 흔들림은 원하지 않는 사람
- 안정과 성장의 중간 지점을 찾는 것을 선호하는 사람
- 장기적인 자산 형성에 관심이 있으면서도, 일정 수준의 수익률은 포기하고 싶지 않은 사람

중립형 투자자에게 적합한 투자처

S&P500 + 나스닥 ETF 장기투자

글로벌 대표 지수에 분산된 구조로, 안정성과 성장성을 동시에 확보.

우량주 장기투자

탄탄한 실적·현금흐름을 가진 기업에 투자해 안정적이면서 꾸준한 성장을 노림.

토지 분산투자

지역·입지·규모를 분산해 리스크를 줄이면서 중장기적 수익을 기대할 수 있음.

공장 분산투자

공장 임대나 매입을 통한 현금흐름 확보 + 시세차익 가능, 안정성과 수익의 중간 지대.

변동성은 있지만 장기적으로 강한 상승 흐름이 있어 중립형의 일부 포트폴리오로 적합.

3) 공격형

공격형 투자자는 크게 벌기 위해 어느 정도의 실패를 감수할 수 있는 사람이다. 수익률이 높다면 변동성이나 단기 손실은 감내할 수 있고, 새로운 시도나 도전에도 두려움이 거의 없다. 공격형 투자는 하이리스크, 하이리턴이다. 많은 공부와 경험을 쌓고 투자하면 인생을 바꿀 수 있는 방법이지만, 섣부르게 투자 시 큰 실패를 경험할 수 있다. 공격형 투자자는 공부하고 노력하여 제대로 방향만 잡으면 큰 수익을 낼 수 있지만, 그만큼 섣부른 투자는 위험하다. 시장의 위험을 통제하는 능력도 필요하다. 이들의 특징은 다음과 같다.

- 일정 수준의 손실을 감수하더라도 높은 수익률을 추구하는 사람
- 젊고 도전 의지가 강하며, 실패해도 다시 시작할 수 있는 에너지가 있는 사람
- 시장 흐름을 읽거나 기회를 찾는 데 관심이 많고 빠른 성장 가능성을 중요하게 여기는 사람

공격형 투자자에게 적합한 투자처

개별주식 투자

성장 가능성이 큰 테마·신사업 기업에 투자해 높은 수익을 노림.

개발형 토지 투자

입지 변화, 도로 개설, 개발 가능성 등을 활용해 큰 시세차익을 노리는 구조.

알트코인 투자

비트코인보다는 변동성이 크지만, 시장에서 검증된 알트코인 중 성장성
이 높은 종목을 장기 혹은 중기 관점으로 투자.

큰 대출로 부동산 갭 투자

자신이 감당하기 어려운 대출을 무리하게 받아 꼬마 빌딩이나 상가, 여러
채의 아파트 등을 갭투자하는 경우 부동산 상승기에는 큰 수익이 가능하
다. 단 부동산 시장 침체로 아파트 가격 하락이나, 상가나 빌딩의 장기간
공실, 정부 부동산 정책 변화, 은행 금리 인상 등의 위험성을 반드시 인지
하여야 한다.

1) 외향형 투자자

외향형 투자자는 사람 속에서 에너지를 얻는 사람, 만나고 대화하고 협력할 때 성과가 극대화되는 유형이다. 이들은 새로운 사람을 만나는 것에 부담이 없고 현장조사·정보 교류·관계 구축이 필요한 투자에서 탁월한 강점을 나타낸다.

특히 부동산 분야는 "발품 + 인간관계 + 정보 네트워크"가 핵심인 만큼 외향형의 재능이 그대로 투자 성과로 이어지곤 한다.

외향형 투자자에게 적합한 투자 분야

상가·빌딩 투자

임차인 관리, 중개사 소통, 지역 상인회 정보 등 사람과의 네트워크가 곧 수익으로 연결되는 분야.

부동산 경매

입찰자, 중개사, 법무사, 임차인과의 소통 과정이 많아 대인 관계 능력이 큰 힘이 된다.

토지 투자(주민 인터뷰 · 현장 조사 포함)

토지 투자는 책상 앞에서만 할 수 없다. 마을 주민 인터뷰, 이장님 면담, 공무원 질의 등 '사람과의 대화'가 바로 정보가 되는 분야다.

부동산 중개 · 컨설팅 연계형 투자

외향형이 가장 빛나는 분야.
사람을 연결하고, 정보를 교류하고, 신뢰를 바탕으로 기회를 확장할 수 있다.

2) 내향형 투자자

내향형 투자자는 혼자 깊이 분석하고, 천천히 확신이 생겼을 때 움직이는 사람이다. 사람들과 계속 마주치거나 소통해야 하는 투자보다는 시간을 두고 데이터를 분석하거나 혼자 연구하는 분야에서 큰 강점을 발휘한다. 내향형은 감정의 영향을 덜 받고 체계적 · 논리적으로 판단하는 경향이 있어 금융시장 분석에 매우 유리하다.

내향형 투자자에게 적합한 투자 분야

미국 주식 · 한국 주식 장기투자

재무제표, 산업 트렌드, 기업 리포트처럼 '혼자 공부하는 시간'이 많을수록 수익이 나는 분야.

ETF 포트폴리오

불필요한 감정 소모 없이 데이터 기반의 안정적 장기 포트폴리오를 구성할 수 있다.

코인 투자(장기·중기 분석형)

내향형의 강점인 분석력·집중력이 빛나는 분야.
과도한 네트워크 활동 없이도 정보 탐색이 가능하다.

3. 공부 시간

내가 앞으로 어느 정도 시간을 노력에 투자할 수 있는지 생각해 보고 재테크 분야를 선택하는 것도 필요하다. 20~30대처럼 시간이 많은 사람과 40~50대처럼 본업과 가정이 있어 시간이 적은 사람은 투자 환경에 큰 차이가 있다.

투자는 기초지식과 충분한 노력 없이 시작하면 대부분 큰 손실을 본다. 따라서 내가 공부할 수 있는 시간은 투자 성공률을 결정하는 핵심 요소다. 결국 투자는 '시간과 노력의 총합'이다. 내가 쓸 수 있는 시간이 많다면 고난도 분야를 도전하는 것이 유리하고, 시간이 없다면 절대 복잡한 투자

알파

에 손대지 않는 것이 안전하다.

아래는 하루 기준으로 2~3시간 정도 꾸준히 학습한다고 가정했을 때, 각 분야에서 실제로 돈을 꾸준히 벌 수 있을 정도의 실전 감각을 갖추는 데 걸리는 대략적인 시간이다.

부동산 분야

- 아파트 투자: 1년 이상

- 상가·빌딩 투자: 2년 이상

- 공장 투자: 2년 이상

- 토지 투자: 3~4년 이상(실전 난이도 최상급)

금융 투자 분야

- 장기 주식 투자: 1~2년 이상

- 비트코인 투자: 1~2년 이상

- 알트코인 투자: 3~5년 이상(심리 영향 큼, 난이도 높음)

- 단기 주식 투자: 3~10년 이상(난이도 높음)

1) 시간 부족형 투자자

시간이 부족한 사람은 꾸준함·자동화·안정성이 핵심이다. 복잡하고 시간이 많이 필요한 분야에 손대면 스트레스만 늘고 결과는 좋지 않다. 시간이 부족한 사람은 공부량이 큰 분야는 피하고, "장기·자동·저변동성"이 중심이 되는 포트폴리오가 가장 현명하다.

추천 투자 분야

자동 ETF 투자(연금 + S&P500)

설정해 두고 꾸준히 적립하면 '자동 성장 구조'가 만들어진다.

금·채권·적립식 포트폴리오

리스크가 낮고, 크게 관리할 필요가 없다.

월세형 부동산(관리업체 활용)

임대 관리 부담을 줄이면 거의 반자동 수익 구조가 된다.

아파트·상가 투자

연구 범위가 비교적 명확하고, 공부량이 부동산 중에서는 합리적인 편이다.

우량주 장기투자

정기적으로 기업 실적만 확인하면 되고 관리 난이도가 낮다.

2) 시간 여유형 투자자

공부·조사·현장 활동에 시간을 충분히 쓸 수 있는 사람. 시간이 많은 사람은 공부가 어려운 분야, 정보 비대칭이 큰 분야에서 경쟁 우위를 가진다. 그만큼 노력한 만큼 수익률도 크게 올라가는 구조다.

추천 투자 분야

부동산 경매

실전 경험이 쌓일수록 절대적인 우위가 생기는 분야이다.

토지 투자

공부·현장조사·경험 등 시간이 부동산 투자 중 가장 많이 든다.

개별 성장주 투자

기업 분석·산업 트렌드, 투자 공부가 필요한 분야.

공장·창고 투자

입지 분석, 임대 수요 조사, 현장 검증이 필요해 시간이 많은 사람이 유리하다.

알트코인 투자

기술·시장 구조·거시 흐름 등 다면적 분석이 필수이다. 짧은 공부로는 절대 높은 성과가 나오기 어려운 분야이다.

4. 최소 투자 가능 금액

재테크를 시작할 때 가장 현실적으로 고려해야 할 요소는 바로 현재 내가 가지고 있는 투자금이다. 투자에서 나의 자본 규모가 투자할 수 있는 분야를 결정한다. 나의 상황을 고려하지 않고 무리해서 투자금이 크게 필요한 분야에 도전하면, 레버리지 과다·심리 압박·현금흐름 악화 등 여러 리스크를 떠안고 실패할 확률이 커진다. 따라서 지금 내 상황에서 가장 합리적으로 접근할 수 있는 투자처를 선택하는 것이 성공 확률을 높이는 가장 실용적인 방식이다.

- **주식**: 10만 원부터 가능(소액으로 시작 가능)
- **코인**: 10만 원부터 가능(소액으로 시작 가능)

- **아파트**: 3천만~10억 원 이상(지방 소액 투자 가능, 지역별 차이 매우 큼)

- **공장, 창고**: 1~5억 원 이상(규모, 입지에 따라 차이 있음)

- **상가, 빌딩**: 1~50억 원 이상(상권, 유동 인구, 건물 상태에 따라 차이 큼)

- **토지**: 2천만~30억 원 이상(소액 투자 가능, 입지와 용도 지역에 따라 천 차만별임)

1) 투자금 1억 원 이하

초기 자본이 크지 않을 때는 금융투자 + 지방 부동산 중심으로 접근하는 것이 효율적이다.

가능한 투자

- 주식, ETF, 미국주식

- 코인 투자

- 지방 아파트 소액 투자

- 가격이 저렴한 토지

2) 투자금 1~5억 원

현금흐름형과 시세차익형을 균형 있게 구성할 수 있어 포트폴리오 설계가 본격적으로 가능해지는 단계다.

가능한 투자

- 주식·코인 분산 투자
- 수도권 아파트
- 소형 공장
- 소형 상가
- 수도권 외곽 토지

3) 투자금 5~10억 원 이상

입지 좋은 자산에 접근할 수 있어 장기적으로 부(富)의 확률을 끌어올릴 수 있는 단계다.

가능한 투자

- 주식·코인에 안정적 분산 투자
- 서울 아파트
- 대형 공장
- 대형 상가
- 꼬마 빌딩
- 수도권 중심부 토지

이처럼 재테크는 나에게 알맞은 분야를 선택하고 도전해야 능률이 오르

알파

고 성공 가능성도 커진다. 내가 가진 시간, 내가 감당할 수 있는 위험, 내가 가진 성격, 그리고 내가 보유한 투자금. 위 네 가지 사항을 파악해서 어떤 재테크가 나에게 맞는지 잘 선택해야 할 것이다.

재테크의 첫걸음은 남을 따라가는 것이 아니라 나를 이해하고, 나에게 맞는 분야를 선택하는 것에서 시작된다.

Chapter 2

재테크 비교 분석하기

재테크 투자 시 먼저 해야 할 가장 중요한 과정은 여러 재테크 방법을 명확하게 비교하고 분석하는 일이다.

먼저 숲을 보고 나무를 봐야 한다. 여러 재테크 방법을 전체적으로 파악해야 그만큼 선택지가 넓어지는 것이다. 비교 없이 선택하는 투자는 방향을 잃기 쉬우며, 다양한 투자 기회를 놓치게 된다.

어떤 재테크가 더 좋고 나쁘다는 절대적인 답은 없다. 다양한 재테크 중 나에게 잘 맞고, 앞으로의 시장에 잘 맞을 분야를 선택해야 한다.

대부분의 사람들은 재테크에 어떤 종류가 있는지, 각 분야가 어떤 방식으로 돈을 벌고, 어떤 위험을 가지는지 충분히 이해하지 못한다. 이전에 해오던 방식, 주변 사람들이 추천하는 방식, 혹은 접근하기 쉬워 보이는 방식에만 의존해 투자를 시작한다.

그러나 다양한 재테크의 특징을 정확하게 알고 비교할 수 있다면 현재 상황에서 어떤 분야를 공부해야 하는지, 그리고 어떤 자산에 투자하고, 어디에 분산해야 하는지 등 성공적인 투자가 가능할 것이다.

위험성과 수익률로 재테크 분야를 구분해 보면 다음과 같다.

알트코인 → 주식 단기투자 → 주식 장기투자 → 토지 → 아파트, 상가 순으로 위험성과 수익률이 낮아진다.

주로 투자 기간이 짧을수록 회전율이 높아져 원금대비 기대수익률은 크지만, 심리에 영향을 많이 받아 위험성이 높아지고, 많은 경험과 노력의 시간이 필요하게 된다.

1) 코인

코인은 투자 중 가장 위험하지만, 동시에 가장 큰 수익을 올릴 수 있는 분야다. 잘못하면 투자가 아니라 도박이 될 수 있으므로 주의해야 한다.

2) 주식 단기투자

스켈핑이나 단타는 회전율이 높아 큰 수익을 기대할 수 있지만, 그만큼 큰 손실 위험 또한 존재한다. 여러 매매 기법을 익히고, 시장을 파악하며, 뉴스 해석 능력과 감정 조절 능력이 필수다.

3) 주식 장기투자

단기투자보다는 위험성이 적지만, 주식이라는 특성상 꽤 높은 수익률과 위험성을 함께 가진다. 종목 선정 능력이 중요하며, 지수가 오르내릴 때도 흔들리지 않는 마음이 필요하다. 코스피나 나스닥 지수를 추종하는 ETF는 개별 종목보다 난이도가 쉽고 안정성이 높다.

4) 토지

부동산 중 가격 변동성이 가장 큰 분야다. 거시경제보다 개별 지역 호재가 훨씬 중요하다. 호재 지역에 잘 투자하면 주식 이상의 큰 수익을 낼 수 있다. 하지만 호재 뉴스에 속아 고점에 매수하거나, 개발 취소나 변경이 발생하면 큰 손실을 볼 수 있다. 또한 토지는 유동성이 적어서 매도까지 시간이 오래 걸려 자금이 묶일 위험도 있다.

5) 아파트

아파트는 부동산 중에서 거시경제 흐름의 영향을 많이 받는다. 상승·하락 폭이 크지만, 아파트 특성상 어느 정도 하방 안정성이 존재한다. 지역별 격차가 크며 입지에 따라 오랜 기간 가격이 오르지 않는 사례도 많다. 특히 폭등기에 고점 매수하면 회복까지 긴 시간이 필요할 수 있다.

6) 상가·빌딩

부동산 중 가격 변동성이 비교적 작은 분야다. 주로 노후 자금을 위해 투자하는 경우가 많다. 상권 분석이 필수적이다. 과도한 대출을 활용하면 수익 레버리지가 크지만, 금리 상승기나 경기 침체기에는 공실과 큰 이자 부담으로 어려움을 겪을 수 있다.

7) 공장, 창고

토지와 상가의 개념을 둘 다 가지고 있다. 일반 토지보다 기대 수익률이 적을 수 있으나 그만큼 임대 수익과 안정성이 보장되어 있는 편이다. 토지 지가가 상승하면 시세차익도 크게 얻을 수 있고 상가처럼 월세도 받을 수 있다. 일반 토지보다 실수요자들이 있으므로 환금성도 뛰어나다.

2. 공부와 투자 난이도

일반적으로 금융 투자 난이도는 (ETF 투자 < 우량주 장기투자 < 성장주 투자, 비트코인 투자 < 스윙 투자 < 단기 투자 < 알트코인 투자, 스켈핑 투자) 순으로 난이도가 높다. 단 난이도가 높은 만큼 원금 대비 기대 수익률은 커진다.

일반적인 부동산 투자 난이도는 (아파트 < 상가, 빌딩 < 공장 < 토지, 경매 투자) 순이다.

1) 스켈핑 투자 — 최상

주식을 몇 분 단위로 사고파는 투자법이다. 난이도가 매우 높으며, 감정에 흔들리지 않고 기계처럼 움직일 수 있는 능력이 필요하다. 하루 종일 모니터 앞에 있어야 하므로 스트레스가 관리가 중요하다. 노력보다 타고난 순발력과 멘털이 더 중요하다.

2) 알트코인 — 상~최상

코인은 가격 변동성이 무척 크기 때문에 심리적 압박이 심하고 잘못하면 크게 무너질 수 있다. 난이도가 매우 높은 투자이며 방법, 순발력, 심리, 시장 이해도가 좋아야 한다.

3) 주식 단기투자 — 상

주식을 하루 또는 주 단위로 사고파는 방법이다. 높은 난이도와 많은 경험이 요구된다. 시장의 흐름에 맞춰 전략을 유연하게 바꿔야 하며, 매일 일지를 작성하고 시장과 종목을 분석하며 나만의 매매 기법을 만들어 가야 한다.

4) 주식 장기투자 — 중

가치투자 혹은 거시경제 흐름을 기반으로 장기 투자를 하는 방식이다. 개별 기업의 변화하는 가치를 파악하고 시장 전체 흐름을 읽을 수 있어야 한다. 공부 난이도는 비교적 쉬우나, 투자 난이도는 결코 쉽지 않다. 대중의 심리에 휘둘리지 않고, 내가 투자한 회사의 가치를 믿고 버티는 힘이 필요하다.

5) 아파트 투자 — 하

실수요가 많고 많은 주변 시세가 형성되어 있어서 시장이 투명한 편이다. 그에 따른 공부 난이도와 투자 난이도가 쉬운 편이다. 내가 살 집이라면 '평생 가져간다'는 마음으로 접근하면 편하다. 다만 거시경제 흐름의 영향을 받으므로 가격 폭등시나 금리 상승기에 무리한 대출은 위험하다.

6) 상가, 빌딩 투자 — 중

난이도는 아파트와 토지의 중간 정도다. 지역·상권 분석 능력, 상가 경매 지식, 리모델링 전략 등을 공부해야 한다.
건물을 매수 후에도 관리와 공실 문제를 지속적으로 신경 써야 한다.

7) 공장, 창고 투자 — 중

토지와 상가의 특성을 둘 다 가지고 있으나 시세차익을 위해 토지를 바탕으로 공부 해야 한다. 광범위한 토지 공부에 비하여 공부 범위가 한정되어 있어서 난이도는 중간 정도이다. 직접 매매보단 경매를 공부하여 싼 가격에 매수하는 것을 추천한다.

8) 토지 투자 ― 상

토지는 부동산 중 공부와 투자 난이도가 가장 높다. 개별 호재, 토지 공법, 개발 구조, 지역 분석, 토지 경매 등 다양한 책을 공부하고 경험을 쌓아나가야 한다. 진입장벽이 높은 만큼 경쟁자가 적고, 투자 방식이 다양해 나만의 전략을 만들기 좋은 분야다. 주식만큼 위험하진 않으면서도 수익률은 크기 때문에, 투자에 익숙해지면 안정적으로 큰 수익을 낼 수 있다.

3. 각 분야별 장단점

1) 아파트 투자

장점

가격 흐름이 비교적 명확하고, 장기적으로는 안정적인 상승률을 기대할 수 있다. 전세·월세 구조를 활용하면 현금흐름도 잘 만들 수 있다.

단점

초기 투자금이 많이 필요하고, 거시 경제 흐름과 입지, 정부 규제에 영향

알파

을 많이 받는다.

필요조건

거시 경제 분석, 지역 분석 능력, 입지·학군·개발계획 이해, 최소 3천만~
수억 원의 투자금.

적합한 사람

안정형 투자자, 시간 부족형 투자자.

2) 상가·빌딩 투자

장점

월세 수익이 안정적이고, 상권 성장 시 시세차익이 가능하다.
부동산 중에서도 사업 구조를 이해한다면 수익률이 높아진다.

단점

공실 리스크, 상권 변화의 영향이 크다.

필요조건

상권 분석, 임차인 관리 능력, 1~50억 원 이상의 자본.

적합한 사람

외향형 투자자, 안정형 투자자.

3) 공장·창고 투자

장점

임대 수요가 꾸준하고, 대지 면적이 커서 토지 가치 상승까지 기대 가능.

단점

입지 분석이 어렵고, 관리 난이도 존재.

필요조건

물류 동선 이해, 공단 개발계획 파악, 1~5억 원 이상의 자본.

적합한 사람

중립형 투자자.

4) 토지 투자

장점

정보 비대칭이 커서 '발품 + 공부'가 곧 경쟁력이다.
개발 성공 시 시세차익이 크다.

단점

유동성이 적어 현금흐름이 힘들고, 기다림의 시간이 길다.
전문 지식이 부족하면 실패 확률이 높다.

필요조건

용도 지역 분석, 주민 인터뷰, 개발 계획 조사 능력.

적합한 사람

시간 여유형 투자자, 외향형 투자자, 노력형 투자자.

5) 부동산 경매

장점

싸게 매입해 수리·정비를 통해 다시 매도시 높은 수익을 낼 수 있다.
경험이 쌓이면 강력한 경쟁력을 가진다.

단점

권리분석 실패 시 큰 손실 가능.
점점 입찰 경쟁 심화.

필요조건

법률 지식, 권리분석 능력, 현장 조사.

적합한 사람

외향형 투자자, 도전형 투자자, 시간 여유형 투자자.

6) 장기 주식 투자, 비트코인 투자

장점

가장 보편적이고 안정적인 금융 투자.

복리 효과로 장기 자산 형성에 탁월하다.

단점

단기 변동성은 감내해야 한다.

단기 투자보다 큰 수익을 기대하긴 힘들다.

필요조건

기본적인 기업 분석 능력, 꾸준한 적립식 투자.

적합한 사람

중립형 투자자, 안정형 투자자, 시간 부족형 투자자.

7) 단기 주식 투자(단타)

장점

단기간에 큰 수익 가능.

단점

90% 이상이 실패하는 매우 어려운 영역.
많은 공부와 경험이 필요하다.
감정 관리 실패 시 위험성이 크다.

필요조건

전업에 가까운 시간, 차트 분석 능력, 빠른 판단.

적합한 사람

시간 여유형 투자자, 공격형 투자자, 노력형 투자자.

8) 코인 단타 · 알트코인

장점

고수익 가능성.

단점

극도로 위험하고 세력 싸움, 정보전이 치열하다.
많은 숙달된 경험이 필요하다.
감정과 운에 의존한 투자는 극히 위험하다.

필요조건

차트 분석, 고속 대응 능력, 시장 뉴스 트래킹 분석.

적합한 사람

시간 여유형 투자자, 공격형 투자자, 도전형 투자자

9) ETF 투자

장점

변동성이 낮고, 초보도 쉽게 시작.

S&P500, 나스닥 등 장기적으로 매우 우수한 성과.

단점

단기간 고수익은 어렵다.

필요조건

적립식 투자, 장기적인 투자 필요

적합한 사람

안정형 투자자, 시간 부족형 투자자.

Chapter 3. 투자의 3가지 요소

대부분의 사람들은 운에 의존하는 투자를 하고 있으면서 이를 재테크로 착각한다. 운에 기댄 투자는 재테크가 아니라 도박에 가깝다. 성공적인 투자를 위해서는 책을 읽고 유튜브를 찾아보며 이론을 공부하고, 자신만의 매수, 매도 타이밍과 종목 선정 기준을 세워 투자 방법을 만들어야 한다. 그 후에 소액 투자로 시작해서 점차 경험을 쌓고, 자신의 방법을 보완, 수정해 나가며 나만의 방법을 완성시키는 것이다.

이런 노력을 바탕으로 하는 투자가 아니라 나의 심리에 따라 사고파는 투자, 주변 사람들의 말과 단순 뉴스에 기댄 투자, 운에 기대어 하는 묻지마 투자로는 아무것도 이룰 수 없다. 자신만의 방법이 없으면 스스로도 투자에 확신을 가질 수 없다. 결국 기준과 확신이 없기에 나의 불안한 심리나 타인의 말에 휩싸여 충동적인 투자를 하게 되는 것이다. 운에 의한 투자가 한두 번은 운 좋게 성공할 수도 있으나 인생은 참으로 길다. 운에 기댄 투자는 언젠가 그 운이 다하게 되면 반드시 실패를 경험하게 된다.

우리 주변에서 주식이나 코인으로 돈을 벌었다는 지인들 중 10년 이상 수익이 꾸준한 사람은 결코 찾기 힘들 것이다. 모두가 올라가는 상승장에서 그들은 운 좋게 돈을 불려 나갔고 마치 자신이 재테크의 신이 된 기분을 느꼈을 것이다. 하지만 시장은 상승이 있으면 반드시 하락이 온다.

그들은 스스로의 노력으로 만든 기준과 방법이 없어서 사고파는 타이밍을 모른다. 운으로 번 돈은 곧이어 닥칠 하락장에선 신기루처럼 사라진다.

필자의 주변에도 몇 십 년간 주식을 투자해 온 지인들이 많다. 하지만 그들은 여전히 자신만의 방법과 원칙이 없다.

그들은 아직도 운에 기댄 투자만을 하고 있으며, 그 투자의 결과는 여러분이 생각하는 그대로이다.

부동산도 마찬가지다. 운이 좋아 아파트나 상가로 잠시 돈을 번 사람들은 돈을 현금화하지 않고 더 무리하여 대출을 받아 투자한다. 곧 금리 인상이 오고 경기가 큰 불황을 맞으면 그들은 큰 이자를 감당하지 못하고 결국 경매로 나오게 되는 것이다.

투자를 결코 타인의 말이나 심리, 운에 기대서는 안 된다.

타인에게 기대는 투자는 사기이며, 심리에 기대는 투자는 도박이며, 운에 기대는 투자는 단순한 코인 던지기이다. 우리 스스로의 노력으로 방법과 기준을 세워야 한다.

재테크의 세계는 겉으로 보기엔 복잡하고 어려워 보이지만, 실제로 성공적인 투자를 만드는 핵심 원리는 매우 단순하다.

투자를 이루는 본질은 단 세 가지 요소로 정리된다.

바로 사는 타이밍, 파는 타이밍, 종목 선정 이 세 가지다.

이 세 가지를 제대로 이해하고 실행할 수 있다면 투자의 방향은 자연스럽게 잡히게 된다. 어떤 분야의 투자든 성공하기 위해서는 이 세 가지 요소를 정립하는 것이 가장 중요하다.

물론 재테크 방식에 따라 투자의 타이밍과 종목을 선택하는 기준이 완전히 달라진다.

아주 빠른 호흡으로 매매하는 스켈핑이나 단기 투자,

세계 경제 흐름을 읽고 움직이는 거시경제 기반 투자, 기업의 본질 가치에 집중하는 장기 가치투자,

개발 호재를 중심으로 판단하는 토지 투자,

물건의 원래 가치보다 낮은 가격에 접근하는 경매 투자 등 각 재테크 분야에 따라서 서로 다른 타이밍과 선택 기준을 가지고 있다.

1. 사는 타이밍 — 기회를 잡는 시작점

"썰물일 때 사야 한다. 밀물일 때 사면 이미 늦다."

이 말은 모든 투자에 적용되는 가장 기본적이면서도 가장 어려운 원칙이다. 얼마나 싸게, 얼마나 좋은 시점에 사느냐에 따라 투자의 시작점은 완전히 달라진다. 좋은 타이밍에 매수하면 마음이 편하고 흐름을 타기 쉬우며, 반대로 비싼 가격에 매수하면 시작부터 불안함과 스트레스를 안고 가게 된다. 결국 사는 타이밍은 투자 전체의 흐름을 결정짓는 첫 단추다.

사는 타이밍의 핵심 기준

시장은 항상 상승과 하락을 반복한다. 그 흐름 속에서 '사는 타이밍'을 잡기 위한 대표적인 조건은 다음과 같다.

- 가격이 충분히 조정되고, 과열이 식어 있을 때
- 거래량이 바닥을 찍고 서서히 다시 살아날 때
- 시장 분위기가 비관적이고 모두가 두려워할 때
- 정부가 시장 안정책을 내놓기 시작할 때

이 시기들은 시장이 바닥을 다지고 반등을 준비하는 신호일 가능성이 높다. 대부분의 사람들이 겁을 내고 있을 때가 오히려 투자자에게는 가장 좋은 기회가 되는 이유다.

투자 방식에 따른 타이밍

모든 투자자가 동일한 타이밍을 노리는 것은 아니다.
투자 종류에 따라 사는 타이밍의 기준도 크게 달라진다.

스켈핑·단기 투자

매일 종목을 사고팔아야 하기 때문에 자신만의 정확하고 빠른 매수 신호가 필요하다. 평균선, 추세선, 거래량, 패턴 등 기계적으로 실행할 수 있는 규칙이 필수적이다.

가치투자 · 연금 ETF · 우량주 장기 투자

이런 투자들은 매수 타이밍의 중요도가 상대적으로 낮다.
장기적으로 기업 가치가 상승하고 지수는 시간이 지나며 올라가는 경향
이 있기 때문이다. 가치를 생각하며 적립식으로 꾸준히 매수도 가능할 것
이다.

내가 거주할 아파트, 노후용 상가 투자

이 역시 타이밍보다 '필요한 시기'가 더 중요하다. 인생 전반의 시간 축으
로 접근하기 때문에, 완벽한 매수 타이밍을 기다리는 것보다 자금 여유가
생겼을 때 적절한 시점에 매수하는 것이 현실적이다.

2. 파는 타이밍 — 수익을 확정하는 기준

투자에서 모두가 알고 있으면서도 가장 어려워하는 요소가 바로 언제 팔
것인가이다. 매수는 비교적 쉽지만, 매도는 심리의 벽을 넘는 과정이다.
손절 타이밍과 목표 수익 실현 타이밍은 투자자가 반드시 지켜야 하는 생
명선이며, 이 두 가지를 지키지 못하면 수익은 사라지고 위험만 남는다.
대부분의 사람들은 불안과 욕심, 그리고 미련 때문에 상승 초기에 너무

빨리 팔아 버리거나, 상승이 끝났는데도 "조금 더 오르겠지"라며 버티다가 수익을 반납한다. 또는 손해를 보고도 손절을 못 해 손실이 눈덩이처럼 커져 버리는 경우도 많다. 결국 매도는 기술이 아니라 심리와 원칙의 문제다.

수익을 지키는 사람이 결국 승리한다. 투자에서 중요한 것은 수익을 만드는 것이 아니다. 수익을 지키는 것이다. 아무리 좋은 수익을 올려도 매도 타이밍을 모르면 그 수익은 한순간에 물거품처럼 사라진다. 그래서 투자는 '언제 사느냐'보다 '언제 파느냐'가 더 중요하다고 말한다.

매도 타이밍을 알고, 스스로 정한 규칙을 지킬 수 있는 사람만이 시장에서 오래 살아남는 것이다.

파는 타이밍의 핵심 기준

시장에는 매도 타이밍을 알려 주는 여러 신호가 있다.

이 신호를 정확히 읽어 내면 수익을 지키는 확률이 크게 높아진다.

- 목표 수익률에 도달했을 때

- 가격이 과열되고 거래량이 비정상적으로 증가할 때

- 뉴스가 최고조에 달하며 모두가 낙관할 때

- 추세가 고점에서 꺾이며 시장이 힘을 잃기 시작할 때(손절)

- 예상한 흐름과 다르게 움직이며 크게 하락할 때(손절)

투자 방식에 따른 매도 기준

스켈핑 · 단기 매매

매일 사고팔아야 하는 단기 투자에서는 자신이 정한 수익 선과 손절 선을 흔들림 없이 지키는 것이 핵심이다. 한 번의 예외가 반복적인 실패를 만든다.

장기 가치투자 · 연금 ETF · 우량주 투자

이러한 장기 투자에서는 시장의 단기 변동을 근거로 매도할 필요가 없다. 기업 가치가 훼손되지 않는다면 버티는 것이 더 큰 수익을 만든다. 장기 투자에서 매도 타이밍은 자산의 가치가 실제로 떨어질 때이다.

거주용 아파트나 상가 투자

인생 전반에 걸쳐 가지고 가는 부동산은 내가 현금이 필요할 때 매도하면 될 것이다. 단 너무 무리한 대출을 받아 공격적인 투자를 하는 경우는 시장이 크게 과열되었거나 금리가 크게 오를 땐 주의해야 한다.

투자의 세계에서 변하지 않는 진리가 있다.

"좋은 종목은 결국 시간이 해결해 준다."

"나쁜 종목은 머지않아 본모습을 드러낸다."

아무리 훌륭한 타이밍에 사고 팔아도 종목 자체가 잘못되었다면 시장 평균에도 못 미치는 수익을 기록하거나 심지어 큰 손실을 보게 된다. 반대로 종목만 잘 골랐다면 타이밍이 조금 늦더라도 시장보다 더 높은 수익을 얻을 수 있다. 종목 선정은 단순한 선택이 아니라 투자의 방향과 결과를 결정하는 핵심 기술이다.

이러한 종목 선정은 공부량과 경험이 축적될수록 정교해진다. 종목을 보는 눈은 하루아침에 만들어지지 않는다. 기업 분석, 산업 트렌드 조사, 재무제표, 지역 분석, 인프라 변화 등 꾸준한 학습과 실전 경험이 좋은 종목을 선정할 수 있게 만든다.

일반적인 좋은 종목의 조건

좋은 종목은 시간이 지날수록 스스로 가치를 증명한다. 일반적으로 다음과 같은 특징을 갖는다.

장기적으로 성장하는 산업에 속해 있다

- 예: AI, 바이오, 데이터센터, 친환경, 2차전지 등.

수요가 꾸준하거나 증가한다

인구, 기술 변화, 소비 트렌드 등과 연결된다.

차별성 · 경쟁력이 명확하다

독점력, 브랜드 파워, 기술 우위 등이 지속되는 기업.

재무 구조가 건전하고 가치가 탄탄하다

부채 대비 이익이 안정적이며 장기 성장 가능성이 높다.

지나치게 저평가되어 있다

시장 심리 때문에 가치 대비 가격이 낮을 때 기회가 생긴다.

사람들의 관심이 몰리거나 성장 기대감이 높다

트렌드 · 정책 · 기술 변화에서 수혜를 받는 종목.

미래 가치가 예상되는 종목

오늘보다 내일이 더 기대되는 구조이어야 한다.

단기 투자 종목 선정 기준

단기 투자자는 종목 본질가치가 아니라 그 순간의 수급을 본다. 재무제표, 산업 구조, 미래 성장성은 단기 매매에서는 거의 의미가 없다.
단기 종목 선정의 핵심은 단 두 가지다.

- 사람들의 관심이 강하게 몰리는 종목
- 거래량이 터지고 수급이 집중되는 종목

즉 단기 투자는 심리학이며 수급의 싸움이다. 시장의 관심이 사라지는 순간 흐름도 바로 꺾인다.

부동산 종목 선정

부동산에서는 기업 대신 입지와 지역 가치가 종목이 된다.
좋은 입지를 고르면 안정성과 수익성을 동시에 얻지만, 잘못 고르면 오랜 기간 자본이 묶이는 위험한 자산이 된다.
좋은 부동산의 기준은 다음과 같다.

- 사람이 계속 몰리는 지역
- 교통이 개선되거나 확장되는 지역
- 생활 인프라가 강화되는 지역
- 공급보다 수요가 많은 지역

알파

이런 조건을 갖춘 곳은 시간이 지나면 자연스럽게 가치가 올라간다. 반대로 지방이나 외곽지역, 공급과잉·수요부족 지역, 악재가 뜬 지역은 시간이 지날수록 리스크가 커진다.

ETF

이러한 종목 선정이 어렵다면 ETF가 가장 현실적인 해답이다. 종목 선정이 부담되거나 시간이 부족한 사람이라면 개별 종목 대신 ETF(지수 추종 투자)가 가장 합리적이다. ETF는 수십~수백 개 종목을 담고 있어 본질적으로 이미 "분산투자"되어 있으며, 특정 종목 실패로 인한 위험도 현저히 낮다. 따라서 초보자·직장인·시간 부족형·심리 약한 투자자에게 ETF는 최고의 선택지가 된다.

Chapter 4

코인
─ 투자를 할 것인가?
도박을 할 것인가?

솔직히 말해 필자는 지인들에게 코인 투자를 권하지 않는다.

지금의 코인 시장은 과거와 구조가 완전히 달라졌기 때문이다. 코인의 초창기, '큰돈을 벌었던 시대'는 이미 끝났다. 비트코인이 처음 만들어졌을 때는 소수의 신념 있는 사람들이 참여했고, 가격은 천정부지로 치솟으며 새로운 부(富)의 신화를 만들어 냈다. 이후 수백 개의 알트코인이 등장했고, 초창기 시장에서는 정보 비대칭이 매우 커서 조금만 빠르게 움직여도 큰 수익을 낼 수 있었다.

그 시기에 코인에 들어갔던 사람들은 쉽게 돈을 벌었다.

그러나 지금은 그때와 전혀 다른 시장이다. 비트코인은 이제 제도권 자산이 되었다. 비트코인은 이제 전 세계 기관투자자와 정부까지 참여하는 명확한 재테크 자산으로 자리 잡았다. 이는 안정성과 신뢰도가 높아졌다는 의미이지만, 동시에 과거처럼 10배, 100배씩 폭등할 가능성은 크게 줄었다는 뜻이다. 성장 폭이 줄고, 변동성도 서서히 안정화되는 단계에 들어섰다. 비트코인은 이제 '기적의 자산'이 아니라 '인플레이션을 방어하는 하나의 금융 상품'이다.

더 큰 문제는 알트코인이다. 초창기에는 몇 백 개 수준이던 알트코인이 지금은 수만 개에 달한다. 매일 새로운 코인이 만들어지고, 또 사라진다. 이미 코인 시장에서는 아무 가치도 없는 코인을 상장시켜 투자자를 끌어들인 뒤, 가격을 폭등시키고 도망치는 코인 사기꾼들이 넘쳐 난다. 이렇게 만들어진 코인들은 하루 만에 90~99% 폭락하고, 거래가 정지되고, 상장 폐지되며 수많은 투자자에게 상처만 남긴다. 이 많은 가짜 코인들 중에서 미래에도 살아남을 가치 있는 단 몇 개를 골라낸다는 것은 이미 '투자의 영역'을 넘어 '도박의 영역'에 가깝다.

그럼에도 사람들은 왜 코인에 뛰어드는가?

그 이유는 단순하다. 한 방 때문이다.

코인은 한번 상승하면 주식·부동산에서는 경험할 수 없는 폭발력을 보여 준다. 그래서 사람들은 노력보다 '행운'을 바라게 된다. 한번 큰 수익을 맛본 사람은 그 짜릿함에 중독되어 다시는 작은 수익에 만족하지 못한다. 문제는 바로 그 도박 같은 중독성이다.

코인에 중독되면 건전한 재테크가 어려워진다. 코인의 강한 변동성에 익숙해진 사람은 더 이상 주식이나 부동산처럼 오랜 시간에 걸쳐 천천히 자산을 쌓아 가는 방식을 매력적으로 느끼지 못한다. 노력과 분석, 경험을 통해 안정적으로 돈을 버는 재테크 구조가 아니라, 순간의 운과 한 방에 기대는 방식에 익숙해지면 사람은 도박 체질로 변해 버린다.

코인 투자를 하려면 알트코인은 소액으로 경험 삼아 잃어도 괜찮은 금액으로 수준으로 접근해야 한다.

비트코인은 가치에 기반한 장기적 관점으로 투자해야 한다.

코인 중에서도 비트코인은 유일하게 제도권과 연결되어 있고 장기 생존 가능성이 가장 높은 자산이다.

알트코인이 소액을 가지고 수급, 심리, 유행 등을 공부하고 빠르게 대응하는 투자라면, 비트코인은 적립식으로 원칙을 지키며 느리게 가져가는 투자라고 볼 수 있을 것이다.

누군가는 코인으로 인생을 바꾼다. 반대로 누군가는 코인으로 인생을 잃는다. 코인은 도구일 뿐이다. 문제는 그 도구를 어떻게 사용하는가이다. 코인을 '투자'할 것인지 '도박'할 것인지 그 선택은 결국 본인이 해야 한다.

1. 심리를 극복하라

코인의 가장 큰 특징은 바로 극단적 변동성이다. 하루에 10, 20%는 기본이고, 시장이 예민하게 흔들릴 때는 몇 분 만에 30~50%가 움직이는 경우도 있다. 이런 자산은 세상 어디에도 없다. 바로 이 변동성이 투자자의 감정과 심리를 격하게 흔든다. 탐욕, 두려움, 조급함, 질투, 과신 등등 수많은 감정들이 동시에 밀려오며 코인 투자는 언제든 투자에서 심리 게임으로 변질된다.

심리가 흔들리면, 아무리 좋은 투자법도 의미가 없다. 투자가 어려운 이유는 단순히 지식이 부족해서가 아니다.

많은 사람이 실패하는 진짜 이유는 자신이 만든 원칙을 끝까지 지키지 못하기 때문이다. 규칙을 세워도, 매수·매도 기준을 만들어도 막상 시장이

알파

출렁이면 감정이 모든 판단을 집어삼킨다.

조금만 내려도 불안해서 손절, 올라도 욕심이 생겨 못 팔고, "남들은 벌었다는데 나도 투자해야지" 하는 질투, 이번에는 크게 베팅해야 할 것 같다는 조급함 등등 심리가 흔들리면 원칙은 사라지고 남들과 심리에 따라 움직이다가 결국 큰 손실로 이어진다.

심리가 흔들릴수록 투자 난이도는 기하급수적으로 증가한다.

투자 변동성이 클수록, 속도가 빠를수록 투자자 심리는 더 쉽게 무너진다. 그래서 부동산보다 주식이 더 어렵고, 장기투자보다 단기투자가 더 어렵고, 그중에서도 선물·옵션·코인이 가장 난이도가 높다. 코인 투자에서 심리를 지키는 유일한 방법은 시장보다 나 자신을 먼저 이기는 것이다. 그 시작은 심리적 부담을 줄이는 것이다.

감당 가능한 소액으로만 투자하라

내가 잃어도 일상생활에 전혀 지장이 없는 금액, 심리적으로 무너지지 않을 금액만 투자해야 한다. 베팅액이 커지면 감정도 같이 커지고, 그 감정이 모든 판단을 왜곡시킨다.

변동성이 낮은 비트코인을 적립식으로 투자하라

매일 차트에 흔들리지 않으려면 정해진 날짜에 정해진 금액을 꾸준히 사는 적립식 방식이 가장 좋다. 이 방식은 감정 개입을 최소화하고 심리를 안정시키는 데 매우 효과적이다.

절대 '인생 한 방'을 노리지 마라

한 방을 노리는 순간 투자는 도박이 되고, 도박이 되는 순간 감정은 제어할 수 없다. 심리적 열광 속에서 베팅을 키우는 순간, 되돌릴 수 없는 강을 건너게 된다.

코인 시장은 뛰어난 실력보다 흔들리지 않는 심리가 더 큰 경쟁력이다. 지식보다 마음이 먼저 무너지기 때문에 심리를 통제하지 못하면, 결국 어떤 투자 전략도 결국 물거품이 되고 만다. 코인을 투자하겠다면 먼저 내 감정부터 관리할 수 있는 구조를 만들라. 그것이 코인 시장에서 오래 살아남는 첫 번째 원칙이다.

2. 코인을 투자할 때 주의할 점

코인은 기회가 큰 만큼 위험도 극단적으로 높다. 따라서 코인 투자자라면 반드시 피해야 할 행동들이 있다. 다음 여섯 가지는 초보든 숙련자든 누구나 빠지기 쉬운 함정이며, 이 중 하나만 빠져도 큰 손실로 이어질 수 있다.

1) 유튜브 · 커뮤니티 · 가짜 전문가를 신뢰한다

오랜 세월 한국 주식 시장에서 사기를 치던 세력들은 이제 규제가 약하고 더 조작하기 쉬운 코인 시장으로 이동했다.

그들은 유튜브, 책, 커뮤니티, 강의 등을 활용해 자신을 전문가처럼 포장하고, 아무 가치도 없는 코인을 "대박 종목"이라 홍보한다. 그들의 목적은 단 하나, 자신들이 보유한 물량을 투자자에게 떠넘기는 것이다. 그들이 물량을 처분하고 나면 그 코인은 흔적도 없이 사라지고 손실은 그대로 개인 투자자의 몫이 된다.

사기꾼들은 점점 그 방법도 다양하게 진화하고 있다. 그들은 단지 코인을 추천하는 것뿐만 아니라, 코인 수익을 내준다는 가짜 자동화 프로그램을 팔고, 거짓 코인 채굴 시스템 등을 그럴듯하게 포장하여 돈을 갈취하고 있다. 정보의 시대에서 거짓된 정보는 큰 덫이 된다. 코인 시장에서 가장 위험한 행동은 내가 스스로 노력하지 않고 타인의 말을 의지하고 믿는 것이다.

2) 손실 상태에서 '원금 회복'을 외치며 물타기한다

코인은 가치가 0이 될 가능성이 항상 존재하는 자산이다. 기업과 달리 실적·자산·배당이 있는 것도 아니고, 소멸해도 누가 책임지는 것도 아니다. 이런 자산에 손실이 났다고 "언젠간 오르겠지"라며 물타기를 시도하는 것은 순식간에 전 재산이 사라지는 지름길이다. 손실을 줄이고 다시 또 다른 기회를 통해 만회하고 싶다면, 반드시 손절 선을 미리 정해 두고 지키는 것이 중요하다. 물타기는 원금 회복이 아니라 지옥으로 가는 급행 열차임을 명심해야 한다.

3) 감당할 수 없는 큰돈을 투자하고, 감정대로 매매한다

코인은 감당 가능한 소액으로 해야 한다. 잃어도 삶에 지장이 없는 금액으로만 해야 한다. 이 기본 원칙을 어기는 순간 코인은 투자가 아니라 불안·공포·집착이 뒤섞인 도박이 된다. 큰돈을 베팅하면 마음이 흔들리고, 감정에 휘둘리는 순간 매매 기준은 무너진다. 갑자기 오르면 욕심이 생기고, 조금만 떨어져도 불안해 손절하고, 다시 오르면 따라 사며, 끝내 손해가 누적된다. 계획 없이 큰돈으로 코인을 건드리는 것은 가능성 없는 복권을 긁는 것과 전혀 다르지 않다.

4) 기술·재단·토크노믹스·커뮤니티 등 기초 공부가 없다

코인 투자를 하겠다면 최소한 다음 정도는 공부해야 한다.

- 이 코인은 어떤 기술을 기반으로 하는가?
- 재단은 존재하고 믿을 만한가?
- 토크노믹스(발행 구조)는 건강한가?
- 커뮤니티는 살아 있는가?
- 왜 이 코인이 존재해야 하는가?

이 정도도 모른 채 단순히 "오를 것 같다", "누가 좋다 했다"는 이유로 투자하는 것은 그야말로 섶을 지고 불 속으로 뛰어드는 행위다.

5) 절대 레버리지 투자는 금물이다

레버리지는 원금에 2, 3배의 베팅을 하는 방식이다. 이는 수익도 빠르지만 손실도 빠르다. 5배 레버리지를 쓰면 20%로만 올라도 원금의 두 배를 벌 수 있지만, 20%가 하락하면 모든 투자금이 사라진다. 단 한 번의 실수로 내가 그동안 힘들게 모았던 모든 종잣돈이 사라질 수 있다. 레버리지 투자는 아무리 열 번 이겨도 단 한 번의 폭락에 모든 자산이 청산된다.

이러한 레버리지 투자는 심리가 무너지는 순간 걷잡을 수 없으며 본질적으로 도박과 다를 것이 없다. 레버리지 투자로 빨리 큰돈을 벌려는 조급함과 욕심을 버려라. 천천히 노력하고 공부하여 시장이 허락한 기회만 잡겠다는 생각으로 투자해야 성공할 수 있다.

6) 공매도를 조심하라

공매도는 가격이 떨어질 것을 예상하고 거꾸로 베팅하는 투자 방식이다. 이론적으로는 단순하고 깔끔하지만, 현실에서는 그 어떤 전략보다 위험천만한 투자이다. 공매도를 하면 내가 샀던 주식이나 코인이 0원이 되면 2배를 벌게 되지만, 내가 샀던 가격에서 2배만 가격이 오르면 내 계좌는 강제 청산당해 사라진다.

대부분의 코인과 주식들이 2배 오르고 내릴 가능성이 큰지, 0원이 될 가능성이 큰지 생각해 보라. 상승장에선 대부분 자산이 2배는 기본적으로 오르내리는 경우가 많지만, 하락장이라고 기본적 가치가 있는 자산이 0원으로 없어질 가능성은 거의 없다. 벌긴 어렵지만 잃긴 정말 쉬운 투자이다.

필자도 코인 공매도 투자를 하다가 큰 손해를 본 경험이 있다. 며칠간 너무 많이 올라서 확률상 확실히 떨어지는 지점이라고 예상한 코인에 1억 원을 공매도 투자하였다. 하지만 투자 후 자고 일어난 단 하루 만에 그 코인은 당일 밤에 2.5배 가까이 올랐다가 다시 절반 이상 크게 내렸고, 2배 오른 시점에 이미 내 계좌 1억은 청산당하여 없어져 버렸다.

이것이 공매도가 위험한 이유이다. 오르내리는 구간 중간에 단 한 번이라도 2배 이상 오르게 되면 계좌는 청산당해 사라지게 되는 것이다. 그날이 내가 20년 넘게 투자를 하면서 가장 크게 잃은 날이다. 필자는 그 후 다시는 공매도 투자엔 손도 대지 않는다.

코인으로 잠시 돈을 벌 수는 있다. 하지만 코인으로 돈을 지키는 사람은 훨씬 적다. 위 여섯 가지를 지키지 못하면 어떤 투자 전략도 의미가 없으며 결국 시장에 큰 대가를 치르게 된다.

3. 알트코인 투자

알트코인 투자는 주식 투자와 완전히 다르다. 주식은 기업 실적을 보지만 알트코인은 아래 요소로 움직인다.

프로젝트 + 재단 + 토크노믹스 + 커뮤니티 + 유행

이 다섯 가지 구조를 이해하는 것이 중요하다.

1) 프로젝트 백서(Whitepaper) 읽기

백서는 코인의 '사업계획서'이다.

백서만 잘 파악해도 사기 코인을 구별할 수 있다.

백서가 너무 추상적이면 90% 사기이다.

백서가 현실 불가능 해도 위험하다.

체크 포인트

이 프로젝트가 해결하려는 문제는 무엇인가?

그 문제가 실제로 존재하는가?

기술 또는 서비스가 현실적으로 가능한가?

토크노믹스 구조가 지속 가능한가?

토큰을 왜 발행했는가?

2) 팀(Team) · 재단(Foundation) 확인

알트코인은 팀이 곧 신뢰이다. 팀 정보가 불분명하거나 신원이 비공개 시 손대지 말아야 한다.

체크 포인트

팀의 실명 공개 여부

개발자의 꾸준한 GitHub 활동

CEO · CTO 경력

과거 프로젝트 성공 여부

유명 VC(벤처캐피털) 투자 여부

3) 토크노믹스(Tokenomics) 이해

토크노믹스는 코인이 시장의 어디에 어떻게 존재하는지 보여 준다. 토크노믹스가 균형이 잘 잡힌 코인이 좋다. 반대로 토크노믹스가 망가진 코인은 결국 폭락한다.

전체 물량 중 상위 10개 지갑이 50% 이상 물량 보유 시 위험하며, 전체 물량 중 시장 유통량이 10% 이하 시 폭락 위험이 높다. 특히 팀 지갑이나 개발자 지갑에서 반복적인 매도가 나오면 큰 위험 신호이다.

체크 포인트

총 발행량

잠금물량(락업) · 해제 물량(대규모 락업 시 주의)

팀 보유 비율

초기 투자자(VC) 물량

스테이킹 보상 구조

수익 모델(코인 가격이 왜 올라야 하는가?)

4) 커뮤니티 규모 확인

코인은 커뮤니티가 중요하다. 특히 밈코인의 경우는 커뮤니티가 곧 코인의 가치이다. 커뮤니티가 활성화되지 않은 코인들은 무너지므로 주의해야 한다.

체크 포인트

트위터 팔로워 수

디스코드 활동량

텔레그램 분위기

개발자 업데이트 빈도

해외 언급량(특히 X/Twitter)

5) 대중의 관심과 유행 확인

코인이 크게 오르려면 대중의 관심과 유행을 잘 파악해야 한다. 아무도 관심이 없는 코인은 죽은 코인이다.

체크 포인트

최근 유행하는 코인 테마

각종 커뮤니티의 관심도

각종 뉴스나 SNS 언급도

검색량 급증 여부

6) 주의해야 할 코인

아래와 같은 알트코인들은 특히 주의해야 한다.

유동성이 너무 작은 코인(거래량 10억 원 이하, 시총 50억 원 이하)

유동성이 작으면 그만큼 시세 조작이 쉽게 가능하다.

주요 거래소에 상장되지 못한 코인

주요 거래소에 상장되지 않은 경우는 상장 폐지 위험성이 크다.

한국 거래소에서만 거래되는 김치코인

김치코인들은 거의 작전 세력이 만든 사기 코인들이 대부분이며 위험성
이 매우 크다.

뉴스, 업데이트, SNS 등 2개월 이상 신규 활동을 안 하는 코인

신규 활동을 안 하는 상태라면 이미 세력들이 다 팔고 빠져나갔을 가능성

알파

이 크다.

개별 코인 악재가 발생한 것

개발자 이슈나 해킹 등 큰 악재가 발생한 코인은 빠르게 손절해야 한다.

알트코인을 투자한다면 위의 사항들을 위주로 공부하고 분석하며 투자해야 할 것이다. **알트코인 투자는 변동성이 매우 심하고 위험성이 큰 투자이기에 반드시 많은 경험을 쌓으며 소액으로 조금씩만 투자하길 권한다.**

4. 비트코인 투자

비트코인은 더 이상 단순한 코인이 아니다. 지금의 비트코인은 전 세계가 인정하는 새로운 가치 저장 수단, 즉 디지털 시대의 '금(金)' 역할을 하고 있다. 초기의 투기적 자산에서 벗어나 이제는 글로벌 금융 시스템 안에서 중요한 자리를 차지하게 되었다.

1) 비트코인이 강해지는 이유

비트코인이 장기적으로 강한 상승 흐름을 유지해 온 이유는 명확하다.

총발행량 2,100만 개, 절대 공급 제한

인플레이션을 유발하는 추가 발행이 불가능하다.
공급이 줄어드는 반감기 구조는 희소성을 더욱 강화한다.

제도권 편입

미국 ETF 승인, 기관·대형 펀드 매수, 글로벌 기업의 보유 증가 등 과거의 '비제도권 자산'에서 '공식 금융 자산'으로 변모했다.

위기 상황에서의 자금 유입

전쟁·금리 불안·경기 침체 같은 혼란의 시기에도 안전자산 역할을 하며 대규모 자금이 몰린다.

장기적으로 계속 신고점을 갱신

중간에 큰 조정이 있어도 결국은 다시 최고 가격을 넘는 패턴을 반복해 왔다.

이러한 모든 요소들이 결합해 비트코인은 시간이 길어질수록 가치가 높아지는 디지털 금의 지위를 굳히고 있다.

2) 비트코인으로 인생 역전은 이제 쉽지 않다

초기 비트코인 투자자들은 수십 배·수백 배 수익을 얻으며 "인생 역전의 상징"이 되었다. 그러나 지금은 상황이 다르다. 변동성도 줄었고 시장 참여자가 기관·전문가 중심으로 바뀌었다. 현실적으로 이제의 비트코인은 알트코인처럼 한번에 10, 20배를 노리는 자산이 아니다. 그보다는 연 20~30% 정도의 안정적 수익을 기대하는 장기 자산에 가깝다. 즉, 한 방보다는 꾸준함이 더 중요한 투자처가 되었다.

3) 비트코인은 왜 장기 투자에 적합한가?

제도권 편입 이후 비트코인의 안정성은 과거와 비교할 수 없을 정도로 강해졌다. 그 덕분에 비트코인은 다음과 같은 장기 전략이 가능해졌다.

- 꾸준히 모아 가는 적립식 투자
- 하락장이 왔을 때의 저점 매수 전략
- 장기 보유에 따른 우상향 효과 누리기

비트코인은 더 이상 "도박성 투기 자산"이 아니라 시간이 지나며 가치를 쌓아 가는 하나의 정식 재테크 분야가 된 것이다. 물론 비트코인도 위기에서 자유롭지 않다. 거시경제 위기나 금융 붕괴가 오면 비트코인 가격이 크게 떨어질 수도 있다. 하지만 비트코인의 기본 가치, 즉 희소성·네트워크·제도권 신뢰도가 흔들리지 않는다면 이러한 하락장은 오히려 최고의 매수 기회가 된다. 과거 비트코인은 역사적으로 큰 하락 후에 새로운 최고가를 갱신해 왔다.

4) 비트코인의 진짜 매도 타이밍은 언제인가?

비트코인은 단순한 시장 가격 움직임이 아니라 거대한 기술 구조 위에 존재하는 자산이다. 따라서 비트코인의 본질적 가치가 흔들릴 때가 진짜 매도 타이밍이 될 수 있다. 가령 양자컴퓨터 등장으로 암호화 기술이 무력화되거나, 비트코인을 대체할 수 있는 더 우월한 기술 구조의 자산이 탄생하거나, 블록체인의 근본적 가치가 사라지는 경우 등 이러한 기술 패러다임의 변화가 온다면 비트코인을 재평가해야 한다. 즉, 비트코인의 매도 타이밍은 시장 상황이 아니라 '기술의 변화'가 결정한다.

비트코인은 이제 투기를 넘어 장기적으로 자산을 쌓아 가는 하나의 제도권 투자 수단이 되었다. 단기간에 급등을 기대하는 투자 자산이 아니라, 시간을 두고 꾸준히 모아 가는 안정적 자산으로 바라보는 것이 현실적이면서도 가장 현명한 접근이다.

5) 비트코인 반감기

비트코인에는 매우 독특한 구조가 있다.
바로 반감기라고 불리는 시스템이다. 반감기란 비트코인의 신규 발행량이 약 4년마다 절반으로 줄어드는 이벤트로, 이는 비트코인이 인플레이

알파

션을 억제하고 희소성을 유지하도록 설계된 공급 통제 장치이다. 비트코인은 중앙은행처럼 무제한 발행되는 구조가 아니다. 총 발행량이 2,100만 개로 고정되어 있으며, 4년마다 신규 발행 속도가 절반으로 줄어듦에 따라 시간이 갈수록 시장에 공급되는 비트코인은 점점 희귀해진다.

반감기가 왜 중요한가?

공급이 줄어들면 희소성은 증가한다. 희소성이 증가하면 자산의 가치는 자연스럽게 상승 압력을 받는다. 과거 데이터에서도 이 현상은 명확하게 나타났다. 반감기 직후에는 시장이 조정과 정체를 겪지만, 반감기 이후 1~2년 동안 비트코인 가격은 크게 상승하는 패턴을 반복했다. 이는 공급 감소로 인해 시장이 새로운 균형을 찾는 과정에서 가격이 장기적으로 우상향하는 구조가 형성되기 때문이다.

미래에도 이 패턴이 유지될까?

물론 과거의 상승 패턴이 미래에도 동일하게 반복된다는 보장은 없다. 시장 참여자, 제도, 규제, 기관투자자의 역할이 커지면서 변동성이 줄어들거나 상승 속도가 완만해질 가능성도 있다.

그러나 한 가지 사실만큼은 변하지 않는다.

비트코인의 총량은 정해져 있고, 신규 공급은 시간과 함께 계속 줄어든다. 이러한 구조는 비트코인의 희소성을 유지시키고, 장기적으로 가격이 우상향할 수밖에 없는 기본적인 설계 원리이기도 하다.

6) 비트코인 적립식 분산 투자

비트코인을 처음 접하는 초보자나, 종잣돈이 많지 않은 투자자라면 비트코인을 한번에 큰 금액으로 매수하는 '몰빵 투자'는 가장 위험한 접근 방식이다. 가격 변동성이 큰 코인의 특성상, 최고점에 매수하게 되면 큰 손실로 이어질 확률이 높기 때문이다. 이럴 때 가장 효율적이고 안전한 방법이 바로 매주·매달 일정 금액을 자동으로 사는 적립식 분산 투자 방식이다. 비트코인의 적립식 투자는 단순해 보이지만 제로는 아주 강력한 장기 전략이다.

가격 상승·하락 모두 대응 가능

고점에서는 적게 사고, 저점에서는 많이 사는 구조가 자동으로 형성된다.

심리 흔들림이 최소화된다

가격이 출렁거려도 "정해진 날짜에 정해진 금액을 산다"는 단순한 원칙 덕분에 불필요한 고민과 감정 소비가 사라진다.

역사적으로 장기 누적 수익률이 가장 높았다

과거 데이터를 보면, 매달 일정 금액을 꾸준히 투자한 방식이단기 타이밍 시도보다 훨씬 안정적이고 높은 누적 수익률을 기록했다.

투자 난이도가 낮다

별도의 종목 선정, 차트 분석, 심리 조절이 필요하지 않아 초보자에게 최적의 투자 방식이다. 적립식 투자는 가격이 오를 때도, 내릴 때도 꾸준히 사기 때문에 결국 시간이 곧 수익을 만드는 투자법이 된다.

투자 경험이 쌓이면 '변동성 조절형 적립식'도 가능하다

처음에는 정해진 금액을 동일하게 적립하는 것이 가장 좋다.

그러나 어느 정도 경험이 쌓이고 거시 경제 흐름과 시장 분위기를 읽을 수 있는 단계에 이르면 다음과 같은 변동성 투자 방식도 가능하다. 변동성 적립식 투자는 급등 구간에서는 적립 금액을 줄이고, 급락 구간에서는 적립 금액을 늘리는 방식이다. 즉, 비싸게 사는 양은 줄이고 반대로 싸게 살 수 있는 기회에는 더 많이 사는 전략이다.

이 방식은 시장 이해도와 경험이 필요하지만 잘 활용하면 기본 적립식 대비 훨씬 높은 수익률을 만들 수 있다.

비트코인을 투자하겠다면 단순한 '언제 사야 할까?'의 싸움이 아니라 "어떻게 꾸준히 사서 평균 단가를 관리할 것인가"의 싸움이다. 비트코인 적립식 투자는 심리적 안정, 리스크 관리, 장기 수익률 모두를 고려했을 때 초보자는 물론 숙련자에게도 효율적인 투자 방법이다.

Chapter 5

한국 주식
― 어렵다고 포기할 것인가?

한국 주식은 누구나 가장 쉽게 시작할 수 있는 재테크 수단이자, 많은 사람들이 첫 투자로 선택하는 시장이다. 하지만 아이러니하게도, 한국 주식 시장에서 꾸준히 성공하는 사람은 극히 드물다. 주변을 살펴보면 "이번에 단기간에 수익 냈다"는 이야기는 흔하게 들린다. 하지만 시간이 지나면 대부분은 결국 손실로 돌아서고 그들은 다시 "역시 주식은 어려워"라는 말을 되뇌게 된다. 왜 이런 일이 반복될까?

한국 시장에는 오래된 '구조적 함정'이 존재한다. 한국 주식 시장은 오랜 기간 동안 개인 투자자의 돈을 노리는 세력들이 활발하게 움직여 왔다. 작전 세력, 허위 공시, 악의적인 유상증자, 내부자 거래, 유상감자 및 반토막 프로젝트 등 이런 일들은 중소형주에서만 벌어지는 일이 아니다. 심지어 대기업조차 횡령·배임 사건, 경영진의 비리, 거래정지 등의 리스크에서 자유롭지 않다. 투자자의 신뢰가 무너지는 데는 오랜 시간이 걸리지 않는다. 그렇기 때문에 한국 시장에선 장기 투자 전략이 특히 어렵다는 말이 나온다.

거기다 유동성 감소로 시장의 체력은 약해지고 있다. 최근 몇 년 동안 개인 투자자들은 더 크고 투명하며 변동성이 높은 미국 주식 시장, 그리고 단기간에 큰 수익을 노릴 수 있는 코인 시장으로 이동했다. 그 결과 한국 주식 시장의 유동성은 예전만큼 강하지 않다.

유동성이 감소하면 어떤 일이 일어날까?

- 거래량이 줄어들어 주가가 쉽게 흔들린다
- 악재가 나오면 버텨 줄 매수세가 없어 급락한다
- 좋은 뉴스가 나와도 상승 폭이 제한된다
- 시장 전체가 예전처럼 힘 있게 움직이지 않는다

즉, 유동성이 약해질수록 개인 투자자에게는 더 가혹한 환경이 된다.

그렇다고 한국 주식을 포기해야 하는가? 결론은 아니다.

포기해야 할 것은 시장이 아니라 무지한 투자 방식이다. 한국 시장에는 여전히 기회가 존재한다. 오히려 많은 개인 투자자들이 떠나는 지금이 또 다른 기회의 시기일 수도 있다.

중요한 것은 한국 시장의 구조적 문제를 이해하고, 그 안에서 살아남을 전략·원칙을 세우는 것이다. 더 이상 묻지마 투자의 시대는 끝났다. 주식 시장이 더 똑똑해지고, 더 냉혹해졌다. 한국 주식이 어렵다고 포기할 필요는 없다. 지금이야말로 나만의 투자 원칙을 만들고, 한국 시장의 특성을 이해하며, 장기적으로 살아남을 수 있는 방법을 찾아야 할 때다.

한국 주식은 전쟁터 같은 시장이다.

그러나 준비된 투자자에게는 기회가 되고, 준비되지 않은 투자자에게는 평생의 상처가 될 것이다.

1. 주식 시장의 사기 유형

한국 주식 투자를 시작할 때 가장 먼저 배워야 하는 것은 수익을 내는 방법이 아니라, 사기를 피하는 방법이다. 유독 주식 시장에는 사기꾼이 너무 많다. 우리는 처음 주식 투자를 접하면 무엇을 해야 할지 몰라 소위 '전문가'라는 타이틀을 가진 사람들에게 쉽게 의존하려 한다. 하지만 한국 주식 시장에서 전문가를 자칭하는 사람들 중 90% 이상은 사기꾼이다. 그리고 종목을 추천해 준다는 리딩 전문가들은 100% 사기라고 단언할 수 있다.

소위 작전 세력들은 사채 시장이나 점주들에게 자금을 모아 중, 소형주의 주식을 바닥서 매집한다. 이때 작전 회사의 경영진과도 미리 짜고 시작하는 경우가 많다. 혹은 부실한 회사는 아예 사들여서 횡령하는 경우도 다수이다. 그렇게 저가에서 주식을 사들인 후 소위 말하는 전문가, 유튜버, 카페, 증권게시판, 오픈 채팅방, 리딩방 등 다양한 곳에서 마케팅 작업을 친다. 마케팅을 해 주는 자칭 전문가들은 작전 세력들에게 마케팅비도 받고, 리딩 유료 회원비도 받는다. 더 나아가 자신도 세력에 관여하여 미리 해당 주식을 저가에 사서 큰 이익을 취한다.

이런 마케팅과 함께 해당 회사에서는 확실하지 않는 과장된 호재 공시를 띄워서 분위기를 만든다. 이에 걸려든 개미들은 서로 높은 가격에 해당 주식을 우르르 매수하게 되고 세력들은 이틈에 고점에서 매도하며 물량을 개미들에게 떠넘긴다. 결국 개미들만 남아서 마지막 폭탄 돌리기를 시

 알파

작하는 것이다.

왜 이렇게 시장에 사기꾼이 많은가? 이유는 간단하다.
첫째, 사기죄에 대한 처벌이 지나치게 약하다.
둘째, 대중들은 공부와 노력 없이 쉽게 돈 벌고 싶은 욕망이 크다.
이 두 가지가 맞물리면 그걸 이용하는 사기꾼이 활개 치는 것은 당연한
결과다.

필자에게는 젊은 시절 함께 주식 공부를 시작했던 친구 네 명이 있었다.
모두가 꿈을 꾸며 함께 시작했지만 현실은 냉혹했다. 수년간 공부해도 주
식으로 돈을 벌기란 쉽지 않았다. 한 명은 포기하고 다시 직장으로 들어
갔다. 또 한 명도 결국 주식 시장을 떠나고 장사를 시작했다. 그리고 남은
두 명은 지금은 증권방송까지 나오는 어엿한 사기꾼이 되어 있다. 그들은
공부한 지식을 활용하여 직접 투자로 돈을 벌기보다, 그럴듯한 말과 허위
정보로 남들의 돈을 빼앗는 길을 선택했다. 왜냐하면 그것이 훨씬 돈을
벌기 쉽기 때문이다.

증권 방송에 나온다고 결코 전문가가 아니다. 그들은 매달 천만 원 가까
이 광고비를 내고 증권 방송에 출연한다.
방송에 출연하면 사람들은 전문가라고 착각한다. 그러나 증권 방송은 출
연료를 주고 전문가를 섭외하는 곳이 아니다.
오히려 전문가란 자들이 스스로 돈을 내고 방송에 출연하는 '홍보의 장'
이다.

실제로 주식투자로 큰돈을 번다면 투자하고 놀러 다니기도 바쁠 텐데 뭐 하러 자신의 돈을 내고 시간을 내가며 방송에 나오겠는가? 이들은 방송을 통해 유료 회원들을 모집하여 돈을 버는 것이다. 그들의 말을 듣고 투자한다면 당신의 소중한 자본금을 잃게 될 것이다.

그들이 말하는 수익률은 대부분 조작이며, 그들이 알려 주는 방식은 조금만 살펴봐도 아무 가치가 없다. 하지만 주식을 오래 공부하지 않은 사람들은 이 허상을 구별하기가 매우 어렵다.

실제 돈을 버는 진짜 투자자들은 절대 특정 종목을 추천하지 않는다. 그리고 한두 가지 비법만 알면 큰돈을 벌 수 있다는 신기루 같은 말도 하지 않는다. 주식 시장은 매일 다르게 움직이고, 내가 만든 방법 또한 매일 시장 상황에 맞게 계속 변화하고 조절해야 살아남는 곳이다. 한두 가지 방법만으로 오래 먹히는 시장이 결코 아니다. 결국 우리는 누군가에게 기대어 돈을 벌 수 있다는 생각 자체를 버려야 한다.

1) 무료 리딩방 → 결국 유료 전환 사기

처음엔 이렇게 접근한다. "무료로 종목 알려 드립니다!"
하지만 며칠 지나지 않아 이런 메시지가 온다.
"VIP방에 들어오시면 진짜 종목 드릴게요."
무료든 유료든 주식 리딩은 100% 사기다.
이들이 돈을 버는 방식은 세 가지다.

\- 회원들에게 돈을 받고 종목을 추천하여 돈 벌기

- 작전세력에게 돈을 받아 해당 종목을 홍보하기
- 본인이 미리 사 둔 종목을 회원들이 매수하면 그 위에서 몰래 팔아 치우기

주식은 모두가 돈을 버는 구조가 아니다. 누군가가 비싸게 사 줘야 다른 누군가가 비싼 가격에 매도하여 수익을 실현한다. 따라서 누군가가 알려준 종목을 산다는 것은 내 소중한 종잣돈을 그 사람에게 넘겨주는 것과 같은 행동이다.

2) 허위 호재를 퍼뜨리는 인플루언서·단톡방

카카오톡 오픈 채팅, 텔레그램, 커뮤니티 등에서 허위 정보는 빛보다 빠르게 퍼진다.
"정부 지원 확정!", "삼성과 계약 완료!", "내부자 정보입니다!"
이 말들은 99%가 거짓이다. 당신이 정보를 들었을 때는 이미 세력이 매집을 끝내고 개미들을 끌어들이기 위해 퍼뜨리는 미끼일 뿐이다. 당신이 호재라고 믿고 고점에 사는 순간, 세력은 조용히 빠져나간다. 그 후 남겨진 것은 폭탄을 들고 서로에게 떠넘기는 개미들뿐이다.

3) 장외 주식·비상장 주식 추천 사기

가장 흔한 사기 멘트는 이것이다.
"곧 상장합니다. 지금 사면 최소 10배!"
이 말에 속아서 전 재산을 잃는 사람들이 너무 많다. 장외 주식 사기가 위

험한 이유는 다음과 같다. 기본 정보조차 검증되지 않은 회사가 대부분이다. 상장을 성공할 가능성은 거의 없다. 사기꾼들이 이런 주식을 싸게 사들인 뒤 선량한 개미들에게 거짓으로 홍보하여 10~100배로 팔고 도망간다. 결과는 하나다. 상장은커녕 회사 서류도 엉터리라 개미들의 희망은 결국 휴지 조각이 된다.

4) 신기루 같은 방법·AI 자동 프로그램 사기

주식 시장은 파도다. 수시로 변하고, 일정하지 않고, 예측도 어렵다.
그런 시장에서 "특정 방법 하나로 평생 수익 가능", "AI 매매 프로그램이 자동으로 수익 낸다" 등의 말은 모두 허황된 미신이다. 과거에 통했던 방법도 현재 시장에는 맞지 않을 수 있다. 주식 시장은 끊임없는 방법 연구와 시장의 흐름에 따라 그 방법들을 변화하는 게 중요하다. 과거 데이터에만 의존하여 만든 자동 프로그램 같은 신기루 전략은 통하지 않는다.

필자에게는 누구나 아는 대기업에 다니는 아는 형이 하나 있다. 약 1년 전, 그 형의 회사 직원 중 한 사람이 자동 매매 프로그램을 만들어 주식으로 몇 십 억의 수익을 내고 있다는데, 그게 가능한 일인지 물어 온 적이 있었다. 자동 매매 프로그램은 과거 데이터만을 기반으로 하기 때문에 장기적으로는 절대 안정적인 수익을 기대하기 어렵다며 조심하라고 이야기해 주었다. 그런데 최근, 그 회사 직원이 주변 회사 사람들에게 3~5억씩 투자를 받아 총 80억의 돈을 들고 필리핀으로 도망갔다는 소식을 들었다.
사기꾼은 결코 멀리 있는 것이 아니다. 온라인뿐 아니라 우리 주변 곳곳

알파

에 존재한다. 친교 모임, 교회, 회사, 심지어 친구나 친척들 사이에서도 얼마든지 생길 수 있다.

결코 남에게 의지하여 투자하지 마라. 성공을 가져오는 것은 오직, 나만의 노력으로 만든 방법들과 시장을 읽는 오랜 경험뿐이다.

2. 한국 주식 투자의 장점

많은 투자자들이 요즘 미국 주식에 관심을 갖고 있지만, 한국 주식에는 미국 시장에서는 얻을 수 없는 고유한 장점들이 존재한다. 한국 시장의 구조를 이해하고 제대로 활용한다면, 오히려 더 효율적인 투자 환경을 만들 수 있다.

1) 세금 부담이 적다

미국 주식은 매매차익에 대해 양도소득세가 부과된다. 특히 연간 250만 원 초과 수익에 대해 22%의 양도세를 납부해야 한다. 또한 환차익·환손실까지 고려해야 하므로 세금 구조가 복잡하다.

한국 주식의 가장 장점 중 하나는 이러한 세금 부담이 적다는 것이다. 한국 주식 투자는 매매 시 증권 거래세(0.15%)만 내면 된다. 국내 상장 주식의 매매차익은 비과세(대주주 제외)이고 따라서 매년 복잡한 세금 계산 필요가 없다. 즉, 한국 주식은 수익을 그대로 온전히 가져갈 수 있는 구조다. 세금 부담이 없다는 것은 곧 복리 효과가 극대화된다는 뜻이다.

2) 정보 접근 속도가 빠르다

미국 시장은 정보의 장벽이 높다. 영어 기반 정보가 대부분이며, 기업 분석 자료 역시 전문적인 표현이 많아 정보 격차가 발생하기 쉽다. 반면 한국 시장은 정보 접근성이 매우 빠르고 쉽다.

- 뉴스·공시·재료가 한국어로 즉시 파악 가능
- 커뮤니티·SNS 여론 흐름도 바로 확인
- 산업 정책·정부 발표를 실시간으로 해석 가능
- 한국 기업의 구조·문화·특징을 이해하기 쉬움

우리가 주식 투자를 할 때 정보 접근이 빠르고 이해하기 쉬워야 투자 판단도 빨라지고 정확해진다. 특히 이러한 실시간 정보를 얻는 것은 빠르게 시장과 정보를 분석하고 사고 팔아야 하는 단기 투자에서는 매우 중요하다.

3) 낮 시간에 투자할 수 있다

미국 주식 투자자의 가장 큰 고통은 밤 10시~새벽 5시에 정규 시장이 열린다는 것이다. 이 밤 시간대에 투자한다는 것은 피로 누적, 멘털 관리의 어려움, 불규칙적 생활 리듬, 장중 발 빠른 대응 불가 등등 여러 문제들이 생긴다.

반면 한국 주식은 9시~15시 30분, 즉 낮 시간대에 운영된다.

즉 미국 주식은 밤 시간 투자 때문에 "멘털과 생활리듬이 깨지는 투자"가 되기 쉽지만, 한국 주식은 생활과 건강을 유지하며 낮에 투자하기 좋은 환경인 것이다.

4) 환율 리스크가 없다

미국 주식은 기업 리스크 + 시장 변동성에 더해 환율 리스크까지 감당해야 한다. 원/달러 환율이 오르면 수익이 커질 수도 있지만, 환율이 떨어지면 주가는 올라도 실제 수익이 감소할 수 있다. 반면 한국 주식은 환율 변동을 전혀 신경 쓸 필요가 없다. 투자자는 오직 기업과 시장만 보면 된다.

이렇듯이 한국 주식 투자는 여러 단점들이 있지만 분명한 장점들도 존재한다. 막연히 투자를 피하기보단 이러한 한국 주식 시장의 장점들을 백분 활용하여 노력한다면 또 다른 성공의 기회를 얻을 것이다.

3. 스켈핑

주식 스켈핑(Scalping)은 단기 투자 기법 중에서도 가장 짧은 시간 안에 매수와 매도를 반복하며 작은 이익을 누적시키는 극초단타 매매 방식이다. 이는 주식 시장이라는 전장에서 반사신경과 생존 기술을 극한으로 끌어올리는, 말 그대로 기술자의 영역이라 할 수 있다. 스켈핑은 수 초~수

분 안에 진입과 청산이 모두 끝나는 전략으로, 극도로 빠른 판단력과 엄격한 규칙이 필요하다.

스켈핑은 결코 쉽게 돈을 버는 방법이 아니다. 필자의 경험상 스켈핑은 노력보다 타고난 기질의 영역에 가깝다고 생각한다. 방법을 만들고, 이를 실행하며 숙달시키고, 매일 일지를 적고 분석하는 것은 노력으로 가능하다. 하지만 수 분 안에 사고팔 때 순간적으로 생기는 욕심이나 조급함을 이겨 낼 수 있느냐는 타고난 기질의 문제다.

필자 역시 처음 주식을 시작할 때 스켈핑을 해 보려고 1년여 동안 노력해 보았으나 결국 실패하고 말았다. 스켈핑의 최대 장점은 바로 무시무시한 회전율에 있다.

아주 작은 이익도 계속 누적되면 큰 수익을 기대할 수 있다.

주식을 처음 시작하는 사람들은 누구나 이러한 기대와 환상을 품고 스켈핑에 도전하곤 한다. 하지만 아무리 기준과 원칙을 만들어도, 짧은 시간 안에 정확히 그 원칙을 지켜 내는 것은 참으로 어려운 일이었다.

물론 심리 개입을 줄이기 위해 HTS 상에서 자동 매매를 설정할 수도 있다. 그러나 시장은 끊임없이 변화하며, 수많은 종목을 다루기 때문에 시장과 개별 종목에 맞춘 유연함이 반드시 필요하다. 바로 그 유연함과 심리적 통제를 짧은 시간 안에 구분해 내는 것이 정말 힘든 일이다.

스켈핑은 작은 이익을 여러 번 쌓아 수익을 키워 가는 방식인데, 중간중간 시장의 큰 이슈로 크게 손실을 보게 되면 그동안 어렵게 쌓아 둔 이익이 한 번에 사라지곤 했다.

여기에 매매할 때마다 발생하는 증권거래세의 누적 부담도 결코 무시할 수 없었다. 결국 그렇게 노력해도 거래세를 내고 남는 금액은 거의 없었다.

또한 스켈핑은 순간적인 판단을 위해 계속 모니터를 주시해야 하고, 그 집중과 긴장감을 유지하는 데서 오는 스트레스가 상당했다. 몸과 마음이 모두 지쳐 버린 필자는 결국 1년여 만에 스켈핑을 접게 되었다.

여러분이 스켈핑을 시작하려 한다면, 내가 심리에 크게 흔들리지 않는 사람인지, 순간적인 판단력이 뛰어난지, 손이 빠르고 신속한 대응이 가능한지 반드시 스스로 점검해 보고 도전해야 한다. 처음 시작할 때는 반드시 모의 투자로 연습해 보고, 그다음 소액으로 조금씩 도전해야 한다. 3~6개월 정도 도전했는데도 꾸준한 수익이 나지 않는다면 과감히 포기하고 다른 투자 방식을 찾아야 한다.

스켈핑은 타고난 기질을 가진 사람에게 적합한 방식이다.
극도의 집중력, 순간 판단력, 감정 통제 능력, 철저한 규칙 준수가 반드시 필요하다. 시장의 작은 파동을 이용해 적은 수익을 꾸준히 누적하면 엄청난 수익을 만들 수도 있지만, 거래세 부담과 심리적 압박을 이겨 내지 못하면 크게 무너질 수 있는 위험한 방법이다.

1) 스켈핑의 특징

스켈핑은 다음 특징을 가진다.

- **보유 시간**: 수 초~수 분
- **수익 목표**: 0.3~1.5% 정도
- **거래 대상**: 당일 시장의 관심을 받는 종목, 거래량이 풍부하고 중소형주 종목
- **거래 시간**: 변동성이 가장 높은 오전 10시 이전(특히 장 초반 30~40분)에 주로 매매가 이루어진다.

  오후 장 매매 시엔 좀 더 주의해야 한다.

  오늘 전체 시장이 너무 안 좋을 땐 쉬어 간다.
- **목적**: 작은 파동을 여러 번 먹는 누적 수익 전략

즉, 수익을 크게 먹는 것이 아니라 작게 여러 번, 규칙적으로 먹는 매매방식이다.

2) 스켈핑 종목 선정 기준

거래량 폭발 종목

장 초반 거래량이 전일 대비 200% 이상 종목으로 실시간 체결량이 빠르게 증가하는 종목을 선택해야 한다.

증권사 HTS에서 제공하는 거래량 상위, 등락률 상위 종목을 주로 이용한다.

시총 1조 원 이하 중소형주

시총이 작아서 오르내리는 변동성이 충분해야 한다.

당일 주도 테마주나 호재 뉴스 직후 급등 종목

수주 공시, 정책 테마주, 실적 급증, 임상 완료 등 당일에 테마 주도주나 개별 호재 뉴스가 뜨고 급등하는 종목을 선정하는 게 중요하다.

3) 스켈핑 매수 시점

거래량이 순간적으로 증가하는 순간

동시다발 체결이 빠르게 발생하고 호가창에서 매수 잔량이 빠르게 쌓인다.

지지선 위에서 눌림이 나올 때

스켈핑의 최고 진입 구간은 눌림 후 반등 직전이다.
급등하고 일시적으로 눌린 후 다시 반등하려는 순간을 잡으면 리스크가 매우 낮아진다.

돌파 매매

저항선을 뚫고 강하게 상승하는 순간을 포착하여 진입한다.

기술적 반등

낙폭이 과도하게 커진 종목이 일시적으로 반등하는 시점을 노려 수익을
얻는다.

단 이 경우는 실패 시 손실이 커서 많은 경험과 노하우가 필요하다.

4) 스켈핑 청산 기준(익절 & 손절)

스켈핑의 승률은 정확한 청산 규칙에 의해 결정된다.

스켈핑에서 단 한 번의 -3%, -5% 같은 손실이 발생하면 그동안 쌓아 온 수
익이 한순간에 사라져 버린다.

익절 기준: +0.3% ~ +1.0%

스켈핑은 '조금만 먹고 빠지는 매매'다. 0.5% 익절도 훌륭한 수익이 된다.

상승 후 하락하기 시작한다고 느껴지는 순간 즉시 매도해야 한다.

손절 기준: -0.3% ~ -1%

스켈핑은 작은 손절이 매우 중요하다.

예상보다 매도세가 강하면 손절해야 한다.

알파

자동 매매 설정

HTS에서 손절/익절 라인을 설정하여 해당하는 가격에 오면 자동으로 팔리게 하는 기능을 활용하면 감정적인 매매를 방지하는 데 좀 더 유용할 수 있다. 단 개별적인 특이 흐름에는 대응하기 어렵다는 단점이 생긴다.

5) 복기 단계 ― 하루의 매매를 반드시 기록하고 개선하라

스켈핑은 감각의 기술이다. 감각을 유지하고 성장시키는 방법은 매일 장이 끝나면 기록하고 분석하고 복기하는 것이다.

복기 항목

오늘의 테마주와 호재를 분석했는가?

오늘 전체 시장의 흐름은 어떠했는가?

진입 신호가 정확했는가?

호가창 흐름을 제대로 해석했는가?

손절이 늦지 않았는가?

익절 기회를 놓친 이유는 무엇인가?

오늘 매매 중 감정이 개입된 순간은?

스켈핑은 위와 같은 기본적인 분석을 기초로 자신만의 방법과 감각을 매일 만들어 나가야 한다. 스켈핑은 단순히 빠른 매매만을 반복하는 것이 아니다. 매일 루틴을 만들고 지키고, 매일 시장 흐름을 분석하고 경험하며, 매일 작은 실수들을 고쳐 가며, 꾸준히 수익을 누적해 나가야 한다. 스켈핑은 회전율을 높여서 작은 투자금으로도 큰 수익을 기대하는 투자 방법이지만, 결코 아무에게나 맞는 투자 방법은 아닐 것이다.

6) 스켈핑 자가 진단 테스트

- 손가락이 빠르고, 마우스 클릭 실수가 거의 없다.
- 작은 손실(-0.3%~-1%)은 감정 없이 즉시 손절할 수 있다.
- 적은 수익(+0.3%~+1%)도 만족하고 빠르게 익절할 수 있다.
- 시장을 바라보는 동안 집중력이 떨어지지 않는다.
- 한 번 손실을 본 뒤에도 흔들리지 않고 다음 매매를 이어 갈 수 있다.
- 호가창·체결강도·틱 차트를 동시에 보는 것이 어렵지 않다.
- 잦은 매매가 스트레스가 아니라 오히려 재미있다.
- 계획된 규칙을 감정보다 우선시하며, 즉각 행동할 수 있다.
- 하루 동안 작게 여러 번 수익을 내는 방식이 나에게 맞는다고 느낀다.
- 나는 짧은 시간 안에 과감한 결정을 내리는 편이다.

7개 이상 YES → 스켈핑 적합 가능성 큼

타고난 집중력·손 빠름·결단력이 있어 스켈핑 성공 확률이 높다.

5~6개 YES → 많은 노력이 필요함

연습과 루틴 구축이 필요하다. 단타·스윙 방법이 더 추천된다.

4개 이하 YES → 스켈핑 비추천

심리·속도·판단력이 맞지 않아 오히려 손실 가능성이 크다.
스윙 또는 장기 전략을 추천한다.

4. 단기 투자와 스윙 투자

전업 투자가나 시간이 많은 투자가에게는 단기 투자가 가능할 것이고, 회사원 등 본업이 있는 투자가에게는 스윙 투자나 더 맞을 것이다. 하지만 단기나 스윙 투자 모두 많은 공부와 노력이 필요한 투자임에는 틀림없다.

필자는 20여 년간 한국 주식을 단기 투자해 왔다. 내가 지금까지 거둔 대부분의 수익도 이 분야에서 나온 것이다.

스켈핑은 재능의 영역에 가깝지만, 단기 투자나 스윙 투자는 꾸준한 노력의 영역이다. 재테크 분야 중에서도 가장 많은 공부와 경험이 필요한 길일 것이다.

그러나 대부분의 개인 투자자들은 단기 투자를 하고 있으면서도 제대로 된 노력을 하지 않는다. 남의 말과 직감에 의존한 투자에 기대며 위험한 길을 걷는다. 노력하는 자만이 방법을 만들고 시장을 읽을 수 있다.

단기투자자로 성장하기 위해서는 매일 공부하고, 새로운 방법을 만들고, 시장을 분석하고, 공책에 기록하는 과정이 필수적이다. 이러한 노력이 쌓이고 쌓이면 드디어 자신만의 방법이 만들어지고, 시장의 흐름이 서서히 보이기 시작한다.

필자가 처음 투자를 시작했을 때도 마찬가지였다. 도서관에 있던 수많은 투자 서적을 읽고 그 안의 방법들을 실제 매매에 적용해 보았다. 하지만 한 달은 잘 맞던 방법이 다음 달에는 전혀 맞지 않는 경우가 허다했다. 상승장에서는 여러 방법이 통하고 이득을 봤지만, 하락장만 되면 손실이 반복되었다. 결과적으로 몇 년 동안 수익은 제자리걸음을 했다. 하지만 그동안 쏟아부은 노력이 아까워서라도 쉽게 포기할 수는 없었다.

필자는 HTS에서 만들 수 있는 거의 모든 방법을 직접 만들어 적용해 보았다. 그리고 매일매일 방법과 시장 흐름에 대한 일지를 작성하기 시작했다. 이 작업은 처음엔 하루 5시간이 넘게 걸리는 고된 일이었다. 잠을 줄여 가며 공부했고 주말을 이용해 몰아서 일지를 정리했다. 그렇게 십여 년이 또 흘렀다.

그 사이 서브프라임 사태도 겪었고, 코로나 장세도 지나왔다. 시장의 큰 흐름을 직접 체험하며 상승장과 하락장에 대한 경험치를 쌓아 갔다. 이제는 어느덧 일지를 쓰고, 장을 분석하고, 방법을 만드는 데 하루에 1시간이면 충분해졌다. 노력이 쌓이자 효율도 극대화된 것이다.

방법 또한 절대 고정되어 있지 않았다. 과거에는 잘 맞던 방법에 집착해 수익과 손실을 반복하는 악순환을 겪었다. 하지만 지금은 이미 만들어 놓은 다양한 방법들 중 그날 장의 흐름에 맞아 보이는 전략만 골라 사용한다. 시장이 변하면 내 방법도 유연하게 바꾸어 대응한다.

예전에는 장의 상태가 어떻든 매일 투자를 감행했다면, 지금은 대세 하락장이나 흐름이 나쁜 날은 과감히 쉬는 것이 원칙이 되었다. 노력은 결코 배신하지 않는다. 그동안 쏟아부은 노력은 결국 꾸준한 성과로 돌아왔다.

물론 누구나 재테크에 이렇게 많은 시간을 투자할 수는 없을 것이다. 필자가 공부를 시작하던 시절은 지금보다 투자 환경도 훨씬 열악했다. 특히 주식 단기 투자는 그 자체로 가장 많은 노력이 필요한 분야였기에 필자는 이 정도의 많은 시간이 필요했을 것이다.

그러나 어떤 재테크든 인생을 바꾸고 싶다면, 결국 자신의 의지와 노력으로 스스로 올라서야 한다. 타인과 운에 기대어 인생을 맡기지 마라. 거북이처럼 느리게 보이는 길일지라도 결국 그 길이 가장 정확하고, 가장 빠른 길이다.

1) 단기투자(단타)

(1) 특징

단기투자, 즉 단타는 매수 후 몇 분에서 길어도 수일 안에 수익을 실현하는 초단기 매매 방식이다. 시장의 시황, 당일 테마, 수급 변화에 매우 민감하게 반응하며 속도와 타이밍이 핵심인 투자 방법이다.

(2) 장점

- **빠르게 수익 실현 가능**: 하루 안에 사고팔기 때문에 즉시 결과가 나온다.
- **장 마감 후 악재 리스크 없음**: 그날 안에 사고파는 경우엔 장 후 나오는 악재 뉴스로 인한 갭하락을 피할 수 있다.
- **높은 변동성의 시장에서 기회 증가**: 시장이 요동칠수록 단타는 더 많은 파동을 만들어 낸다.
- **시드 회전이 빠르다**: 하루에도 여러 번 매매가 가능하여 적은 자본으로도 수익 기회가 많아진다.

(3) 단점

- **손절 타이밍을 놓치면 손실 확대**: 단타는 순간 대응이 핵심이기 때문에 망설이는 단 5초가 손실을 2배로 키울 수 있다.
- **시간·멘털 소모가 매우 크다**: 장중 내내 차트를 지켜보는 것은 체력보다 심리 소모가 훨씬 크다.
- **종일 대응 필요**: 갑작스러운 뉴스나 급등·급락에 즉각 반응해야 한다.
- **수수료·세금 누적 부담**: 많은 횟수를 매매하기 때문에 장기적으로 비용이 크게 쌓인다.

(4) 단타에 어울리는 투자자

- 시장의 변화에 빠르게 대응할 수 있는 사람

- 차트 흐름과 패턴을 읽는 능력이 있는 사람

- 본업 시간 제약이 적거나 장중 대응이 가능한 사람

- 손절을 지체하지 않고 즉시 실행할 수 있는 사람

- 감정 조절을 잘하며 리스크 관리가 습관화된 사람

(5) 종목 선정 기준

강한 재료·명확한 이슈가 있는 종목

정부 정책 모멘텀 뉴스

실적 개선, 수주 공시, 인수합병(M&A) 등 호재 뉴스

당일 시장 주도 테마주

변동성 큰 중소형주(시총 3천 억~2조 원)

이 구간의 종목들은 단타에 가장 적합한 탄력성과 속도를 보여 준다. 너무 작은 종목은 위험하고, 너무 큰 종목은 느리다.

시초가 갭 상승 3~10% 종목

3~7% 갭 상승 → 가장 매매하기 좋은 구간

10% 이상 갭 상승 → 변동성 매우 크나 리스크 증가

(1) 특징

스윙 투자는 며칠에서 수 주 동안 보유하며 추세를 먹는 전략이다. 기업의 실적 흐름, 섹터의 방향성, 재료(모멘텀) 등을 종합적으로 고려해야 하며, 단타보다 안정적이고, 중장기보다 빠르게 수익을 추구하는 중단기 전략이라고 할 수 있다.

(2) 장점

- **차트를 계속 보지 않아도 된다**: 본업을 하면서도 충분히 실행 가능한 전략이다.
- **단타보다 안정적인 수익 구조**: 하루하루 흔들리는 변동성에 흔들릴 필요가 없다.
- **추세를 타면 10~30% 수익도 가능**: 재료 + 추세 + 수급이 맞아떨어지는 스윙은 단타보다 훨씬 넓은 파동을 크게 먹을 수 있다.
- **정신적 · 육체적 소모가 적다**: 장중에 계속 모니터를 보지 않아도 되므로 감정 소모가 크게 줄어든다.

(3) 단점

- **급락장에서 스윙 보유는 손실 위험**: 추세가 무너지는 순간 대응이 늦으

면 손실이 커질 수 있다.

- **진입 타이밍이 틀리면 물릴 가능성**: 스윙은 단타보다 오래 들고 가기 때문에 고점 매수하면 회복하는 데 시간이 오래 걸린다.
- **재료 소멸·악재 대응이 단타보다 느림**: 단타는 즉시 대응이 가능하지만 스윙은 포지션을 보유한 상태라 대응이 다소 늦어진다.

(4) 스윙에 어울리는 투자자

- 본업을 하면서 투자를 병행하는 사람
- 단타의 스트레스와 과도한 차트 감시를 피하고 싶은 사람
- 추세·섹터·재료 등 큰 흐름을 보는 분석을 좋아하는 사람
- 손절 기준을 지키며 심리적으로 흔들리지 않는 사람

(5) 종목 선정 기준

시장 주도 섹터 중심

현재 시장에서 가장 강한 테마
향후 몇 주간 모멘텀을 지속할 가능성이 높은 섹터

- 예시: AI·반도체·2차전지·메타버스·방산·바이오 등 주도 섹터 내 종목들은 조정 후 다시 상승하는 경우가 많다.

실적 개선세 또는 턴어라운드 기업

실적으로 증명되는 기업은 단기 조정을 받더라도 다시 상승할 가능성이 높다.

- 예시: 적자 → 흑자 전환 기업, 매출 급증, 수주 증가 기업 등.

중장기 모멘텀이 유지되는 섹터

정책 수혜, 산업 트렌드 변화, 해외 수요 증가 등 중·장기적으로 성장성이 예상되는 분야.

- 예시: 정부가 앞으로 대규모 예산을 투입하겠다고 발표한 산업, 글로벌 기업들이 투자를 확대하는 분야 등

수급이 일정하게 들어오는 종목

외국인·기관이 꾸준히 매수하는 종목은 큰손의 전략이 유지되고 있는 것이므로 스윙에 매우 유리하다.

신고가 돌파 추세 종목

신고가는 "기업의 가치가 다시 평가되고 있다"는 신호다.

신고점 돌파 후 조금 조정받고 재돌파 패턴은 스윙에서 가장 안정적인 수익구조이다.

3) 단기 투자와 스윙 투자시 유념해야 할 사항들

(1) 자신만의 방법 만들기

상한가 따라잡기, 테마주 투자, 눌림목 투자, 시초가 매매, 공시 매매, 종가 매매, 신고가 돌파 매매 등 단기 주식 투자 방법만 해도 수백 가지가 넘는다. 그중에서 나에게 잘 맞는 여러 가지 방법을 직접 만들어야 한다.

방법을 만들 땐 종목선정, 매수, 매도(손절+익절)를 생각하여 만든다. 만든 방법이 과거 최소 1년간의 데이터를 분석하여 승률이 70% 이상 나오는지 확인한다.

과거 데이터상 승률이 나오는 방법이 확인되면 이후 3개월간 모의 투자를 통하여 승률이 유지되는지 확인한다. 모의 투자로 승률이 확인된다면 다시 3개월간 소액으로 투자하며 승률이 유지되는지 확인한다.

3개월간 여전히 소액 투자로 승률이 유지된다면 본격적으로 액수를 늘려서 투자한다.

방법을 적용하면서도 시장의 흐름에 따라 내 방법을 계속 변화시키고 고쳐 나가야 한다.

이런 식으로 시장에 따라 계속 여러 방법들을 새로 만들고 변화시켜 나가야 한다. 결코 한두 가지 방법만으로 변화무쌍한 시장에서 꾸준히 수익을 낼 수는 없다. 시장도 변하고, 종목도 변하고, 수급도 변한다. 따라서 방법

역시 유연하게 변화하고 또 변화해야 한다.

(2) 장의 흐름 분석하기

시장의 전체적인 흐름을 읽을 줄 아는 능력은 투자에 있어 핵심이다. 장의 흐름을 읽는 일은 바람을 읽는 항해사와 같다. 바람의 방향과 세기를 읽지 못하면 돛단배는 앞으로 나가지 못하고 계속 표류하게 된다.

투자도 마찬가지다. 시장의 "바람"이 어떤 방향으로 부는지를 읽어야 어떤 매매법을 사용할지 결정할 수 있다.

그러나 시장의 흐름은 말로 배울 수 있는 것이 아니라, 오랜 시간 시장을 겪으며 자연스럽게 쌓이는 경험의 축적에서 읽을 수 있다.

"이런 장에서는 이런 방법이 잘 먹히더라."

"이런 장에서는 투자하면 손해만 나더라."

"이런 장에서는 수익을 길게 가져가고 투자 비중을 늘려야 한다."

이런 시장에 대한 감각은 과거 시장에 대한 데이터가 쌓인 만큼 예리해진다. 경험이 많아져야만 시장이 비로소 보이기 시작한다.

(3) 반드시 투자 일지 쓰기

투자 일지는 단순한 기록이 아니다. 투자의 뼈대를 만들고 실력을 성장시키는 가장 강력한 도구다. 오늘 하루 시장의 흐름, 내가 투자한 내용, 투자 시 사용한 매매법, 각 뉴스나 테마의 움직임 등 투자에 도움이 되는 모든 정보를 반드시 일지로 기록해야 한다.

기록하지 않으면 기억은 반드시 사라진다. 사라진 기억은 절대로 경험이 될 수 없다. 직접 손으로 적어 남긴 기록만이 진정한 경험의 데이터다. 그리고 이 데이터가 차곡차곡 쌓일 때 비로소 '나만의 투자 방법'이 완성된다.

(4) 안 좋을 땐 쉬어 가기

비가 억수같이 쏟아지는 날 우산 하나 들고 산책을 나가는 사람은 없다. 투자도 마찬가지다. 폭우가 오는 날에는 잠시 집 안에서 비가 그치기를 기다려야 한다. 하락장에서는 누구도 비를 피할 수 없다. 그런 날은 무리해서 시장에 뛰어들 필요가 없다. 장이 좋지 않을 때는 과감하게 쉬는 것이 최고의 리스크 관리다. 투자에서 가장 중요한 것은 이익을 크게 내는 것보다 손실을 크게 보지 않는 것이다.

만약 큰 손실로 인해 마음이 흔들린 상태라면 며칠간 투자를 쉬고 심리를 안정시켜야 한다. 심리가 흔들린 상태에서 매매하면 반드시 더 큰 손실이 따라온다. 왜냐하면 조급함은 판단력을 흐리고, 흐려진 판단은 다시 손실로 이어지는 악순환을 만들기 때문이다.

더 좋은 기회는 항상 다시 온다. 우리가 해야 할 일은 그 기회가 올 때까지 소중한 투자금을 지키며 기다리는 것이다.

5. 우량주 장기 투자

우량주 장기 투자는 초보자나 시간이 부족한 사람들에게 가장 현실적이고 유용한 투자 방법이다. 이는 시간을 내 편으로 만드는 투자이며, 시장의 변동성 속에서도 안정성과 복리의 힘을 동시에 누릴 수 있는 방식이다. 노력은 하지 않으면서 높은 수익률만 기대하며 단기 투자에 집착하는 것은 매우 위험한 일이다. 장기 투자 역시 분명한 원칙과 자신만의 방식, 그리고 경험의 축적이 필요한 투자다. 하지만 그 과정의 난이도는 단기 투자에 비해 훨씬 낮으며, 누구나 충분히 해낼 수 있는 길이다.

"뱁새가 황새 따라가다 가랑이가 찢어진다"는 말처럼 자신의 상황과 성향, 여유 시간에 맞는 투자 방식을 선택해야 한다. 무리한 단기 매매로 시간과 정신을 소모하기보다, 우량주를 중심으로 한 장기적 관점의 투자는 대부분의 투자자에게 안정적이고 지속 가능한 해답이 된다.

1) 우량주 장기 투자의 장점

시간이 돈을 벌어 준다(복리의 마법)

장기 투자의 가장 큰 장점은 시간을 돈으로 만드는 것이다.
우량 기업은 매년 이익을 쌓고, 배당을 지급하며, 기업 가치가 꾸준히 상승한다. 그 과정에서 주가는 자연스럽게 우상향하고, 복리 효과가 누적된다. 기업의 성장률은 시간이 지날수록 더 커질 수 있다.

시장 변동성에 흔들리지 않는다

단기적으로는 주가가 요동치지만 우량 기업은 결국 실적과 가치가 주가를 끌어올린다.

노력 대비 효율이 높다

단타·스윙처럼 시세를 매일 확인할 필요가 없다. 본업에 집중하면서도 꾸준한 자산 성장을 기대할 수 있다. 투자 시간이 적어서 직장인·초보자에게 특히 유리한 방식이다.

안정성 확보(기업 가치)

우량주는 다음과 같은 특징을 가진 기업들이 많다. 탄탄한 실적, 높은 시장 점유율, 경쟁 우위, 현금 흐름 안정, 배당 지급 등 이런 기업들은 위기가 와도 버티고 회복할 가능성이 높다. 하락장의 공포를 견딜 수 있게 해주는 힘이 바로 기업의 본질적 가치이다.

심리적 평온

단타·스윙은 매일매일 확인하고 신경써야 하므로 마음이 흔들리기 쉽다. 반면 우량주 장기 투자는 심리적 평온함을 가져다주는 투자다. 손절 압박이 적고 감정 기복이 줄어든다. 잦은 투자가 주는 스트레스에서 벗어나게 된다.

세금 부담이 적다

단기 매매는 회전율이 높아 수수료·세금이 많이 나간다. 하지만 장기 투자는 매매가 적어 세금이 거의 없다. 그만큼 투자 효율성을 높일 수 있다.

꾸준한 배당 수익

우량주는 대부분 배당을 지급한다. 배당은 안정적인 현금 흐름을 만들어 주고, 재투자하면 복리가 강화된다. 배당주는 은퇴 자산으로도 활용 가능하다.

2) 우량주 장기 투자의 단점

수익 실현까지 시간이 오래 걸린다

우량주는 안정적이지만 폭발적인 상승은 드물다. 단기적인 수익 실현 재미가 없고, 수익이 천천히 쌓이는 편이다. 돈을 빨리 벌고 싶은 사람에게는 이런 시간이 지루하게 느껴질 수 있다. 특히 시장이 박스권일 때 수익 없이 오랜 시간 지나갈 수 있다.

기회비용 발생 가능성

우량주가 안정적이라는 이유로 장기간 묶어 두면 단기간 더 높은 수익률을 주는 성장주, 테마주, 코인 등의 투자 기회를 놓칠 수 있다.

기업 실적 악화 시 회복이 오래 걸린다

우량주라도 실적이 하락 곡선을 그리거나 기업이 속한 산업 자체가 하락하면 주가는 장기간 회복되지 못할 것이다. 우량주라도 무조건 안전하진 않다는 점을 항상 기억해야 한다.

과도한 확신은 투자 실패를 가져온다

우량주라고 해서 무조건 믿고 묻어 두면 위험하다. 산업 트렌드 변화, 경쟁 심화, 기술 혁신 실패 등 이런 요인으로 우량주도 '몰락하는 기업'이 될 수 있다.

3) 우량주 종목 선택 기준

매출·영업이익이 꾸준히 증가하는 기업

우량주의 핵심은 실적 성장의 지속성이다. 실적이 그래프처럼 우상향하는 기업이 가장 강하다. 5년 이상 매출·영업이익 상승, 적자 전환 없는 기업, 분기마다 안정적 실적 등을 확인하라.

높은 시장 점유율 & 경쟁 우위

우량주는 시장에서 확실한 자리를 가진 기업이다.
브랜드 파워, 기술력, 특허, 네트워크 효과, 규모의 경제 등 이런 요소가
약한 기업은 장기 보유가 어렵다.

안정적인 현금흐름

기업이 실질적으로 벌어들이는 현금이 충분해야 한다. FCF(잉여현금흐
름)가 지속적으로 플러스, 무리한 부채 없이도 새로운 투자 가능한 기업
을 선택하라.

재무 구조가 건강한 기업

장기 투자는 회사가 10년 이상 버티는 것이 전제다. 부채비율 낮음, 이자
비용 부담 적음, 유보금 많은 기업을 선택하라.

배당 성향이 꾸준한 기업(선택 요소)

장기 투자자에게 배당은 큰 무기이다. 배당주는 변동성이 낮아 장기 보유
가 쉽다. 매년 배당 증가, 배당 컷 없는 기업, 배당성향 30~60% 안정적 수
준인 기업이 좋다.

산업이 장기적으로 성장하는지 확인

기업만 볼 게 아니라 그 기업이 속한 전체 산업의 방향이 현 시대 흐름에 우상향 하는지 확인한다.

(AI·반도체, 2차전지, 금융·보험, 국방, 헬스케어, 통신 서비스, 바이오 등)

경영진의 질

좋은 기업은 경영진의 투명한 경영에서 나온다.

오너 리스크 없는지, 회계 부정 없는지, 비합리적 M&A 하지 않는지, 주주 환원에 적극적인지 등을 파악한다.

4) 장기 투자 매수 공식

적립식 투자

투자금이 적을 땐 월이나 분기 적립식으로 안정하게 일정 금액을 투자하라.

분산 투자

한 기업에 올인하지 말고 반드시 3~5개의 기업에 나눠서 투자하라. 단 너무 많은 기업에 투자하게 되면 신경이 많이 분산될 수 있어서 유의해야 한다.

업황이 바닥서 살아나는 섹터에 더 투자

업황이 바닥을 치고 서서히 회복하려 할 때 투자하라.

기업 본연의 가치와 관계없는 일로 가격이 급락했을 때 더 많이 투자(전염병, 전쟁, 테러, 금리 인하 등)

5) 장기 투자 매도 공식

장기 투자는 단순히 오래 들고 있는 것이 아니라, 보유할 이유가 있는 기업만 가지고 가는 것이다. 매 분기별로, 연별로 기업 본연의 가치를 재평가하여 해당 기업 가치가 떨어진다면 매도해야 할 것이다.

(1) 실적이 꺾이면 재평가하기

- 영업이익 2~3년 연속 감소: 장기 투자는 실적에 투자하는 것이다.
- 시장 점유율 하락: 주력 제품이 경쟁에서 크게 밀리는 상황의 지속.
- 부채 급증: 고금리 시대에서 가장 큰 리스크(이자보상비율 1 미만이면 위험 — 이자도 못 갚는 구조).

(2) 리스크 관리

펀더멘털 리스크(실적, 부채)

경영진 리스크(지배구조, 회계문제: 경영진이 신뢰를 잃으면 장기 투자는 불가능)

산업 변화 리스크(해당 산업 전반이 무너질 때: 한 기업의 잘못이 아니라 산업 구조 문제라서 회복 거의 불가)

(3) 분기별, 연도별 5가지 확인 사항

영업이익이 증가 추세인가?

매출·점유율이 유지 또는 성장 중인가?

부채비율·이자보상비율이 안정적인가?

신규 성장 사업이 잘 흘러가고 있는가?

경쟁사 대비 경쟁력이 유지되는가?

Chapter 6

미국 주식
― 새로운 기회를 찾다

최근 몇 년간 개미 투자자들은 분명한 변화를 겪어 왔다. 한때 국내 시장에만 머물러 있던 자본의 시선은 점차 국경을 넘어가기 시작했고, 그 흐름의 중심에는 미국 주식시장이 있었다. 이른바 '서학개미'라 불리는 투자자들의 등장은 일시적인 유행이 아니라 투자 환경 자체가 바뀌고 있음을 보여 주었다. 테슬라와 엔비디아, 애플과 마이크로소프트와 같은 기업들의 이름은 더 이상 특정 산업에 국한된 종목명이 아니다. 전기차, 인공지능, 반도체라는 거대한 변화의 물결 속에서 이들은 시대의 방향을 상징하는 아이콘이 되었고, 투자자들은 그 성장 서사에 열광했다. 그 과정에서 수많은 성공담이 만들어졌고, 동시에 수많은 좌절도 함께 쌓여 갔다. 어떤 이들은 장기 보유를 통해 자산의 크기를 키웠고, 또 어떤 이들은 급등락 속에서 시장을 떠났다.

그러나 분명한 사실은 하나다. 미국 주식시장은 이제 우리에게 선택 가능한 투자 무대가 되었으며 더 이상 외면해선 안 되는 영역이 되었다는 점이다. 지금 우리는 하나의 갈림길에 서 있다. 미국 주식을 제대로 공부하고 연구하여, 나만의 투자 무기 중 하나로 만들어 갈 것인가. 아니면 시대의 흐름을 읽지 못한 채 여전히 낯설고 어렵다는 이유로 미국 주식을 멀리하며 눈앞에 놓인 커다란 투자 기회를 스스로 포기할 것인가.

필자의 경우에는 실시간 정보 접근이 빠르고, 낮 시간대에 직접 대응이 가능한 단기 매매는 한국 주식시장을 활용한다.
반면 장기적인 꾸준한 성장과 복리를 기대하는 우량주 투자는 전 세계의 자금이 몰리고, 글로벌 경쟁력을 갖춘 기업들이 포진한 미국 주식시장을 선택하고 있다. 이는 어느 한쪽이 더 옳기 때문이 아니라, 각 시장이 가진 본질적인 특성이 다르기 때문이다. 한국 시장은 빠른 대응과 민첩함이 요구되는 반면, 미국 시장은 기다림과 신념이 중요한 시장이다. 투자 방식은 결국 시장의 성격에 맞춰 설계되어야 하며, 자신의 성향 또한 그 안에서 고려되어야 한다.

미국 주식 투자는 크게 세 가지 방법이 있다.

1) ETF 투자

꾸준히 적립식으로 매수해 가며 끝까지 보유하는 투자 방법이다. 종목 선정과 매수, 매도 타이밍을 신경 쓰지 않아도 돼서 가장 쉽고 편한 투자법이다. 기대 수익률은 적지만 안정적인 투자법이다.

2) 성장주 투자

미래의 테슬라, 엔비디아 같은 우량주 주식을 미리 발견하는 투자 방법이

다. 산업 선정과 종목 선정, 시장의 흐름, 매수와 매도 타이밍 등을 모두
공부하고 경험을 쌓아야 하기에 투자 난이도가 높은 투자법이다. 기대 수
익률이 크지만 그만큼 위험성도 높다.

3) 우량주 투자

미국 주식 중 시가총액 10위권 안의 종목들만 선정해서 장기 보유하는 방
식이다. 종목 선정이 비교적 쉽고, 언제는 매수 가능하며 기업의 가치가
유지되는 한 오래 가져가는 방법이다. ETF 투자보다 좀 더 높은 기대 수
익률을 목표로 한다. 단 종목을 선정하고 갈아타야 하는 점등을 고려하면
투자 난이도는 성장주보다 쉽고 ETF보다는 어렵다.

이 장에서는 미국 주식 투자의 장점과 단점을 살펴보고, 미국 주식 세 가
지 투자 방법을 함께 설명할 것이다.

1. 미국 주식 투자의 장점

1) 시대의 변화를 가장 먼저 반영하는 시장

미국 주식시장은 언제나 변화의 선두에 서 있다. 새로운 산업이 등장하면
가장 먼저 자본이 모이고, 기업이 탄생하며, 주식시장은 그 변화를 즉각
가격에 반영한다. 인공지능, 전기차, 클라우드, 반도체, 바이오, 우주 산

업에 이르기까지, 우리가 '미래산업'이라 부르는 대부분의 영역은 이미 미국 시장에서 현재형으로 움직이고 있다. 이는 투자자에게 중요한 의미를 가진다. 미국 주식에 투자한다는 것은 최신 산업을 이끄는 전 세계적 유망기업들에 올라타는 것이다. 최신 산업의 흐름과 함께 올라 가는 투자는 장기적으로 시장의 힘을 빌릴 수 있는 가장 강력한 전략이 된다.

2) 주주 가치를 중시하는 기업 문화

미국 기업들은 주주 가치를 중요한 경영 목표로 삼는다. 이익이 발생하면 배당이나 자사주 매입을 통해 주주에게 환원하는 것이 자연스럽고, 기업의 성과는 주가를 통해 평가받는다. 주가는 단순한 숫자가 아니라, 기업 경영의 성적표에 가깝다. 이러한 문화는 투자자에게 신뢰를 제공한다. 기업이 성장하면 주주도 함께 성장할 수 있다는 명확한 연결 고리가 존재하기 때문이다. 이는 장기 투자자가 마음 놓고 기업에 시간을 투자할 수 있는 토대가 된다.

3) 전 세계 자본이 몰리는 무대

미국 주식시장은 위기의 순간마다 전 세계 자본이 모이는 곳이기도 하다. 불확실성이 커질수록 자금은 달러와 미국 자산으로 이동하는 경향이 있다. 이는 미국 주식이 단순한 투자 수단을 넘어, 글로벌 자본의 피난처 역할을 하고 있음을 의미한다. 이 점은 장기 투자자에게 안정감을 제공한다. 미국 시장 전체가 무너질 가능성보다는 일시적인 조정 후 다시 회복하며 올라갈 가능성이 다른 어느 나라 주식보다 더 높기 때문이다.

4) 투명한 정보와 예측 가능한 제도

미국 주식시장은 정보 공개와 제도적 신뢰도가 높다. 분기마다 공개되는 실적 발표, 명확한 가이던스, 정교한 회계 기준은 투자자가 합리적인 판단을 내릴 수 있도록 돕는다. 정보의 질과 접근성 측면에서 개인 투자자가 구조적으로 불리하지 않다는 점은 매우 큰 장점이다. 물론 모든 정보가 완벽한 것은 아니지만, 적어도 시장이 어떤 논리로 움직이는지는 비교적 분명하다. 이는 감이 아닌 분석을 기반으로 한 장기 투자가 가능한 확실한 환경을 만들어 준다.

2. 미국 주식 투자의 단점

1) 주로 밤에 투자로 생활 리듬 붕괴

미국 주식시장은 한국 시간 기준으로 밤에 열린다. 정규장은 늦은 밤부터 새벽까지 이어지고, 중요한 경제 지표와 기업 실적 발표 역시 대부분 이 시간대에 쏟아진다.

이는 투자자에게 단순한 불편을 넘어선다. 수면 리듬이 무너지고, 일상생활과 투자가 충돌한다. 특히 단기 매매 시 이 문제는 더욱 커진다. 처음에는 "조금만 버티면 된다"고 생각하지만, 시간이 쌓일수록 체력과 집중력은 서서히 고갈된다. 미국 주식 단기 투자는 체력과 생활 관리가 요구되는 투자다.

2) 정보 속도의 한계, 느린 대응

미국 주식시장은 정보가 투명한 대신, 국내 투자자에게는 정보의 속도에서 불리함이 존재한다. 기업의 실적 발표, 컨퍼런스콜, 정책 발언 대부분이 영어로 이루어지며, 현지 투자자와 기관은 이를 실시간으로 해석하고 반응한다. 반면 개인 투자자는 번역과 요약을 거친 정보에 의존할 수밖에 없다. 이 시간차는 단기 매매에서 특히 치명적이다. 이미 주가가 움직인 뒤에야 원인을 알게 되는 경우도 적지 않다.
미국 시장에서 한국 개인 투자자는 항상 한발 늦게 출발하는 구조에 놓여 있다.

3) 양도소득세 부담

미국 주식 투자에서 수익이 발생하면 세금 문제를 마주하게 된다. 연간 일정 금액을 초과하는 수익에 대해서는 양도소득세가 부과되며, 배당 수익역시 원천징수를 피할 수 없다. 수익률이 괜찮아 보여도, 세금을 고려하면 체감 수익은 생각보다 낮아질 수 있다. 중요한 점은 이 세금이 연 단위로 정산된다는 것이다. 한 해 동안 발생한 미국 주식 매매 수익에서 일정 금액의 기본 공제를 제외한 초과분에 대해 세금이 매겨진다. 즉, 개별 종목의 손익이 아니라 연간 전체 손익을 기준으로 판단한다는 점이 핵심이다.

양도세 계산 과정

1단계: 1년간 손익 통산 금액

지난 1년간 (매도 이익 - 매도 손해) 산출하기
가장 먼저 매도 이익과 매도 손해를 모두 계산하고 손익 통산 금액을 산출해야 한다.

2단계: 손익 통산 금액에서 250만 원(기본공제액) 제외하기

정부에서는 해외 주식으로 얻는 수익 중에서 250만 원만큼은 세금을 부과하지 않는다. 그렇기에 손익 통산 금액을 구한 후 250만 원을 공제해야 한다.

3단계: 최종으로 나온 금액에 22%를 곱하여 산출 세액을 곱하기

양도소득세율은 22%(지방세 포함)이기에 2단계를 통해 산출된 금액에 22%를 곱하면 우리가 내야 하는 세금이 나오게 된다.

요즘은 사용하는 증권사에서 양도세 대행신고가 가능해서 개인이 해야 할 절차는 복잡하지 않지만, 투자 시엔 반드시 양도 세금까지 고려하여 투자해야 한다.

4) 환율의 변수

미국 주식 투자자는 주가와 함께 환율을 동시에 상대해야 한다. 주가가 올라도 달러 가치가 하락하면 수익은 줄어들고, 반대로 주가가 정체되어 있어도 환율이 수익을 만들어 주기도 한다. 이 이중 구조는 기회이자 리스크다.

환율은 기업의 실적과 무관하게 움직이며, 개인 투자자가 통제하기 어려운 영역에 속한다. 특히 장기 투자에서는 환율의 방향이 전체 수익률에 큰 영향을 미친다. 미국 주식 투자는 결국 주식 투자이면서 동시에 외화 투자이기도 하다.

3. ETF 투자

미국 ETF 투자는 개별 주식에 투자하는 것보다 수익률은 적지만, 훨씬 안정적이고 쉬운 투자법이다. 미국 주식시장을 바라보며 많은 투자자들이 같은 고민을 한다.

"좋은 기업은 많은데, 무엇을 골라야 하는가."

"지금 이 종목이 과연 10년 뒤에도 살아남아 있을까."

이 질문 앞에서 미국 ETF 투자는 하나의 해답이 된다.

ETF는 개별 기업의 성공 여부에 베팅하는 방식이 아니라, 미국 주식 시장과 산업 전체의 성장에 동참하는 투자이기 때문이다.

1) ETF는 종목 선택의 부담을 줄여 준다

미국 주식시장은 넓고 깊다. 수많은 글로벌 기업과 신기술, 새로운 테마들이 끊임없이 등장한다. 그러나 선택지가 많다는 것은 동시에 판단의 부담이 커진다는 뜻이기도 하다.

종목을 선정하는 것은 생각보다 많은 공부와 경험이 필요한 일이다. ETF는 이 노력의 부담을 구조적으로 덜어 준다.

특정 기업 하나를 고르는 대신, 지수·산업·테마 전체를 한 번에 담는다. S&P500 ETF는 미국을 대표하는 500개 기업의 평균적인 성과를 담고 있고, 나스닥 ETF는 기술 중심 성장 기업들의 흐름을 반영한다. 즉 종목을 고르는 부담에서 벗어나 시장을 따라가는 투자로 바뀌게 된다.

2) ETF는 개인 투자자에게 훌륭한 방어 전략

ETF의 가장 큰 장점은 개인 투자자가 불리해지기 쉬운 영역을 자연스럽게 피해 간다는 점이다. 개별 종목 투자는 실적 발표, 기업 리스크, 경영진 판단, 산업 경쟁, 돌발 악재 등 수많은 변수를 동시에 감당해야 한다. 정보 속도에서 밀릴수록 개인 투자자들의 불리함은 더 커진다. 반면 ETF는 한 기업의 실패가 전체 투자에 미치는 영향을 제한한다. 어느 한 종목이 흔들려도 다른 기업들이 그 공백을 메운다. 이는 정보 격차가 존재하는 시장에서 개인 투자자가 선택할 수 있는 가장 합리적인 방어 전략이 된다.

                                    알파

3) ETF와 장기 투자

미국 ETF 투자는 장기 투자와 특히 잘 어울린다. 시장 전체의 성장, 기업 교체, 산업 변화가 ETF 안에서 자동으로 이루어지기 때문이다. 개별 종목 투자에서는 "언제 팔아야 할까"가 늘 고민이 된다. 하지만 ETF는 다르다. 미국 시장이 성장하는 한, 굳이 매도 판단을 내릴 필요가 없다. 이 점에서 ETF는 투자자의 감정을 개입시키지 않는 도구다. 불안, 욕심, 후회, 조급함을 줄여 주고 시간이 대신 일하도록 만든다.

4) ETF는 완만하지만 꾸준한 수익이 가능한 투자다

ETF는 화려하지 않다. 단기간에 몇 배씩 오르는 경우는 드물다. 그러나 그 대신 꾸준하고 안정적인 성장을 보여 준다. 복리의 힘은 이런 투자에서 발휘된다. 매년 조금씩 쌓인 수익은 시간이 지나면 개별 종목 투자보다 더 큰 차이를 만들어 내기도 한다. ETF 투자는 "지금 당장 눈에 띄는 수익"보다 "나중에 분명히 체감되는 결과"를 선택하는 방식이다.

5) 단 ETF도 전략을 가지고 선택해야 한다

ETF도 그 종류가 너무나 다양하다. 어떤 ETF를, 어떤 목적을 가지고, 어느 기간 동안 보유할 것인지 고려해서 투자에 임해야 한다.

시장 전체에 대한 믿음 → 전체 지수 ETF

기술 성장에 대한 확신 → 나스닥, 기술형 ETF

특정 섹터에 대한 확신 → 섹터형, 테마형 ETF

안정성 유지와 변동성 관리 → 배당 ETF, 채권형 ETF

미국 ETF 종류

(1) 지수형 ETF

VOO·IVV·SPY(S&P500), QQQ(나스닥100), VTI(미국 전체 시장) 등 미국 ETF의 핵심이자 중심이다. 특정 미국 주식 시장 지수의 흐름을 그대로 따라가는 ETF다.

특징

미국 시장 전체 성장에 투자, 장기 투자에 최적, 변동성은 있지만 파산 리스크는 매우 낮음

이런 사람에게 적합

투자 초보자, 장기 투자자, 노후 자산 운용 목적인 경우

(2) 섹터형(산업) ETF

IT(XLK), 헬스케어(XLV), 에너지(XLE), 금융(XLF), 유틸리티(XLU) 등 특정 산업 하나에 집중 투자하는 ETF다.

알파

특징

산업 트렌드에 직접 베팅, 타이밍이 중요, 지수 ETF보다 변동성 큼

이런 사람에게 적합

특정 산업에 확신이 있는 경우, 산업의 흐름을 잘 읽는 경우

(3) 기술주, 성장주 ETF

QQQ, VUG, SPYG, ARKK 등 미국의 기술 기업·성장 기업 중심으로 구성된 ETF다. 수익률이 높은 대신 변동성도 크다.

특징

상승장에서는 강한 수익률, 하락장에서는 낙폭 큼, 금리·경기 상황에 민감

이런 사람에게 적합

성장성에 베팅하고 싶은 투자자, 장기+변동성 감내 가능한 사람

(4) 배당형 ETF

SCHD, SPYD, HDV, JEPI 등 주가 상승보다 정기적인 배당 수익을 목적으로 하는 ETF다.

특징

배당금이 꾸준함, 변동성 상대적으로 낮음, 은퇴·노후 자금에 적합

이런 사람에게 적합

현금흐름을 원하는 투자자, 안정성을 중시하는 성향, 장기 보유 목적인 경우

4. 미국 성장주 투자

미국 주식 투자방법 중 성장주에 투자하는 것은 높은 기대 수익률이 가능하다. 하지만 실패 리스크도 매우 크고, 그만큼 많은 공부와 노력이 요구되는 투자법이다. 시대를 선도하는 산업과 개별 종목을 선별하고, 수급이 몰리는 테마주를 파악하고, 전체 거시 경제 시장의 흐름을 분석하고, 그에 따른 매수와 매도 타이밍을 설정해야 한다.

성장주 투자는 우량주처럼 꾸준한 장기 투자가 아니다. 기업의 성장 기대감이 무너지거나, 대세 하락장에선 빠르게 매도하는 게 중요하다.

그럼에도 불구하고 미국 성장주 투자가 매력적인 이유는 분명하다. 미국은 자본, 기술, 인재, 시장이 한곳에 모여 있는 거의 유일한 국가다. 이 시장에서 성공한 기업은 국내가 아니라 전 세계 시장을 지배한다. 그래서 미국 성장주는 실패의 위험성도 크지만, 잘 성공하면 차원이 다른 수익률을 가져다주는 것이다.

1) 성장주는 실적보다 가능성으로 산다

미국 성장주의 가장 큰 특징은 현재의 실적보다 미래의 가능성에 가격이 매겨진다는 점이다. 아직 이익이 나지 않더라도, 시장을 바꿀 수 있다는 이야기가 있다면 자본은 기꺼이 몰린다. 테슬라는 오랜 기간 적자 기업이었고, 엔비디아 역시 한때는 특정 산업에 국한된 기업이었다. 그러나 시장은 숫자보다 방향성을 먼저 보았다.
성장주 투자는 재무제표보다 "이 기업이 앞으로 세상의 판을 바꿀 수 있는가"를 묻는 투자다.

2) 성장주는 산업과 테마의 흐름을 타는 투자다

성장주 투자는 개별 기업보다 해당 산업과 테마라는 파도에 올라타는 성격의 투자이다. 어느 한 기업이 아니라, 시대에 맞는 산업 흐름과 유행하는 테마가 시장 전체의 관심과 자본을 끌어당긴다. 문제는 성장 산업과 테마가 항상 일정하지 않고 수시로 변화한다는 점이다. 즉 미래 시장의 흐름을 읽어야 하는 눈이 필요하다. 이러한 눈은 하루아침에 만들어지지 않는다. 매일 뉴스를 읽고 시장과 종목을 분석하면서 키워진다.

3) 금리와 거시 경제를 염두하라

미국 성장주는 금리와 밀접한 관계를 가진다. 금리가 낮을 때 성장주는 가장 크게 오르고, 금리가 오를 때 성장주는 가장 먼저 흔들린다. 금리와 함께 전체 거시 경제의 흐름을 읽을 수 있어야만 한다. 대세 상승장에서 성장주는 가장 크게 올라가지만 하락장에선 그만큼 크게 폭락할 위험성이 있는 투자이다.

4) 성장주 투자는 분산하라

성장주가 포트폴리오의 전부가 되어서는 안 된다. 위험성이 큰 투자이기에 적절히 우량주나 ETF 등과 분산 투자해 두어야 한다. 성장주는 나의 핵심 자산이 아니라, 분산하여 성공의 가속 장치로 쓰는 것이 바람직하다. 성장주는 확률의 게임이다. 아무리 잘 골라도 모든 성장주 기업이 성공하지는 않는다. 그래서 성장주 투자는 집중이 아니라 분산이 필요하다. 비중은 줄이고, 개수는 늘리고, 실패를 감당할 수 있게 만들어 두어야 한다. 성공한 소수의 성장주 기업이 나머지 다수 기업의 실패를 압도하도록 설계해야 한다.

미국 성장주 선별 기준

(1) 미래 기대 산업에 투자하라

좋은 성장주는 그 기업이 속한 산업이 정말로 자본과 인재가 몰리는 산업인가를 먼저 봐야 한다.
산업 전체가 커지고 있는가?
글로벌 시장을 대상으로 하는가?

정부·기업·자본이 동시에 밀고 있는가?

앞으로 시대를 이끌 산업인가?

오래 지속될 산업인가?

(2) 꾸준히 성장 가능한지를 확인하라

성장주는 한 번의 점프가 아니라 여러 번의 성장 계단을 오르는 기업이어야 한다. 대개 단 한 번의 폭발적인 성장은 오래가지 않는다. 중요한 것은 계속 여러번 성장할 수 있는 구조인가다.

매출이 꾸준히 증가하는가?

일회성 수요가 아닌가?

다음 성장 동력이 명확한가?

산업 안에서 경쟁자가 따라오기 어려운가?

(3) 경영진이 믿을 수 있는지 파악하라

성장주는 아직 완성되지 않은 기업이다. 성장주는 결국 사람에 대한 투자다. 경영진의 판단이 실적보다 더 중요해진다.

비전이 있는 기업 전략인가?

경영진의 말과 숫자가 일치하는가?

기업 장기 전략이 일관적인가?

주주와 이해가 같은 성장 방향인가?

투자에는 두 가지 길이 있다. 하나는 빠르게 부를 키우려는 길이고, 다른 하나는 확실하게 자산을 지키며 키우는 길이다. 우량주 투자는 후자에 속한다. 느리지만 끝까지 가지고 가는 선택으로 쉽고 안정적인 투자를 지향한다.

미국 주식 우량주 투자는 시총 10위권 종목들 안에서, 이미 세상에서 독보적인 일류 기업들에 장기 투자하는 방법이다.

이는 일시적인 시장의 흐름에 흔들리지 않고, 그 기업의 가치가 유지된다면 장기간 보유하여 안정성과 꾸준한 수익을 가능하게 만드는 방법이다. 단 기업 자체의 큰 악재 발생 시나 시대의 흐름에 따라가지 못하는 경우엔 우량주라고 해도 갈아타야 한다.

1) 미국 우량주는 이미 완성된 기업이다

우량주는 이미 수년, 때로는 수십 년에 걸쳐 자신의 사업 모델과 수익 구조를 검증해 왔다. 안정적인 매출, 반복적인 이익, 글로벌 시장에서의 지위 등 우량주는 미래의 가능성이 아니라 이미 현재의 결과로 말하는 기업이다. 그래서 이들 기업의 주가는 안정적으로 우상향한다.

2) 우량주 투자의 핵심은 '예측'이 아니라 '신뢰'다

성장주 투자는 앞으로 무엇이 될지를 상상하는 투자라면, 우량주 투자는 이미 이룬 것을 신뢰하는 투자다. 우량주 투자자는 매 분기 실적에 놀라지 않는다. 이미 그 기업이 어떻게 돈을 벌고, 계속 갈 수 있는지를 알고 있기 때문이다. 이 신뢰가 불필요한 매매를 줄이고, 장기 보유를 가능하게 만든다.

3) 미국 우량주는 시장의 충격을 흡수한다

시장에는 언제나 위기가 찾아온다. 금리 인상, 전쟁, 팬데믹, 금융 위기 등등 이때 가장 먼저 흔들리는 것은 미래를 먹고사는 성장주다. 반면 우량주는 시장의 충격을 흡수하며 버틴다. 잠깐 오르지 못할 수는 있어도, 완전히 무너질 가능성은 지극히 낮다.

4) 배당은 우량주의 힘이다

우량주 투자의 또 하나의 축은 배당이다. 배당은 수익을 눈에 보이게 만들고, 투자자에게 기다림의 이유를 제공한다.
주가가 횡보하더라도 배당은 계속 들어온다. 이 현금 흐름은 투자자의 심리를 안정시키고, 불필요한 결정을 줄여 준다. 배당은 크지 않아도 좋다. 배당의 지속성과 꾸준한 증가가 중요하다.

5) 우량주 투자는 복리의 마법이다

우량주 투자는 단기간에 삶을 바꾸지 않는다. 그러나 삶을 안정적으로 유지할 수 있게 만든다. 배당의 재투자, 완만한 주가 상승, 기업의 성장성, 이 세 가지가 맞물리면 복리는 천천히 확실하게 작동한다. 우량주 투자는 손쉬운 길이지만, 가장 참기 어려운 길이기도 하다. 우량주는 똑똑한 사람의 선택이 아니라 끝까지 버틴 사람의 선택이다.

미국 우량주 선별 기준

(1) 돈을 버는 방식이 단순하고 반복적인가?

우량주의 첫 번째 조건은 수익 구조가 단순하다는 것이다.
무엇을 팔아서 돈을 버는지 명확한가?
그 수익이 매년 반복되는가?
고객이 쉽게 떠날 수 없는 구조인가?

(2) 위기에서도 무너지지 않은 기록이 있는가?

우량주의 진짜 가치는 좋을 때가 아니라 나쁠 때 드러난다.
금융위기, 팬데믹, 금리 인상기 등 이런 시기에도 매출과 이익이 크게 흔들리지 않았다면, 그 기업은 이미 한 번 이상 검증된 셈이다.

(3) 시장 지배력 또는 대체 불가능성이 있는가?

우량주는 경쟁이 심한 시장에 있더라도 대체 불가능한 기업이어야 한다.

누구나 다 아는 기업인가?

점유율 상위 기업인가?

가격 결정권을 가지고 있는가?

브랜드, 네트워크, 인프라를 갖췄는가?

(4) 재무 상태가 보수적인가?

우량주는 돈을 잘 버는 것보다 돈을 위험하게 쓰지 않는다는 점이 더 중요하다.

부채 비율이 과도하지 않은가?

현금 흐름이 안정적인가?

불황에도 버틸 체력이 있는가?

(5) 배당의 '크기'보다 '태도'를 보라

우량주의 배당은 보너스가 아니라 기업의 철학이다. 배당을 지속적으로 지급하는 기업은 주주를 고려하는 문화가 자리 잡혀 있다.

매년 배당을 지급해 왔는가?

불황에서도 배당을 지켰는가?

점진적으로 늘려 왔는가?

Chapter 7

아파트 투자
— 인생에서 한 번쯤은 마주하게 되는 투자

아파트 투자는 우리가 인생을 살아가며 한 번은 마주하게 되는 투자다. 주식이나 코인은 선택의 영역이지만, 집은 삶의 공간이기 때문이다. 그렇기에 아파트 투자는 인생에서 가장 큰 금액이 투입되는 투자이자, 가장 감정이 많이 개입되는 투자이기도 하다. 대부분의 사람들은 평생 모은 자금과 앞으로 수십 년간 벌어들일 미래의 노동을 담보로 단 한 번의 투자 결정을 내린다.

성공적인 아파트 투자는 단순히 가격이 오르는 것 이상을 의미한다. 나와 가족에게 안정감을 주고, 삶의 중심을 잡아 주며, 나이가 들어서는 든든한 노후 자산이 되어 준다. 집값이 오르지 않더라도 잘 선택한 집은 삶의 만족도를 높여 주고, 불안한 시기에도 마음의 중심을 지켜 주는 역할을 한다. 이것이 아파트 투자가 다른 투자와 본질적으로 다른 이유다.

반대로 실패한 아파트 투자는 생각보다 훨씬 무거운 짐이 된다. 가격은 좀처럼 오르지 않고, 팔고 싶어도 사겠다는 사람이 나타나지 않는다. 대출 이자는 매달 빠져나가고, 집은 '자산'이 아니라 부담으로 변해 간다. 더 큰 문제는 실패한 아파트 투자가 단순히 돈의 문제가 아니라는 점이다.

삶의 이동성을 제한하고, 기회를 포기하게 만들며, 가족 전체를 한 지역, 한 선택에 묶어 버린다. 이때 아파트는 집이 아니라 시간을 묶어 두는 족쇄가 된다.

그럼에도 불구하고 많은 사람들은 아파트 투자를 너무 가볍게 결정한다. "남들이 다 사니까", "지금 안 사면 영영 못 살 것 같아서", "주변에서 오른다고 해서" 이러한 이유들로 인생 최대의 투자를 결정한다.

이 장에서는 성공적인 투자를 하기 위해서 과연 어떤 기준으로 아파트를 선택해야 하는지 살펴볼 것이다. 정부는 대출 제한, 세금 제한 등으로 갭투자를 막아서 예전처럼 아파트 여러 채에 투자하는 방법은 힘들어졌다. 거기에 더해서 인구수가 계속 줄어들고 있기에, 앞으로는 인구 수요가 있는 지역들만 가격이 오를 것이다. 이제는 여러채에 갭투자하는 방식보다는 똑똑한 지역의 한 채에 선별하여 투자하는 방법이 효과적인 시대이다. 아파트 투자는 단순한 운이 아니다.

그렇다고 많은 공부가 필요한 영역도 아니다.

기본적인 시장 사이클을 이해하고, 입지를 분석하고, 자신의 환경에 맞는 선택을 한다면 누구나 성공적인 아파트 투자가 가능할 것이다.

1. 거시경제

아파트 투자 시 거시경제를 파악하고 투자에 임해야 실패를 줄일 수 있다. 아파트는 계속 가격이 올라가는 것만은 아니다. 과거 아파트 시장을 보면 중간중간 큰 폭의 폭락이 있었다. IMF, 서브프라임 등 세계적인 큰 위기 때마다 아파트 가격은 크게 떨어졌고, 수많은 투자자들은 실패를 경험했었다. 특히 이때 무리한 전세를 낀 갭투자나, 은행 대출을 많이 끼고 투자한 경우는 더욱 위험하다. 아파트는 지역과 입지도 중요하지만 거시경제의 영향을 크게 받는다는 것을 명심해야 한다.

1) 금리

아파트는 대부분 대출 자산이므로 금리의 영향이 무엇보다 중요하다.

금리 ↓ → 대출 부담 ↓ → 매수세 ↑ → 집값 ↑

금리 ↑ → 대출 부담 ↑ → 매수세 ↓ → 집값 ↓

일반적으로 금리 인하시 집값은 오르고, 금리 인상 시 집값은 내려간다. 대출 금리 상황을 잘 파악하고 투자에 임해야 한다.

2) 유동성

유동성이 늘어나 돈이 풀리면 부동산 자산으로 이동하여 집값이 오르게 된다. 대표 지표로는 M2 증가율, 가계대출 증가율, 정부·중앙은행 정책 등을 살펴보아야 한다. 유동성 + 금리 하락 시 집값은 크게 상승하게 된다.

3) 경기 사이클

대부분의 사람들에게 집은 소득으로 사는 자산이다. 즉 고용소득이 무너지면 집을 사기가 힘들어지고 매수세가 없으니 자연히 집값은 하락한다. 특히 세계적인 경기 침체 시에 가장 위험하다. 주요 지표로는 실업률, 취업자 수, GDP 성장률 등을 파악해야 한다.

경기 바닥 국면에서 아파트 가격이 크게 떨어진 후 정부 정책이 완화되고 거래량이 서서히 늘어나기 시작할 때가 아파트 매수 기회가 된다. 반대로 경기 호황 말기에 아파트 가격이 크게 오르고 주변에서 너도나도 영끌을 해서 무리하게 뛰어들 때가 고점일 가능성이 있어서 성급한 매수를 주의해야 한다.

4) 정부 정책 & 규제

부동산은 정책 자산이라 정부의 정책 방향성을 살피는 게 중요하다. 대출 규제, 세금 규제, 분양 정책, 공급 정책 등을 살피도록 하자.

아파트 가격이 크게 상승하여 정부의 규제가 강해지기 시작할 때는 매수를 주의해야 하고, 아파트 가격이 폭락하고 침체되어 정부의 규제가 적극적으로 완화될 때가 매수 타이밍이 된다.

2. 입지 분석

아파트 투자에서 입지는 수익률을 결정하는 가장 강력한 변수다. 같은 평수, 같은 구조라도 어디에 위치하느냐에 따라 가격의 방향과 속도가 완전히 달라진다. 특히 장기적으로 안전한 투자를 하려면, 지금의 인기보다 앞으로도 수요가 계속 따라붙는 곳을 골라야 한다. 결국 입지 분석의 핵심은 한 문장으로 정리된다.

"이 동네가 앞으로도 계속 사람들이 몰리는 구조인가?"

인구수가 계속 늘어날 지역을 선택하라. 입지가 좋은 곳은 상승장에서 더 잘 오르고, 하락장에서도 덜 떨어지며, 무엇보다 팔릴 때 잘 팔린다. 점점 인구수가 줄고 있는 지방 아파트들이나, 나홀로 아파트는 수요가 적어 매도도 어렵고, 가격이 오르기 힘들다.

필자의 지인 중에는 부산의 언덕 위에 나홀로 아파트를 사서 10년이 지난 지금 매도하려고 내놓아도 팔리지 않아 고생하는 사람이 있다. 10년 전 자신이 산 가격보다 몇 천만 원을 내려놓아도 매수하려는 사람은 없었다. 결국 자신이 산가격보다 5천만 원 가까이 내려 급매로 처분하게 되었다. 다른 사람들은 지난 10년 동안 아파트 가격 상승으로 대부분 큰돈을 벌었는데, 같은 아파트 투자를 하고서도 큰 손해를 보게 된 것이다. 이처럼 잘못된 입지 선정은 결국 큰 후회를 남기게 된다.

입지 분석의 핵심 요소

교통

직장 접근성이 곧 수요다.

지하철, GTX, 광역버스, 도로망 등 주요 직장이 몰려 있는 위치에 출퇴근 시간이 짧아질수록 매수층은 두꺼워진다.

편의시설

대형마트, 백화점, 병원, 공원, 문화시설 같은 인프라는 실거주 만족도를 올리고, 이는 결국 가격 방어력으로 이어진다.

초·중학교와 학군

학군은 가장 강력한 실수요를 만든다. 특히 초등학교 배정, 통학 동선, 중학교 학군 평판은 꾸준히 수요를 끌어당긴다.

호재 지역

개발·교통 호재는 상승의 촉매가 될 수 있지만, "단순 계획"인지 "확정"인지를 구분해야 한다. 호재는 기대감으로 먼저 오르고, 계획이 지연되면 고점에서 손실을 볼 수 있다.

경치와 주거 환경

한강, 공원, 산, 바다 조망 요소는 대체가 어렵다. 이런 희소성은 시간이 갈수록 가치가 커진다.

브랜드

같은 입지에서도 브랜드 아파트는 선호도가 높고 환금성이 좋다. 특히 하락장일수록 브랜드·대단지·역세권으로 수요가 쏠린다.

3. 청약 투자

아파트 청약 통장에 가입하는 건 재테크의 가장 기본이다.

물론 상승장에서나 인기 있는 곳에 청약 당첨은 경쟁률이 높아서 하늘에 별 따기처럼 어렵지만, 하락장에서나 조금 인기가 떨어지는 곳은 청약 점수가 낮은 이들에게도 기회가 될 수 있다.

청약은 미래의 시세를 현재의 분양가로 미리 싸게 예약하는 투자 수단이다. 잘만 활용하면 수천만 원의 자본으로 수억 원짜리 자산을 얻을 수 있지만, 반대로 구조를 이해하지 못하고 고점에서 물리면 몇 년간 자금이 묶이는 족쇄가 되기도 한다.

청약 투자의 핵심은 분양가와 미래 시세의 차이를 선점하는 것이다. 일반 매매 투자가 이미 형성된 시세를 기준으로 사는 투자라면, 청약 투자는 아직 존재하지 않는 가격을 예상해 미리 사는 투자다. 분양가는 정부 정책과 제도에 의해 제한되고, 미래 시세는 주변 입지와 수요, 시간에 의해 결정된다. 이 간극이 클수록 청약 투자의 수익률은 커진다.

1) 적은 자본으로 대출 활용이 가능하다

청약 투자가 매력적인 이유는 자금 투입 시점에 있다.

아파트를 매수할 때는 한 번에 큰돈이 필요하지만, 청약은 돈이 시간에 따라 나뉘어 들어간다.

- 당첨 시: 계약금 10~20%
- 2년 공사 기간: 중도금(중도금 대출 활용 가능)
- 2년 후 입주 시: 잔금(아파트 담보 대출 활용 가능)

이 구조 덕분에 투자자는 들어가는 자기자본을 최소화한 상태에서 부동산 레버리지를 극대화할 수 있다. 즉 계약금만 내면 나머진 은행 대출로 아파트 투자가 가능한 구조가 된다.

예시

분양가 5억 원 → 입주 시 시세 약 7억 원

- 계약금: 5천만 원

나머진 중도금 대출 활용

2년 후 잔금 납부 시 시세 상승에 따른 주택 담보 대출 활용 가능(약 5~6억까지 대출 가능) - 결과적으로 내 초기 투자금인 계약금 5천만원으로 시세 7억짜리 아파트를 보유할 수 있게 된다.

2) 청약 시 확인해야 할 조건들

분양가가 주변 시세보다 충분히 저렴한가

최소 주변 아파트 시세와 20~30% 이상 차이가 나야 한다.

전매 제한은 얼마나 되는가

전매 제한이 짧을수록 자금 회전이 빠르다.
전매 불가 기간이 길수록 투자 리스크는 커진다.

실거주 의무가 있는가

실거주 의무는 투자 자유도를 크게 제한한다.
투자 목적이라면 실거주 의무 없는 단지가 유리하다.

입주 시점의 공급 물량은 어떤가

입주 시점에 주변 대규모 공급이 예정돼 있다면 시세 상승이 제한될 수
있다.

거시 경제 흐름에서 너무 고점은 아닌가

아파트 가격이 단기간에 너무 크게 오른 상태서 들어가면, 아파트 가격이 하락하여 2년 뒤 입주 시점에 분양가보다 가격이 떨어질 수 있음을 유의해야 한다.

청약의 리스크 파악

청약 투자는 안전해 보이지만, 다음과 같은 리스크를 항상 동반한다.
정책 변화 리스크, 대출 규제 강화, 경기 침체 시 가격하락 리스크, 입주 시점 전세가 하락 등을 염두에 두어야 한다.

4. 아파트 갭투자

갭투자의 구조는 단순하다.
(매매가 - 전세가 = 내가 실제로 투자하는 금액)
이 차이가 작을수록 투자자는 적은 자본으로 큰 레버리지 투자가 가능하게 된다. 즉, 갭투자는 전세라는 타인의 자본을 레버리지로 사용하는 투자다. 이 구조는 상승장에서는 큰 수익을 안겨 주지만, 하락장에서는 큰 리스크를 짊어져야 한다.
갭투자의 매력은 투자금 대비 높은 기대 수익률에 있다. 내 투자금 1억 원에 전세금 5억 원으로 6억 원짜리 아파트를 매매하고 시세가 1억 원만 올라가도 내 수익은 백프로가 된다.

하지만 갭투자는 반드시 아파트 매매가격과 전세가격이 우상향 해야 성공한다. 대출처럼 매월 은행 이자 부담이 없지만, 전세금은 나중에 만기 시 반드시 돌려주어야 하는 돈이다. 즉 전세는 조건부 자금이다. 금리가 오르면 전세는 내려가고, 공급이 늘면 전세는 흔들리고, 정책이 바뀌면 전세는 먼저 반응한다. 전세 계약 만기 때 혹시라도 전세금이 하락한다면 내 여유 자금으로 나머지 전세금을 돌려 줄 수 있어야 한다.

현재 정부에서는 대출 규제, 세금 규제 등으로 갭투자를 막고 있다. 이전보다 갭투자하기에 굉장히 어려운 상황이다.

아파트 갭투자는 먼저 정부의 변화하는 정책들을 잘 살펴보아야 한다.

1) 갭투자 가능 지역

전세 수요가 확실한 지역이 중요하다

학군이 확실한 지역, 대기업·산업단지 배후 같은 직장 밀집 지역 등이 좋다.

전세가율이 안정적인 곳이 좋다

전세가율 70~85% 선에서 급등·급락 없는 지역이 좋다.

전세가율이 지나치게 높아도 위험하고, 낮으면 갭투자의 의미가 없다.

주변에 신규 공급이 제한적인 입지가 좋다

신도시나 재건축·재개발 인근 지역 등 주변에 물량이 많아서 미래 공급이 쏟아지는 지역에서는 전세도, 매매도 동시에 흔들릴 가능성이 있다.

2) 갭 투자 시 고려 사항

최악의 시나리오 대비

전세가 하락, 매매가 정체, 정부 규제 강화 등 최악의 상황에서도 나의 여유자금으로 현금 흐름이 가능한지 생각해 봐야 한다.

세금 구조

정부 정책 변화에 따라 다주택 여부, 취득세 중과, 양도세 중과 등을 파악해 두어야 한다.

금리 방향성과 시장의 사이클

갭투자는 시세의 20%만 올라 주어도 내 투자금의 배를 벌 수 있지만, 반대로 시세의 20%만 하락해도 내 투자금 전부가 사라진다. 아파트가 항상 무조건 오를 거라는 확신은 위험하다. 반드시 금리 방향성과 시장 사이클을 분석해야 한다.

재건축 투자는 노후 아파트를 새 아파트로 탈바꿈시키는 과정에 참여하여 자산가치를 극대화하는 투자다. 일반 아파트 매매와 달리 재건축 투자는 시간·정책·조합 리스크를 함께 감내하는 대신, 성공 시 시세 차익과 신축 프리미엄을 동시에 얻을 수 있다.

재건축 투자는 큰 수익률이 가능하지만 많은 자본과 시간이 걸릴 수 있다. 재건축 자체가 무효화될 수도 있고, 생각보다 더 많은 시간이 걸릴 수도 있으며, 자기 부담금이나 세금이 더 커질 수도 있다. 일반 아파트 투자보다 많은 공부와 노력이 필요하며, 장기간 버텨 내는 인내심이 중요하다. 재건축은 단기 매매가 아닌 장기 전략 투자이다.

1) 재건축 투자의 핵심 단계

재건축 투자 수익은 다음 3단계에서 만들어진다.

초기 진입 구간(저평가 구간)

안전진단 통과 전·후 단계.
사업성이 아직 시장에 충분히 반영되지 않은 단계.
가장 큰 수익 구간이지만 불확실성도 가장 큼.

사업 가시화 구간

조합 설립, 정비구역 지정 단계.

사업의 추진 속도가 보이기 시작하는 단계.

프리미엄이 붙기 시작하지만 아직 상승 여력 존재.

관리처분 이후

분담금 확정.

신축 아파트 가치가 명확해짐.

리스크는 적지만 수익률은 가장 낮아짐.

2) 재건축 투자 시 반드시 봐야 할 6가지

입지

역세권 여부, 학군, 직장 주변, 주변 신축 시세 등 입지가 나쁘면 재건축이
되어도 가격이 안 오른다.

용적률 & 대지 지분

기존 용적률이 낮을수록 유리하다.

대지 지분 클수록 분담금 적음 — 같은 가격이라면 대지 지분 큰 집이 무

조건 유리하다.

세대수 증가율

재건축 후 세대수가 얼마나 늘어나는가?
늘어날수록 일반분양 물량 ↑ → 사업성 ↑

조합 내부 갈등

동의율, 소송 여부, 조합장 리스크 등을 고려하라.
내부 갈등이 많은 단지는 시간을 크게 잡아먹는다.

분담금 구조

분담금은 미래 수익을 갉아먹는 가장 큰 변수다.
인근 신축 시세와 반드시 비교해서 생각하라.
건축비가 많이 상승 시에는 수익률이 크게 줄어들 수 있으므로 유의해야
한다.

정부 정책 리스크

재건축초과이익환수제, 조합원 지위 양도 제한, 대출 규제, 세금 정책 등
을 잘 파악해 두기.

3) 재건축 투자 수익 계산

예시

- 매입가: 10억 원
- 추가 분담금: 3억 원
- 총 투자금: 13억 원
- 재건축 후 예상 시세: 18억 원
- 실현 수익: 5억 원
(여기서 세금·은행이자·기회비용 빼고 고려하기)

4) 재건축 투자가 맞는 유형

여유 자금이 충분히 있는 사람

최소 5~10년 장기 투자로 묻어 둘 수 있는 사람

중간 정책 변화에 크게 흔들리지 않는 사람

재건축 투자 공부를 성실히 하는 사람

Chapter 8. 상가 투자
— 안정적인 임대료를 목표로 하자

상가 투자는 그 종류가 매우 다양하다. 한 개의 상가 점포만 투자할 수도 있고, 상가 한 층을 투자하는 경우도 있고, 상가 건물을 통째로 투자할 수도 있다. 규모가 커지면 꼬마빌딩이나 빌딩 투자도 가능하다.

상가 투자는 지난 10여 년간 아파트 가격 상승과 맞물리며 큰 인기를 누려 왔다. 특히 '꼬마빌딩'은 한동안 투자 시장의 중심에 서 있었다. 연예인들의 빌딩 투자 성공 사례가 연일 뉴스에 등장했고, 사람들은 상가와 빌딩 투자를 부의 상징처럼 여기며 열광했다.

아파트 가격이 매년 상승하던 시기에는 상가 역시 함께 가격이 많이 상승하였다. 무리한 대출을 받아 상가에 투자하는 방식이 마치 재테크 비법처럼 받아들여지기도 했다.

하지만 아파트 가격이 하락하고 금리가 급격히 오르면서 상황은 완전히 달라졌다. 절대 떨어지지 않을 것 같던 상가와 꼬마 빌딩의 가격 역시 하락세에 접어들었다. 상가의 본질적인 가치는 결국 그 상가에서 얼마의 임대료를 안정적으로 받을 수 있느냐에 있다. 그러나 소비 환경은 빠르게 변화하고 있다. 사람들은 이제 외식을 줄이고 배달 음식을 이용하며, 쿠

알파

팡이나 테무 같은 온라인 쇼핑몰을 일상적으로 사용한다. 그만큼 오프라인 상권은 위축되고 있고, 상가 임차인들은 매출 부진으로 하나둘씩 자리를 떠나고 있다. 임차인이 나가면 공실이 발생하고, 공실이 길어질수록 부담은 투자자에게 고스란히 돌아온다. 과거에는 상가 임대료로 대출 이자를 감당할 수 있었지만, 이제는 임대료도 받지 못한 채 은행 금리 인상으로 더 늘어난 이자를 떠안아야 하는 상황이 빈번해지고 있다.

그렇다면 앞으로의 전망은 나아질 수 있을까?

시간이 지나면 금리는 다시 내려갈 가능성이 있다. 그러나 상가나 꼬마빌딩의 가격이 과거처럼 지속적으로 크게 상승하는 흐름을 기대하기는 쉽지 않아 보인다. 출생률 저하로 소비 인구는 점점 줄어들고 있고, 소비 방식은 오프라인에서 온라인으로 더욱 빠르게 이동하고 있다.

이러한 구조적인 변화는 되돌릴 수 없는 흐름이다.

이제 상가나 꼬마빌딩 투자는 큰 시세 차익을 기대하는 투자라기보다는, 안정적으로 매월 임대료를 받는 현금 흐름형 투자로 인식하고 접근해야 한다.

과거의 성공 사례를 그대로 따라 하기보다는, 공실 위험을 최소화하고 장기간 안정적인 임대 수익을 유지할 수 있는 상가인지 냉정하게 판단하는 것이 무엇보다 중요해졌다.

상가 투자는 더 이상 레버리지를 이용해 큰 수익을 노리는 투자가 아니다. 이제는 수익률보다 안정성, 큰 상승 기대보다 지속 가능성을 먼저 고민해야 할 시점이다.

신도시 상가는 자신의 원수에게나 추천하라는 말이 있다. 그만큼 신도시 상가 투자는 위험하다는 이야기다. 아파트 시세는 항상 거래가 빈번히 이루어지기에 잘 파악할 수 있다. 하지만 신도시 상가의 시세는 그 주변에서 매매 거래 자체가 드물어서 정확한 시세를 파악하기가 쉽지 않다. 건축 업자들은 신도시 개발 초기에 토지를 사서 상가를 짓고 대대적으로 과대 홍보하여 (역세권, 대단지 배후수요, 계획된 상권, 미래 가치 등등) 시세보다 훨씬 비싼 값에 팔아넘긴다. 신도시 상가 분양 사기가 대부분 이렇게 이루어진다.

1) 과도한 상가 공급

신도시는 계획 단계에서 이미 과도한 상가 공급이 이루어진다. 근린상가, 스트리트몰, 주상복합 상가, 중심상업지가 동시에 조성된다. 신도시에 사람은 아파트가 순차적으로 입주하면서 천천히 늘어나지만, 상가는 한번에 쏟아진다. 공급이 수요를 압도하는 시장에서 임대인은 항상 약자다. 임대료를 낮추고, 조건을 맞추고, 공실을 감수해야 한다. 상가는 희소성이 생겨야 가치가 오르지만, 신도시는 처음부터 공급우위의 시장이 된다.

2) 임차인이 버티기 힘든 구조

신도시 상가의 임차인은 대부분 창업 초기의 개인 자영업자다. 상권이 완성되기 전, 높은 임대료를 감당하며 버텨야 한다. 하지만 현실은 냉정하다. 유동 인구 부족, 단골 형성 실패, 매출 불안정 등으로 결국 1~2년 안에 잦은 폐업과 교체가 반복된다. 이로 인해 낮아진 임대료는 다시 올리기 어렵고, 계속되는 공실은 투자자의 인내를 갉아먹는다. 월세를 받는 안전한 투자라고 생각했지만, 실상은 공실 관리와 임대 걱정을 떠안게 된다.

3) 분양가가 이미 최고가인 경우가 많다

신도시 상가는 분양 시점에 모든 기대가 이미 다 가격에 반영된다. "여기가 중심 상권입니다.", "배후 세대가 수만 세대입니다.", "앞으로 더 좋아집니다."

이미 이 기대감이 다 반영된 가격으로 분양가가 형성되어 있는 경우가 많다. 초기 상권이 형성되지 못하면 공실이 발생하고, 임대료가 예상에 못 미치면 수익률은 무너진다.

임대 수익률이 곧 상가의 가치가 된다. 비싼 값에 분양받은 초기 상가는 예상 임대료가 낮아짐에 따라 점차 가격이 떨어지게 된다.

4) 소비 패턴은 동네 상가를 떠나고 있다

최근 신도시가 만들어지는 동안 소비 환경은 완전히 바뀌었다. 배달 앱, 온라인 쇼핑, 대형 복합몰 집중 등등 이제 동네 상가의 역할은 줄어들고 있다. 과거에는 반드시 상가에서 소비하던 영역들이 이제는 집 안에서 해결된다.

상가 수요는 줄어드는데, 신도시는 여전히 상가를 찍어 낸다. 이 불균형
은 시간이 갈수록 더 커질 것이다.

5) 신도시 상가 투자 시 고려할 점

- **최소 입주 5년 이상 경과된 곳**: 가격이 어느 정도 안정적으로 형성되어
  있다.
- **공실률이 낮을 것**: 공실률이 낮아야 대출 이자 부담으로 인한 스트레스
  를 받지 않는다.
- **임대 수익률이 연 4% 이상은 될 것**: 임대 수익률이 곧 그 상가의 가치
  이다.
- **대기업·병원·프랜차이즈 등 우량 업종이 장기 임차 확정된 곳**: 이런 임
  차인들은 안정적인 임대료를 보장해 준다.
- **대체 상가 공급 가능성 없는 곳**: 인근에 다른 대체 상가가 생길 공간이
  없어야 한다. 신도시의 경우 인근에 대체 상가가 생성되면 경쟁 구도로
  인해 임대료가 크게 낮아지게 된다.

2. 상권 분석

상가를 투자하는 데 있어서 상권 분석은 필수이다. 요즘은 사이트나 어플
을 찾아보면 잘 만들어진 상권 분석 프로그램이 많이 있다. 이런 프로그
램들을 활용하여 분석한다면 과거처럼 일일이 현장에 나가서 체크해야

하는 시간과 노력을 크게 줄일 수 있을 것이다.

1) 상권 분석의 4대 핵심 요소

(1) 유동 인구(사람이 얼마나 다니는가)

- 하루 평균 유동 인구수
- 평일 vs 주말 차이
- 시간대별 유동 인구수(출퇴근/점심/저녁)
- 그냥 지나가는 사람인지 머무르는 사람인지 파악하기
- 멈추는 유동 인구가 중요하다(카페, 병원, 학원, 관공서, 역 출구 등)

(2) 배후수요(고정적으로 소비하는 사람)

- 아파트 단지 수, 세대수/평형 구성, 직장인 밀집 여부
- 학교, 병원, 공공기관 존재 여부 파악하기
- 주요 고객층 파악하기(학생, 직장인, 주부, 관광객 등)

상가는 인근 주거지역 주민과 직장인이 살린다. 신도시 상권은 초기엔 유동 인구가 많아 보여도 배후 세대가 부족하면 빠르게 무너질 수 있다.

(3) 업종 궁합(이 상권에 맞는 업종인가)

- 업종별 주변 경쟁 상가 수 파악하기

- 이미 잘되는 업종은 무엇인지 알아보기

- 공실 업종은 무엇인지 알아보기

- 업종별 프랜차이즈 입점 여부 파악하기

(4) 주 동선 파악하기

- 대중교통 접근성(지하철, 버스 정류장과의 거리)

배후 주거지역에서 지하철역이나 버스역으로 사람들이 이동하는 주 동선에 위치한 상권인지가 핵심이다. 주 동선에 위치한 상권이 마지막까지 살아남는다.

2) 상권 유형별 분석 포인트

(1) 주거형 상권(아파트 상권)

특징

안정적이다. 큰 매출은 어렵지만 공실 위험이 낮음.

유리한 업종

병원, 약국, 학원, 독서실, 편의점, 세탁소, 동네 카페, 미용실 등등

체크 포인트

세대수 2,000세대 이상

초등학교, 중학교 여부

여러 학원가 형성 여부

(2) 역세권 상권(지하철역 근처 상권)

특징

유동 인구 많음. 임대료 변동성 큼.

유리한 업종

음식점, 프랜차이즈, 술집, 테이크아웃 업종 등등

체크 포인트

주 동선인 역 출구 방향에 있어야 한다.
반대편 상권은 실패 확률 높음.
코로나 · 경기 침체에는 리스크가 크다.

(3) 대학교 상권

특징

학기 중, 점심과 저녁 시간에 유동 인구 밀집함.
젊은 층에 맞는 트랜드 업종이 유리함.
소형 상가 운영이 유리함.

유리한 업종

프랜차이즈 카페, 저가 음식점(김밥, 덮밥), 편의점, 패스트푸드, 코인 노
래방 등등

체크 포인트

재학생 1만 명 이상 되는 학교일 것.
기숙사를 보유 시 더 유리함.
정문 상권이 후문보다 유리함.
방학 때는 유동 인구가 크게 줄어듦.

3) 상권 분석 현장 체크리스트

낮 시간 체크리스트

점심시간 손님 수

손님 중 직장인 비중

카페 회전율

밤 시간 체크리스트

퇴근 시 이동 주 동선 확인하기

불 꺼진 상가 비율

저녁 유동 인구수

술집·음식점 매출과 분위기 파악

주말 체크리스트

가족 단위 유동 인구수

주말 상권 유지력 — 주말에 평일 대비 손님 수 파악

오래된 상가를 저렴하게 매매하거나, 경매로 낙찰받아 상가를 리모델링하여 임대료를 올려 받고 상가의 가치를 키워 매도하는 투자 방법이다. 리모델링은 단순히 건물을 고치는 것이 아니라, 건물을 고쳐서 임대료를 올릴 수 있는 구조를 만드는 게 핵심이다. 리모델링에 드는 비용과 그 후 상가 가치가 오르는 가격을 계산하여 충분한 수익이 예상될 때만 투자하여야 한다.

1) 리모델링이 가능한 상가와 불필요한 상가

가능한 상가

상권은 살아 있는데 건물만 낡은 경우

가시성(보여지는 외관)이 떨어지는 상가

층고·전면 폭이 확보된 건물

구조 변경으로 업종 확장이 가능한 경우

리모델링 비용보다 임대료 상승이 이득인 경우

불필요한 상가

상권 자체가 죽은 곳

공실률 30% 이상 침체된 지역

유동 인구 급감소 지역

이미 임대료가 상권 상단인 곳

2) 상가 리모델링의 핵심 포인트

외관 리모델링(가성비 최고)

파사드 정비, 간판 통일, 조명 개선, 입구 동선 정리 등
리모델링 비용 대비 임대료 상승 효과가 가장 크다.

평면 구조 개선

벽체 철거, 소형 점포 분할, 출입구 다각화, 전면 폭 확장 등

업종 맞춤 리모델링

- 카페: 배관 · 전기 용량
- 음식점: 환기 · 배기
- 병원 · 학원: 층고 · 채광

업종에 맞게 리모델링한 경우 그에 맞는 업종이 들어오면 임대료가 오른다.

공용부 개선

계단 · 엘리베이터, 화장실, 주차 동선, 휴식 공간 등
공용부가 낡으면 상가 전체가 싸 보인다.

층별 전략

- 1층: 가시성 극대화
- 2층: 업종 특화
- 3층 이상: 임대 안정형 업종 유도

법적 검토

법규와 인허가 확인이 필수다.
용도 지역, 건폐율과 용적률, 불법 증축 여부 등을 미리 해당 관공서에 반드시 확인해야 한다.

공사 기간 생각

리모델링 비용만 생각하면 안 된다. 예상보다 공사가 지연되는 경우가 다반사이다. 이 공사 기간 동안 공실 장기화로 임대료를 못 받는 부분까지 생각해서 후에 임대료를 상승시키고 그에 따른 상가 가격을 올리는 게 확실히 더 이득인지 생각하고 투자해야 한다.

상가를 경매로 저렴하게 매수하여 리모델링 후 매도하면 시세 차익을 얻을 수 있다. 단 상가 경매는 권리분석이나 유치권, 명도 파악 등 부동산 경매 중에서도 꽤 난이도가 있는 투자 방법이다. 특히 경매로 나오는 상가는 문제가 많은 상가일 가능성이 크다. 즉 공실이 많고 죽은 상권에 있을 가능성이 커서 상권 분석이 필수이다. 살아 있는 상권 안에서 단지 소유자의 개별적인 문제로 경매에 나오는 상가가 좋을 것이다.

1) 상가 경매의 특징

장점

시세 대비 20~40% 저렴한 매수 가능.
경매 대출로 더 많은 대출 활용 가능.
헌 상가를 매수 후 리모델링하여 가치 상승 가능.
일반 매매보다 협상 스트레스는 적음.

단점

공실 리스크가 크다.
권리 관계가 복잡하다.
임차인 명도 시 쉽지 않을 수 있다.

상권이 죽은 곳일 가능성이 크다.

2) 상가 경매 핵심 6가지

상권의 현재성(지금 현재 장사가 되는 상권인지를 파악하기)

점심·저녁 유동 인구, 공실률, 대형 프랜차이즈 유무 등등

실제 임대료 확인(실제 임대료 모르면 입찰 금지)

인근 건물 실제 계약 임대료 조사
경매 상가 건물 실제 임대료 조사

공실 기간 가정

최소 6개월~1년 공실을 가정해서 공실 기간 동안 버틸 수 있는 자금 계획
을 세워 두기

낙찰가 기준 수익률 계산하기(수익률 계산 공식)

연 임대료 - (관리비 + 세금 + 대출이자) = 순수익
순수익 ÷ 총 투자금액 × 100 = 연 수익률
일반적으로 연 수익률이 5~7% 이상 나오는지 확인하는 것이 중요하다.

은행 대출과 세금 파악

경매 시 경락 자금 대출 가능성과 보유세, 양도세 등 세금 파악

리모델링 가능성과 출구 전략

리모델링 후 상가 가치 올라갈 수 있는지 파악하기

후에 되팔 수 있는 출구 전략 세우기

3) 추천 상가 경매 유형

비교적 안전한 상가 유형

역세권 소형 1층 근생 업종

병원·학원·프랜차이즈 밀집 지역

배후 세대수 많은 구도심

상권이 살아 있는데 오래된 구축 상가

경매 시 피해야 할 상가 유형

신도시 공실 상가

2층 이상 단독 상가

테마상가/스트리트몰

분양가 높은 상가

상권이 다 죽어 가는 상가

4) 상가 경매 절차

- 상권 조사(현장 조사 필수)

- 실제 임대료 조사

- 공실 기간 가정(6개월 이상 가정)

- 권리분석(경매 공부 필수)

- 목표 수익률 역산 → 입찰가 결정(대출 생각)

- 낙찰 후 리모델링이나 임대 전략 실행 생각

5) 상가 경매 권리 분석

(1) 상가 임차인의 권리 관계 체크 필수

기존 임차인이 있는 경우 반드시 상가건물 임대차보호법의 적용 여부를 확인해야 한다. 임차인의 보증금 반환 문제, 대항력 여부, 우선변제권 등은 낙찰자에게 중요한 영향을 미칠 수 있다.

- 대항력 있는 임차인인지?(점포 운영 기간 및 확정일자 여부)

- 우선변제권이 적용되는지?(전세권 설정 여부)

- 보증금 반환 문제는 없는지?(낙찰자가 인수해야 하는 금액 확인)

알파

- 보증금 자체가 환산보증금을 초과하는지?(상가는 환산보증금 초과 시
  상가건물 임대차 보호법 적용 여부를 따질 수 있음)

(2) 유치권, 가압류 등 확인

경매에 나온 상가는 대개 채무 문제로 인해 법적 절차가 진행된 경우가
많다. 따라서 등기부등본을 분석하여 어떤 권리 관계가 얽혀 있는지 철저
히 확인해야 한다.

- 근저당권이 말소되는지?(채무자의 대출 여부)
- 유치권이 설정된 경우 허위 가능성 여부
- 가압류나 법정지상권이 있는지 확인

(3) 관리비 및 유지보수 비용 체크

상가는 공동 관리비, 주차장 사용료, 공용 전기·청소비 등 추가 비용이
발생한다. 관리비가 매우 높은 경우에는 세입자가 쉽게 나갈 수도 있어
투자에 악영향을 미칠 수 있다.

- 공용 관리비, 주차비 등의 비용 확인
- 건물 노후화 정도 및 유지보수 비용 예상
- 엘리베이터, 화장실, 공용 시설 상태 점검

(4) 명도 협상

상가 낙찰 후 기존 임차인이 있는 경우 명도 협상이 중요하다. 만약 임차인이 명도를 거부하면 강제집행 절차를 진행해야 하므로 시간과 비용이 추가된다. 명도 협상은 감정적으로 접근하기보다는, 법적 절차를 활용해 원만한 해결 방법을 찾는 것이 바람직하다.

- 기존 세입자와 원만한 합의를 시도하기
- 명도 비용(권리금 반환 여부) 예상하기
- 강제집행이 필요한 경우 법적 절차 준비

(5) 입찰가 산정

상가 경매 입찰 시 가장 신중해야 할 부분이 입찰가 산정이다. 감정가만 보고 입찰하면 손실을 볼 가능성이 높기 때문에, 반드시 주변 시세와 비교하여 적정 가격을 설정해야 한다. 무리한 입찰 경쟁을 피하고, 손해 보지 않는 수준에서 적절한 입찰가를 설정하는 것이 중요하다.

- 주변 상가 시세 및 거래 사례 조사
- 감정가 대비 수익성을 고려한 가격 산정
- 수익률과 투자 회수 기간 예측

상가나 꼬마 빌딩을 투자 시 무리하게 대출을 받아 투자하는 경우가 많다. 시세의 80~90%까지 받아 투자하는 경우가 부지기수이다. 대출 이자를 상가 임대료로 내면 된다는 생각으로 큰 대출을 받아 투자하는 것이다. 상승장에서 이런 식의 투자는 레버리지로 큰 수익률을 안겨다 준다. 하지만 시장은 언젠가 반드시 하락한다. 이때를 대비하고 조심해야 하는 것이다.

이런 식의 투자는 상가가 오래도록 공실이 나거나, 임대료가 크게 하락하거나, 시중 금리가 올라가면 위험하다. 은행 대출 이자를 상가 임대료로 감당하지 못하면 결국 버티지 못하고 상가는 경매로 나오게 된다. 이러한 만일의 경우를 생각해서 내가 감당할 수 있는 이자 액수로만 대출을 받아야 할 것이다.

1) 대출 시 생각해야 하는 비용들

- 공실 기간(공실 6개월~1년 이상은 고려하라)

- 관리비(매달 건물 관리비를 생각하라)

- 세금(취득세, 보유세, 양도세 등을 생각하라)

- 수선비(노후된 건물일수록 수선비가 많이 든다)

- 임차인 교체 비용(잦은 임차인 교체 시 공인중개사 비용을 생각하라)

- 대출 금리 상승 고려(금리 상승기에 은행 변동이자 금리를 고려하라)

이 모든 것을 빼고 나면 상가 임대료만으론 은행 이자를 감당하지 못하는 구조가 생각보다 훨씬 많다. 이러한 경우들까지 다 고려하여 대출 이자를 설정해야 한다.

2) 실패하는 상가 투자의 흐름

대출을 최대한 끌어와 상가 매수 → 첫 임차인 입점 → 몇 개월 뒤 임차인 폐업 → 공실 장기화 → 이자 부담으로 급매 시도 → 매수자 없음 → 결국 손실 확정 매도 또는 버티다 파산으로 경매 나옴

3) 상가 투자에서 안전한 대출의 기준

현실적으로 안정적인 상가 대출 기준은 다음과 같다.

- 대출 비율 50% 이하
- 공실 1년을 가정해도 대출이자를 내고 생활에 지장이 없는 현금 여력
- 변동 금리 2~3%p 상승에도 버틸 수 있는 구조

이 기준을 넘는 순간 욕심을 부린 무리한 투자는 리스크가 있는 위험한 투자가 된다.

Chapter 9.

공장 투자
― 일석이조 투자법

공장 투자는 여전히 많은 사람들에게 낯선 투자 분야다. 대부분의 사람들은 '공장'이라는 단어를 떠올리면, 먼저 기계 소음이 가득한 산업 현장이나 사업자가 직접 운영하는 공간을 연상한다. 그래서 공장은 자연스럽게 사업자가 사용하는 부동산으로, 일반 투자자가 접근하기 어려운 영역으로 인식되어 왔다. 하지만 이러한 인식은 공장 투자의 전부가 아니다. 공장은 단순한 작업 공간이 아니라, 토지와 건물이 결합된 수익형 자산이며, 투자의 관점에서 보면 매우 전략적인 부동산 상품이다.

공장을 매입한 뒤 실제 제조업이나 물류업을 운영하는 사업자에게 임대를 주면, 매달 안정적인 임대 수익을 확보할 수 있다. 특히 공장을 임차하는 사업자들은 한번 입주하면 장기간 같은 공간을 사용하는 경우가 많아서 상가에 비해 공실 리스크가 상대적으로 낮은 편이다. 여기에 시간이 지나면서 공장이 위치한 토지의 가치가 상승한다면, 임대 수익과는 별도로 토지에서 발생하는 시세차익까지 기대할 수 있다.

이것이 바로 공장 투자가 현금 흐름과 자산 가치 상승을 동시에 노릴 수 있는 일석이조 투자법인 이유다. 이러한 구조만 놓고 본다면, 공장 투자는 상가와 토지 투자의 장점을 동시에 품고 있다고 볼 수 있다.

상가처럼 매달 꾸준한 현금 흐름을 만들어 주면서도, 토지처럼 장기적인 관점에서 자산 가치를 키울 수 있는 가능성을 지니고 있기 때문이다. 특히 최근처럼 아파트 투자 규제가 강화되고, 상가 시장마저 공실과 수익률 하락으로 어려움을 겪는 상황에서는 공장 투자의 상대적인 매력이 더욱 부각된다. 물론 대중들에게 접하기 쉬운 투자처는 아니지만, 안정적으로 수익을 쌓아 가는 구조를 가진 투자처라는 점에서 공장은 새롭게 주목받고 있다.

물론 공장 투자가 쉬운 투자는 아니다. 공장은 본질적으로 토지를 기반으로 한 부동산이기 때문에 기본적인 토지 투자에 대한 이해 없이 접근하는 것은 위험하다. 해당 토지의 용도 지역은 어떠한지, 해당 지역에서 공장 건축과 운영이 가능한지, 향후 개발 가능성은 있는지, 진입 도로는 확보되어 있는지, 대형 차량의 접근과 회전이 가능한 구조인지 등 토지 투자에서 반드시 점검해야 할 요소들을 함께 살펴보아야 한다.

또한 공장은 상가나 주택과 달리 수요자가 한정되어 있기 때문에 입지와 구조, 활용도에 따라 가치 차이가 크게 벌어진다. "임대만 잘 주면 되겠지"라는 안일한 접근은 오히려 장기간 자금이 묶이는 결과를 낳을 수 있다. 그럼에도 불구하고 공장 투자는 제대로 이해하고 접근한다면 매우 매력적인 투자 수단이다. 단기 시세 차익에만 집착하지 않고, 장기적인 흐름 속에서 자산을 키워 가고자 하는 투자자에게 공장은 충분히 검토해 볼 만한 대안이다.

투자는 결국 남들이 모두 몰려가는 곳이 아니라, 아직 많은 사람들이 제대로 보지 못한 곳에서 새로운 기회가 만들어진다. 공장 투자가 바로 그런 영역에 속한다. 이번 장에서는 공장 투자를 할 때 반드시 확인해야 할 체크 리스트와 공장 경매 등을 살펴보도록 하겠다.

1. 공장 투자의 특징

1) 공장 투자의 장점

안정적인 임대수익

공장을 임차하는 주체는 대부분 개인이 아닌 법인이다.

제조업, 가공업, 물류업 등 사업을 운영하는 주체들은 설비를 옮기는 데 막대한 비용이 들기 때문에 한번 자리를 잡으면 쉽게 이동하지 않는다.

계약기간 3~10년 이상이 흔함

월세 체납·조기 퇴거 리스크가 낮음

상대적으로 낮은 가격 진입 장벽

같은 면적 대비 아파트·상가보다 가격 저렴

초기 투자금이 비교적 낮음

개발 · 정책에 따른 수혜 가능성

산업단지 확장

물류 인프라(고속도로 · IC · 철도) 개통

도시 외곽 → 준도시화 시 토지 가치 상승

2) 공장 투자의 리스크

입지 리스크(공실이 장기화됨)

주거와 달리 아무 곳에서나 공장 수요가 없음

접근성 · 도로 폭 · 대형차 진입 등의 조건이 필수

용도 지역 · 법규 리스크

계획관리/생산관리/농공단지 등 복잡함

불법 증축 · 미등기 건물 많음

향후 원상복구 비용 폭탄 가능

유동성이 상대적으로 낮음

매수자가 제한적임

급매 시 매수자가 적어 가격 손실이 큼

3) 공장 종류

이미 임대 중인 공장(첫 공장 투자로 추천)

이미 임차인 있음 → 리스크 ↓

수익률 6~9%가 현실적

소형 공장(100~200평 이하)

수요층이 넓음

매도·임대가 상대적으로 쉬움

대형 공장(200평 이상)

수요층이 한정적이고 매도나 임대가 어렵고 시간이 많이 걸림

공실 위험성이 커서 초보자에게는 비추천

공장 신축 투자(초보자 비추천)

토지에 공장을 신축하여 투자 시 수익률은 높으나 공사비, 시간, 인허가

등 리스크가 큼

산업단지 내 공장(초보자 추천)

계획적으로 조성된 산업단지 지역

인프라가 완비되어 있고 수요층이 많음

단, 매입가 높음

개별 입지 공장(초보자 비추천)

산발적으로 위치한 개별 공장

매입가는 저렴하나 공실·민원 리스크가 큼

매도나 임대시 수요가 적어서 어려움이 있음

2. 공장 투자 시 체크 리스트

1) 입지 체크리스트 — 공장은 위치가 중요하다

공장 투자의 입지는 아파트나 상가와는 전혀 다른 기준으로 판단해야 한다. 공장은 사람이 아니라 차량과 물류가 움직이는 부동산이다. 따라서 유동 인구보다 트럭, 화물차, 지게차의 이동이 자연스러운 환경인지가 훨씬 중요하다.

- 산업단지 인근인가, 개별 공장 밀집 지역인가?

- 주변에 실제로 공장을 운영 중인 사업체가 많은가?

- 물류 이동이 잦은 업종이 많은 지역인가?

- 직원 출퇴근이 가능한 생활권인가?

- 인근에 민원 발생 요소(주거 밀집, 학교, 축사 등)는 없는가?

2) 토지 체크리스트 ─ 공장 투자는 결국 토지 투자다

공장은 건물이지만, 그 가치는 토지에서 결정된다.

공장과 연관된 토지 공법을 공부하고 이해하는 게 중요하다.

- 용도 지역: 계획관리지역, 생산녹지지역, 공업지역 여부

- 건폐율과 용적률이 여유 있는지 파악

- 공장 건축 및 사용이 법적으로 가능한 토지인가?

- 향후 용도 변경이나 주변 개발 가능성은 있는가?

- 토지 모양은 반듯한가(자투리 땅은 피할 것)?

- 지목은 대지인가, 전인가, 임야인가?

3) 도로 체크리스트 ─ 도로가 없으면 공장도 없다

공장 투자에서 도로는 선택이 아니라 필수다. 도로 여건이 좋지 않으면
임차 수요가 급격히 줄어들고 향후 매도 시에도 큰 감점 요인이 된다.

- 법정 도로에 접해 있는가?

- 앞에 도로를 사용할 수 있는 권한이 법적으로 보장되어 있는가?(특히 경
  매 시 잘 파악)

- 왕복 2차선 이상 도로에 접해 있는가?

- 도로 폭은 최소 6m 이상인가?

- 1톤, 5톤, 트레일러 차량 진입이 가능한가?

- 차량 회전 공간이 확보되어 있는가?

- 향후 도로 확장 계획은 있는가?

- 고속도로 IC 10~15분 이내

4) 건축 체크리스트 — 건물보다 구조를 봐라

외관이 멀쩡해 보여도 실제로 쓰기 불편한 공장은 외면받는다. 공장은
쓰는 사람의 효율이 중요하다. 건물의 구조는 곧 임차인의 생산성과 직
결된다.

- 층고는 충분한가?(최소 6m 이상)

- 내부 기둥 간격은 넓은가?

- 너무 오래된 건물은 아닌지 파악(설립된 지 10년 안 건물이 좋음)

- 전력 용량은 충분한가?(특고압 여부)

- 공장 내 주차 대수가 충분한가?

- 크레인, 호이스트 기기 설치 가능 여부

- 증축 또는 구조 변경 여지는 있는가?

5) 임대 체크리스트 ─ 누가, 얼마나 오래 쓸 것인가

공장 투자의 본질은 임대다. 공장은 한번 임대가 되면 5년, 10년 이상 장기 임차로 이어지는 경우가 많다.

- 주변 공장 임대 시세는 얼마인가?
- 실제 주변 공실률은 어느 정도인가?
- 주요 임차 업종은 무엇인가?
- 장기 임차 가능성이 높은 업종인가?
- 보증금과 월세 비중은 적절한가?

6) 수익성 체크리스트 ─ 반드시 수익률을 검증하라

절대 감으로 투자해서는 안 된다. 공장 투자는 지금 버는 임대 수익률과 나중에 가격이 오르는 토지의 기대 수익률을 함께 계산해야 하는 투자다.

- 실투자금 대비 임대 수익률은 몇 %인가?
- 대출 이자 차감 후 실수익은 얼마인가?
- 공실 발생 시 버틸 수 있는 구조인가?
- 향후 매도 시 기대 가능한 가격대는?
- 토지 가치 상승 여지는 있는가?

다음 조건에 해당한다면 아무리 싸 보여도 신중해야 한다. 싸게 샀다고 해서 좋은 투자가 되는 것은 아니다. 공장 투자에서는 싸게 산 이유를 반드시 의심해야 한다.

- 불법 건축물 또는 용도 위반 이력
- 도로 미접 또는 맹지
- 민원 발생 가능성이 높은 위치(주거 밀집, 학교 등)
- 단일 업종에만 특화된 구조(임대 수요자가 한정되어 공실 가능성이 커짐)
- 지나치게 저렴한 가격만을 강조하는 매물(공장이 너무 오래되거나 사용
  상 편의성이 떨어지는 등 문제가 있는 경우가 많음)

3. 공장 경매

공장 경매의 장점은 시세 대비 낮은 매입가로 살 수 있다는 점이다. 특히 공장은 유동성이 낮고 일반인들이 많이 참여하지 않아서 경매 유찰이 많다. 평균 경매 낙찰가는 아파트 90%, 상가 75%, 공장과 토지 70% 이하 이다. 즉 공장 경매는 준비된 투자자에게 기회가 될 수 있다. 하지만 공장 경매는 그만큼 더 노력해야 하는 분야이다. 권리 관계, 공장 등록·용도 문제, 불법 증축 가능성, 명도 난이도 등을 생각하고 투자해야 한다.

1) 공장 경매 권리 분석의 핵심

근저당권

근저당권 중 가장 먼저 설정된 권리가 말소 기준 권리가 된다. 이 기준 이후의 권리는 경매로 대부분 소멸된다.

가압류

말소 기준 권리 이후 가압류 → 소멸

말소 기준 권리 이전 가압류 → 인수 가능성 있음

법정지상권 가능성

토지와 공장의 소유자가 각각 다를 때 법정지상권의 가능성이 존재한다. 경매로도 소멸되지 않는 권리라서 온전히 공장을 사용할 수 없게 된다.

유치권 주장 여부

특히 공장 경매에서는 유치권 주장이 자주 등장한다. 공사비·수리비를 못 받은 사람이 점유를 계속하며 주장하는 권리다. 만약 진성 유치권이라면 경매 입찰 가격을 그만큼 낮추거나, 투자를 하지 말아야 한다.

2) 공장 경매 리스크

명도 비용(임차인을 나가게 하는 비용)

기존의 임차인이 존재 시 명도 비용을 고려하라.

불법 증축 원상복구 비용

불법 증축 건물일 경우 복구 비용이 든다.

공실 기간 손실

낙찰 후 새 임차인을 구하기까지 공실 기간을 넉넉히 잡고 손실을 계산하라.

추가 보수 비용

경매로 나온 공장을 다시 돌리기 위한 추가 보수 비용을 고려하라.

공장 안 산업 쓰레기 처리 비용

경매로 나온 공장은 대부분 산업 쓰레기나 고철 등이 가득하다. 이러한 쓰레기들을 처리하는 비용을 생각해야 한다.

알파

3) 경매 현장 체크 리스트

경매 기본 정보 체크(입찰 전)

사건번호 확인

감정가/최저가 확인

유찰 횟수

입찰 마감일

인도명령 가능 여부

권리 분석 체크리스트(필수)

말소 기준 권리 확인

선순위 임차인 존재 여부

임차보증금 인수 가능성

법정지상권 성립 가능성

유치권 주장 여부

점유·명도 체크리스트(현장 핵심)

실제 점유자 확인

임차인 vs 소유자 점유 여부

사업 운영 중 여부

설비·기계 반출 가능성

명도 협의 가능성

공장 등록·법적 체크

공장 등록 가능 여부

불법 증축 존재 여부

건축물대장과 현황 일치

용도 변경 제한 여부

현장 입지·접근성 체크

도로 접함 여부

대형차 진입 가능성

고속도로 IC와의 거리

산업단지 인접성

민원 발생 가능성

임대 수요 체크

예상 임대료 현실성

주변 임대 사례

공실 발생 가능성

재임대 가능 업종 수

수익·가격 체크리스트

연 순 임대수익 계산
목표 수익률 충족 여부
명도·보수 비용 반영
공실 기간 비용 반영
최대 입찰가 설정 완료

입찰 금지 신호(하나라도 해당되면 중단)

현장 확인 불가
점유자 확인 불가
유치권 다수 주장
공장 등록 불가
도로 미접함, 도로 사용 권한 없음 등

Chapter 10.

토지 투자
― 노력한 만큼 얻으리라

"큰 부자는 토지에서 나온다"는 말이 있다. 토지 투자는 부동산 투자 중에서 오랜 공부와 풍부한 투자 경험이 필요한, 가장 난이도가 높은 투자 분야다. 그러나 그만큼 부동산 투자 중 기대 수익률이 가장 크고, 투자 방법 또한 무궁무진하다. 거시 경제의 영향보다는 개별 토지의 특성과 가치가 더 크게 작용하기 때문에, 경기 침체나 하락장에서도 수익을 낼 수 있는 투자이다. 즉, 토지 투자는 내가 노력한 만큼 크게 보상받을 수 있는 투자다.

과거 우리나라는 한국 전쟁 이후 세계에서 가장 가난한 나라 중 하나에서 지금의 위치에 오르기까지 눈부신 경제 성장을 이뤄 왔다. 그 과정에서 토지 가격 역시 경천동지할 만큼 상승했다. 당시의 토지 투자는 주변의 땅을 사서 묻어 두기만 해도 수익을 낼 수 있는 시대였다.

하지만 지금은 어떠한가? 우리나라의 경제 성장률은 정체되고, 인구는 계속 감소하며, 국가 경쟁력 또한 점차 약화되고 있다. 이제는 아무 토지나 사서 장기간 보유하는 방식의 투자는 평생을 기다려도 오르지 않을 가능성이 크다.

오히려 대출로 인한 은행 이자만 부담한 채, 팔리지도 않는 애물단지로

알파

전락할 가능성이 크다.

지인 중에 오래도록 평택에 거주하신 분이 계셨다.

그분은 수십 년 전, 집 주변의 토지를 조금씩 매수해 두었는데 이후 이어진 평택 개발 호재로 인해 100억 원대 자산가가 되었다. 하지만 그분은 토지를 체계적으로 공부한 투자자는 아니었다. 매도 타이밍을 알지 못했고, 어떤 토지를 선택해야 하는지도 명확히 알지 못했다. 단지 이미 토지로 큰돈을 벌 수 있다는 경험을 했기에, 이전에 매수한 토지들은 그대로 보유한 채 그 토지들을 담보로 더 많은 평택의 토지들을 매입했다. 맹지, 보전산지, 개발제한구역(그린벨트) 등등 반드시 피해야 할 토지들까지 은행 대출을 이용해 마구 사들이면서, 결국 200억 원 규모의 토지를 보유하게 되었고, 대출금은 100억 가까이 이르렀다. 은행 이자만 해도 매달 수천만 원을 부담해야 하는 상황이었다.

그러던 중 결국 사건이 터졌다. 평택 삼성전자 공장 설립이 중단되었고, 그 여파는 고스란히 평택 부동산 시장에 전해졌다. 아파트와 토지를 가리지 않고, 그동안 기대감으로 급등했던 평택 부동산 가격은 급락했다. 설상가상으로 은행 금리까지 급등하면서, 그분은 더 이상 은행 대출을 감당할 수 없는 상황에 놓이게 되었다. 급매로 토지를 처분하려 했지만, 토지 특성상 하락장서 매수자를 찾기란 하늘의 별 따기였다. 특히 마지막에 무분별하게 산 가치 없는 토지들이 피해를 더 크게 키웠다. 결국 보유하고 있던 토지들은 모두 경매로 넘어갔고, 고점서 반값에도 미치지 못하는 가격에 처분되었다. 그분은 토지로 벌었던 전 재산을 다시 모두 잃고 말았다. 이 사례를 통해 우리는 분명한 교훈을 얻을 수 있다.

토지 투자는 더 이상 아무 토지나 매수해서 평생 보유하는 투자가 아니다. 지역을 선별하고, 개발 호재를 분석하며, 개별 토지의 법적·물리적 특성을 공부하고, 토지 구입후 어떻게 가치를 상승시켜 누구에게 팔지 전략을 생각하고, 매수와 매도 타이밍도 설정해야 한다. 이렇게 공부하고 노력한 사람만이 급변하는 토지 시장의 흐름 속에서도 살아남아 꾸준한 수익을 올릴 수 있다.

앞으로의 토지 투자는 크게 두 가지 방식으로 볼 수 있다.

확실히 오를 가능성이 높은 개발 호재 지역 토지를 개발 단계에 따라서 매수·매도 타이밍에 맞춰 투자하거나, 토지를 매수한 후 직접 개발 등으로 가치를 만들어 가격을 상승시킨 뒤 적절한 구매 타겟층을 설정하여 매도하는 방법이다. 이 장에서는 이러한 관점에서 토지 투자와 관련된 다양한 방법들을 하나씩 살펴보도록 하겠다.

1. 토지 사기를 조심하라

토지는 많은 공부를 하지 않으면 일반인이 잘 모르는 부분이 무척 많다. 일단 아파트처럼 많은 거래가 이루어지지 않고 각 개별 토지마다 용도 지역, 입지 등이 다르기에 제대로 시세파악 하기부터 힘들다. 토지가 돈이 된다는 말만 듣고서 스스로 공부하지 않고 무작정 뛰어들었다가는 사기꾼들에게 걸리기 쉽다. 주식이나 코인 분야는 전문가라는 사람들의 90% 이상이 사기꾼이라면, 부동산은 약 30% 이상이 사기꾼이다. 부동산 분야의 사기꾼 중 대다수가 토지 분야에 몰려 있다. 일반인들이 잘 모르는 분야이기에 사기 치기도 그만큼 쉬운 것이다.

토지 투자는 결코 남의 말에 의존해 투자하면 안 된다. 남에게 기대서 하는 투자는 그 결과가 좋지 못하다. 스스로 공부하고 조사하여 투자해 나가야만 실패를 해도 경험이 쌓이고 나의 실력이 만들어지는 것이다. 토지 투자 사기의 본질은 단순하다. 모르는 사람의 욕심을 이용하는 것이다. 공부하지 않은 토지 투자자는 투자자가 아니라, 사기의 잠재적 피해자일 뿐이라는 사실을 명심하라.

1) "확정 개발"이라는 말은 99% 거짓이다

"이미 개발 확정 났다", "곧 발표만 남았다"라는 말은 토지 사기에서 가장 흔히 사용되는 문구다. 실제로 개발이 확정된 토지는 이미 가격에 모두 반영되어 있다. 섣불리 높은 가격에 들어갔다간 상투를 잡게 된다. 개발 정보가 비공개 상태로 특정인에게만 전달되는 경우는 이제 거의 없으며, 그런 정보가 있다면 굳이 일반 투자자에게 팔 이유도 없다.
개발 계획은 계획 → 검토 → 반영 → 변경 → 취소 이 과정을 반복하며, 확정되기 전까지는 언제든지 뒤집힐 수 있다.

2) 지분 쪼개기 토지는 무조건 경계하라

가끔 토지 기획사나 토지 개발사 라고 전화가 와서 토지 지분 투자를 유도하곤 한다. 하나의 토지를 수십 명, 수백 명에게 쪼개서 판매하는 지분 투자는 사기와 분쟁의 온상이다. 내 땅이 어디인지 모르고, 개발 시 동의가 안 이루어져서 마음대로 개발도 못 하고, 팔고 싶어도 지분만 사려는 매수자가 없을뿐더러, 세금·분쟁·소송 위험이 너무 크다. 지분 토지는 투자가 아니라 권리 분쟁에 참여하는 것에 가깝다. 초보자는 물론, 경험자에게도 추천하지 않는 방식이다.

3) "수용된다"는 말만 믿고 사지 마라

"곧 도로에 편입된다", "국가가 수용한다"는 말도 매우 위험하다. 토지 수용은 정확한 노선과 면적, 시점이 정해지기 전까지는 아무 의미가 없다. 그리고 수용 가격이 어떻게 정해질지도 모른다. 문제는 수용 가격이 내가 산 가격보다 훨씬 낮거나, 수용 시점이 수십 년 뒤이거나, 일부만 수용되고 나머지는 맹지가 되는 경우가 너무나도 많다는 것이다.

4) 전문가라는 사람을 맹신하지 마라

"이 분야에서 크게 성공했다", "고위 공무원 출신이다", "수백 건 투자를 성공시켰다"
이들은 책을 내고 강의를 하며 사람들을 모은다.
좋은 강의를 하고 함께 성장하려는 전문가들도 많이 있지만, 소수의 사기꾼들이 문제이다. 이들은 공동으로 투자를 함께하자거나, 개별적인 토지를 매수하라고 부추긴다. 그들은 쓸모없는 토지나 상가를 회원들에게 비싸게 파는 방식으로 큰돈을 번다. 전문가는 절대 특정 물건을 추천하지 않는다는 점을 명심하라.

2. 지목별 투자법

1) 농지

농지는 단순히 싸다고 접근하면 반드시 실패한다. 농지는 투자 목적보다 사용 목적이 우선되는 토지다. 국가에서는 투자 목적으로 외부인이 농지를 사는 것을 여러 제약으로 금하고 있다.

(1) 농지의 특징

- 농지법에 적용을 받음
- 원칙적으로는 직접 경작자만 취득 가능(경자유전)
- 농지를 취득하려면 농지취득 자격 증명(농취증) 필요
- 실제로 이용하지 않으면 비사업용 토지로 분류되기 쉬움

(2) 농지 전용 가능성이 명확한 농지에 투자

농지 전용(농지를 개발하는 행위)이 가능한 농지에 투자하여 스스로 농지 개발을 하는 방법이다. 단 농지 전용이 가능한 농지인지는 구입 전에 반드시 담당 지자체에 물어보아야 한다.

- 관리지역 내 농지

- 주변에 이미 주택·공장이 들어선 지역의 농지

- 도로, 상하수도 등 기반 시설이 인접한 농지 등

(3) 실제로 농지를 사용하며 투자

조경수 등을 심어 판다든지, 주말 농장 체험용으로 분양을 한다든지 등으로 농지를 실제로 이용하며 투자하는 방법이다. 실질적으로 농지를 이용하고 이를 서류로 증빙해야 한다. 실제 사용하며 농지를 투자하는 방법은 제약 있는 농지를 매수하기 쉬우며(농취증 발급 쉬움), 장기적으로는 세금 측면(보유세, 양도세 등)에서 굉장히 유리하다.

(4) 투자 시 피해야 할 농지

- 보전관리지역 농지(절대 농지)

- 주변이 개발 가능성 없는 농지

- 지분 쪼개기 농지

- 도로가 없는 맹지

- 농사지을 수 있게 경작 관리가 잘된 농지(개발허가가 안 된다)

(5) 농지 투자 체크리스트

법·자격 체크(자격증명이 안 나오면 끝이다)

- 농지취득자격증명 발급 가능여부
- 본인 명의 취득 가능 여부 명확해야
- 농지법상 제한 사항 확인

전용 가능성 체크

- 관리지역 내 농지인가
- 주변에 이미 주택·공장·창고 등이 여러 개 존재
- 인근에 농지 전용 선례가 있는 지역
- 전용 시 예상 용도 명확한지
- 전용 부담금 감당 가능성 확인

입지·기반 체크

- 폭 4m 이상 도로 접함
- 상하수도·전기 인입 가능
- 배수 문제 없음
- 단차·성토 비용 과다하지 않음
- 주변 개발 가능성 큼

2) 산지

산지는 가격이 가장 싸지만 가장 난이도가 있는 토지투자이다. 산지는 국가가 자연을 보전하기 위해 그 개발을 엄격히 제하는 경우가 대부분이다. 산지는 장기적인 관점에서 투자해야 한다. 초보 투자자가 산지로 토지 투자를 시작하는 것은 무모한 일이다. 대지나 농지로 어느정도 경험을 쌓은 후에 점차 산지까지 확장해 나가는 것이 바람직할 것이다.

(1) 산지의 특징

- 산지관리법을 적용받는다
- 보전산지/준보전산지로 구분된다
- 개발행위 제한이 매우 많다
- 도로 · 경사 · 수목 문제가 존재한다

(2) 준보전산지 + 완경사 임야에 투자(산지 전용이 가능한 산지)

- 경사도 25도 이하인 산지
- 절 · 성토가 가능한 산지
- 도로에 반드시 접한 산지

(3) 앞으로 용도 변경이 기대되는 산지에 투자

- 도시 확장 방향에 가까이 위치한 곳
- 인근 대지와 공장 개발이 크게 일어나는 곳

(4) 투자 시 피해야 할 산지

- 보전산지(공익성이 강해 개발 힘듦)
- 맹지(도로가 없는 토지)
- 급경사 임야, 수풀이 울창한 산지
- 벌목·형질변경 불가 토지

(5) 산지 전용 체크리스트

산지 구분 체크

- 보전산지/준보전산지 명확
- 보전산지는 투자서 제외
- 준보전산지라도 개발 가능성 검토 완료

물리적 조건 체크

- 평균 경사도 25도 이하

- 절·성토 가능 여부

- 진입 도로 존재

- 대형 장비 접근 가능

개발 규제·개발 비용 체크

- 벌목 가능 여부

- 형질변경 허가 가능

- 산지 복구비·산지전용부담금 산정

- 민원 발생 가능성이 낮아야 함

3) 대지

대지는 바로 건축이 가능한 가장 비싸지만, 가장 안전한 토지이다. 난이도가 낮아 처음 토지 투자로 적합하지만 평당 가격이 비싸서 초기 투자금이 많이 들어가고 기대 수익률은 적다는 단점이 있다.

(1) 대지의 특징

- 즉시 건축 가능하다

- 용도 지역이 명확하다

- 환금성이 매우 우수하다

- 세금 구조가 비교적 단순하다

- 평당 가격이 셋 중 가장 비싸다

(2) 개발 가능한 지역의 저평가 대지에 투자

- 시골의 구도심
- 소형 필지
- 단독·다가구가 가능한 부지
- 개발 호재 인접 대지에 투자
- 역세권 예정지, 신도시 개발 예정지
- 도로 개설 확정 지역
- 상권 확장 방향에 있는 곳

(3) 대지 투자 시 유의할 점

- 취득세·보유세 부담이 큼
- 양도세 전략 필수
- 수익률은 토지 중 가장 낮을 수 있음
- 이미 호재가 가격에 다 반영된 곳은 큰 투자 가치가 없음

(4) 대지 전용 체크리스트

법적 안정성 체크

- 용도 지역 확인
- 건축 가능 용도 확인
- 건폐율·용적률 확인
- 건축 제한 요소 확인

수익 구조 체크

- 현재 가격이 주변 대비 합리적인지 파악
- 향후 가치 상승 요인 존재하는지 확인
- 소형 필지 여부(소형 필지는 환금성에 유리)
- 실수요 매수층이 명확한지 파악

비용·세금 체크

- 취득세 파악
- 보유세 부담 가능한지 파악
- 양도세 구조 사전 계산
- 수익 대비 세금 비율이 합리적인지 파악

1) 토지 투자 전반적인 체크리스트

토지 기본 정보 체크

- 지번이 정확한가
- 면적이 등기부·지적도와 일치하는가
- 지목(전·답·임야·대지 등)이 무엇인가
- 실제 현황과 지목이 일치하는가
- 맹지는 아닌가(공도 접함 여부)

법적 규제 체크

- 용도 지역·용도 지구·용도구역 확인
- 개발제한구역(그린벨트) 여부
- 보전산지/준보전산지 구분
- 농지법·산지관리법 적용 여부
- 건축·형질변경 가능 여부

개별 토지 개발 가능성 체크

- 건축 가능 용도와 규모 확인

- 건폐율·용적률 확인

- 도로 폭·접도 조건 충족 여부

- 상하수도·전기 인입 가능 여부

- 추가 개발 비용 산정 여부

세금 & 비용 체크

- 취득세 총액 계산

- 보유세(재산세·종부세) 예상

- 비사업용 토지 여부(비사업용인 경우 중과세 파악)

- 양도소득세 시뮬레이션

- 세후 수익률 계산 완료

가격 & 수급 체크

- 최근 실거래가 확인

- 동일 지역 매물 숫자

- 급매가 실제로 거래되는지

- 가격 상승의 명확한 이유 존재

- 매도 시 예상 매수자층 존재

알파

나의 투자 전략 체크

- 이 토지를 왜 사는가
- 언제, 누구에게 팔 것인가
- 보유 기간은 얼마인가
- 대안 투자 대비 장점은 무엇인가
- 최악의 경우 버틸 수 있는가

주변 개발 계획 체크

- 인구·산업 확인
- 교통 연결 축 파악
- 도시 확장 방향 체크
- 개발 집행 여부 확인
- 개발 진행 과정 확인
- 개발 뉴스와 정책 파악
- 현재 해당 지역 토지 거래 흐름 분석

2) 토지 현장 답사 체크리스트

접근성 체크

- 내비게이션 없이도 찾을 수 있는가

- 실제 사용 가능한 진입 도로가 있는가(사도 시 주의해야)

- 맹지인 경우 진입 도로 만들 수 있는지 파악

- 도로 폭 4m 이상 확보 여부

- 차량 교행 가능 여부

- 대형 차량·공사 차량 접근 가능

토지 형상 & 지형 파악

- 토지 모양이 네모 반듯한가

- 급경사·단차 존재 여부

- 성토·절토 흔적 확인

- 배수 상태 양호한가

- 침수·물 고임 흔적 없는가

주변 환경 체크(지도상으론 안 나온다)

- 인근 혐오시설 존재 여부

- 축사·공장·묘지 유무

- 소음·악취·분진 문제

- 전봇대·고압선 위치

- 민원 발생 가능성

인프라 & 실사용 가능성

- 상수·하수 인입 가능
- 전기·통신 문제 없음
- 우수·배수로 확보
- 실제 건축·사용 시 문제 없음

주변 사람에게 묻기(중개사, 주민, 마을 이장 등)

- 최근 개발·분쟁 이슈 여부
- 물 빠짐·침수 경험 여부
- 현재 토지 거래 분위기

기록 남기기

- 토지 전면·후면 사진
- 진입 도로 촬영
- 주변 환경 촬영
- 문제 요소 기록
- 답사 날짜·시간 기록 적어 두기

1) 개별 토지를 직접 개발

개별 토지를 사서 개발하는 방법은 난이도가 있는 토지 투자법이다. 하지만 토지 전문가라면 대부분 스스로 토지를 개발하여 파는 방법을 사용한다. 즉 토지에 가치를 상승시켜 파는 것이다. 이 방법은 자신만의 경험과 노하우가 있다면 지역 상황이나 전체 부동산 시장에 관계없이 꾸준하게 수익을 낼 수 있는 방법이다.

토지 개발 수익의 기본 공식

개발 후 가치 - (토지 매입가 + 개발비 + 세금 + 금융비용) = 순수익
토지 매입가, 취득세, 설계·측량 비용, 전용·개발 부담금, 도로·기반 시설 비용, 금융 비용(이자), 보유세, 양도세 등을 정확히 계산해야 한다. 개발 후에 순수익을 확실히 계산하여 시간과 노력 대비 확실한 이득이 있을 경우에만 투자에 임하여야 한다.

(1) 용도 변경 개발

농지나 임야를 전용하여 대지로 바꿨을 때 토지의 가치는 올라간다. 농지 전용, 산지 전용 등의 지목 변경으로 해당 토지의 가치를 올리는 방법이다. 농지 전용으로 주택이나 카페 부지를 만들거나, 산지 전용으로 창고

나 공장 부지를 만들 수 있다. 단 토지 구입 전에 해당 토지가 전용이 가능한 토지인지 미리 해당 지자체에 확인하여야 한다.

(2) 맹지에 길 내기

맹지는 길이 접하지 않는 토지라 사실상 건축이 불가능하여 가격이 무척 저렴하다. 이런 맹지에 접도를 확보하여 건축 가능한 토지로 바꿀 수 있다면 큰 수익이 가능하다.

맹지에 접도를 확보하는 방법은 여러 가지가 있다.

앞에 도로가 접한 토지와 합병하기, 앞 토지를 도로로 사용 승낙받기, 인접한 구거를 점용하여 도로 사용 허가 내기 등이 있다. 단, 맹지를 매수하기 전에 미리 접도를 확보할 가능성이 있는 맹지인지 확인하고 구입하여야 한다.

(3) 토지 분할

대형 필지의 토지를 저렴하게 사서 소형 필지로 분할하여 비싸게 파는 방법이다. 토지는 소형 필지로 분할하면 수요자가 증가하여 환금성이 커지고, 평단 가가 상승하는 효과가 있다. 단 토지 분할 시 모든 토지가 도로를 접하게끔 분할해야 맹지를 벗어날 수 있다. 토지 분할은 각 지자체마다 기준이 다르므로 반드시 해당 지자체에 가능한 기준을 물어보아야 한다.

농지 전용 + 토지 분할 개발 예시

조건

- 위치: 수도권 외곽 관리지역

- 토지 면적: 600㎡(약 181평)

- 분할 계획: 3필지

초기 비용

- 취득세(약 4.6%): 1,380만 원

개발금

- 농지 전용 부담금: 2,000만 원

- 측량·설계·분할 비용: 700만 원

- 토지 성토, 절토, 도로 조성 등 개발 비용: 3,000만 원

보유세, 이자

- 이자 및 보유세: 1,200만 원

총투자금

약 3억 8,280만 원

매도 시나리오

- 분할 후 1필지당 매도가: 1억 6천만 원

- 총매도금액: 4억 8천만 원

세금

- 양도소득세: 약 6,000만 원

최종 수익

4억 8천만 원 - 3억 8,280만 원 - 6,000만 원

= 약 4,700만 원 순수익

- 기간: 약 18개월
- 자기자본 수익률: 약 15% 정도~30%(대출 시)

여기서 은행 대출을 50(%) 정도 받게 되면 투자 자금이 절반으로 줄어들어 최종 수익률은 약 2배(약 30%)로 올라간다.

이런 식으로 직접 토지 개발 투자는 경험을 쌓고 나만의 노하우가 생기면 점차 수익률은 안정적으로 더 올라간다.

2) 개발 호재 지역의 토지에 투자하기

토지 개발 호재는 신도시 건설, 공업 산단 건설, 고속도로 IC 건설, 지하철 역 건설, 항구나 공항 건설 등이 있다. 개발 호재 지역은 가장 많은 사람이 몰리고, 토지 가격이 단계별로 크게 오르고, 중간에 호재가 만약 취소되거나 지연되면 큰 손해로 이어질 수도 있다. 개발 호재 지역 투자는 토지 투

자의 가장 기본적인 투자법이지만 철저한 공부와 전략 없이 투자해서는
안 될 것이다.

(1) 먼저 개발 호재를 파악하라(뉴스, 블로그, 부동산 카페 등에서 개발 호재와 분위기 등을 파악하기)

- 어떤 종류의 개발인가?
- 시행 주체가 누구인가?(정부, 지자체, 민간 기업 등)
- 현재 개발 진행 단계는 어디인가?
- 어느 정도의 파급효과가 있는 개발인가?

(2) 개발의 5단계

모든 개발 호재는 다섯 단계를 반복한다. 총 5단계까지 걸리는 기간은 최소 10년 이상이다. 그러나 토지 투자 시 전 구간을 다 보유할 필요는 없다. 토지 투자는 개발 계획 단계나 착공 전후 단계에서 사서 완공 전후에 파는 것이 효과적이다. 이렇게 투자 시 걸리는 기간은 대략 3~6년 정도이다.

소문 단계(가장 위험한 단계)

내부 이야기 위주의 정보가 유통된다. "누가 그러더라" 식의 카더라 정보가 많다. 투자 설명회, 지인 추천이 집중된다.
공식 문서는 존재하지 않는다. 먼저 이야기가 도는 단계다.

알파

언제든 개발 계획이 무산될 수 있기에 이 단계에서 투자 위험도는 최고 수준이다. 이 단계에서는 투자하지 말고 관심을 가지고 지켜본다.

발표 단계(아직 위험한 단계)

보도자료가 나온다. 언론 기사가 등장한다. 기본계획이 공개된다. 구체성은 부족하다. 공식적인 언급이 처음 등장한다.

그러나 개발 확정 단계는 아니다. 아직 투자는 관망해야 하는 단계이다.

계획 단계(조금 위험하지만 수익성이 높은 단계 — 경험자만 투자 가능)

노선·면적·위치가 명확해진다. 예산이 반영된다. 추진 일정이 제시된다. 지자체·국가 계획에 포함된다.

실제 투자자들이 움직이기 시작한다. 경험자는 이 단계부터 선별하여 투자 가능하다.

착공 단계(안전한 구간 — 초보자 투자 가능)

실제 공사가 시작된다. 공사 장비가 들어온다. 예산이 실제로 집행된다. 공사 중단 가능성이 급격히 낮아진다.

이때부터는 개발 계획을 취소하기 어려운 단계가 된다. 초보자는 이 단계에서 진입 가능하다.

완공·정착 단계(수익 실현 단계)

개발이 완료된다. 실사용이 시작된다. 가격 상승이 마무리된다. 기대감이 현실로 전환된다.

이 시점은 매수 시점이 아니라 매도 시점이다. 토지 투자 시 이 단계에서 실사용자들에게 차익을 실현해야 한다.

(3) 개발 호재 지역에서 토지를 고르는 기준

- 호재의 중심지보다는 연결 지점을 본다

개발 중심지 바로 앞이 아니라 개발로 생활권이 확장되는 방향에 투자한다. 개발 중심지는 개발로 수용될 가능성이 크며 수용이 안 되더라도 좋은 매도 물건은 안 나오고, 나오더라도 가격이 이미 크게 올라 있어서 수익률은 적고 리스크가 클 수 있다. 중심지보다는 그 주변으로 개발이 확장되는 방향의 도로에 인접한 토지에 투자해야 한다.

호재 하나만 있는 지역은 피하라

교통 관련 개발만 있는 지역, 산업단지만 있는 지역 등 개별 호재가 하나만 일어난 지역은 그 확장성에 한계가 명확하고, 크게 가격이 오르기 힘들어서 큰 수익을 기대하기 어렵다. 교통 + 산업, 산업 + 주거, 주거 + 교통 등등 여러 개발 호재가 더불어 이루어지는 지역에 투자할 때 큰 수익이 가능하다.

'계획'보다 '예산'을 보라

예산 반영 여부, 착공 일정, 시공사 확정 등 말로만 하는 계획을 믿지 말고 실제 예산으로 반영되고 있는지 확인해야 한다.

(4) 개발 호재 지역에서 피해야 할 토지

- 호재 중심지 바로 옆 가격이 이미 고점인 토지
- 공공 개발 수용이 예상되는 토지
- 지분 쪼개기식의 토지
- 맹지, 보전 산지나 절대 농지, 그린 벨트 등 개발이 힘든 토지

(5) 개발 호재 지역 체크 질문 7가지

- 이 호재는 어느 정도 가격에 반영됐는가?
- 예산은 실제로 배정됐는가?
- 착공 일정이 명확한가?
- 호재가 사라져도 버틸 수 있는가?
- 호재 없이도 팔릴 땅인가?
- 최종 매수자 누구에게 팔 토지인가?
- 지금 내가 사는 이유가 명확한가?

(6) 개발 호재별 토지 투자

교통 호재 인접 토지

역세권 예정지, IC 연결 구간, 기존 도시와 연결되는 지점에 투자하라. 신규 IC 주변으로는 공장이나 창고의 수요가 많다. 교통 호재 지역 투자는 중심지에서 교통이 흘러가는 도로변에 투자하여 완공까지 보유 후 매도하는 게 중요하다.

산업단지 배후 토지

근로자 주거 수요, 창고·근린시설 수요가 많다. 원룸이나 창고 등을 지을 수 있는 토지에 투자하라. 주거·상업 전환 가능 토지 집중하라.

공공 개발 인접 토지

택지 개발, 공공주택, 도시개발사업 등등 정부의 공공 개발은 취소 확률이 낮아 비교적 안전한 투자가 가능하다. 공공 개발에 수용되지 않을 만한 위치에 개발 중심지로부터 개발이 흘러가는 방향으로 투자하는 게 핵심이다.

3부

알파로서의 마음가짐

우리는 1부에서 성공으로 가는 법칙들(알파로 가는 길)을 파악했고, 2부에서는 여러 재테크 분야별 투자법(알파의 투자법)을 살펴보았다. 마지막 3부에서는 우리가 성공에 이르기 위해 가져야 할 마음가짐과 행복으로 가는 길(알파로서의 마음가짐)을 깊이 살펴볼 차례이다.

필자는 여러 종교 서적, 명상 관련 책, 영성 관련 도서들을 읽으며, 긍정적인 마음과 내면의 행복을 유지하기 위해 꾸준히 노력해 왔다. 필자가 읽고 실천하며 도움이 되었던 생각과 방법 들이 여러분의 인생에도 도움이 되기를 진심으로 희망한다. 사실 성공은 노력과 방법만으로 이루어지지 않는다. 성공에 이르는 긍정적인 믿음과 마음가짐 또한 매우 중요한 요소이다. 어떤 마음으로 노력하느냐에 따라 성공의 속도와 크기가 달라지기 때문이다. 흔히 "운칠기삼"이라는 말을 한다. 겉으로는 운처럼 보이지만 그 운조차도 결국 우리의 생각, 태도, 믿음에서 비롯된다. 우리의 마음 상태가 운을 만들고, 운은 기회를 만들며, 기회는 성공을 만든다.
만약 정말 스스로 많은 노력을 했음에도 만족할 만큼의 성취를 이루지 못했다면 내 마음가짐을 되돌아볼 필요가 있다. 나도 모르게 내 미래를 의심하고 있지는 않는지, 불안을 가득 품고 두려움을 지니고 있는지 말이다. 부정적인 마음은 성공을 늦추거나 축소시키거나 때로는 완전히 막아 버릴 수도 있다. 부정적인 생각은 부정적인 결과를 불러오고, 반대로 긍정적인 생각은 긍정적인 흐름을 끌어온다. 그러므로 우리는 성공을 위해 어떤 마음가짐을 가져야 하는지 배워야 한다.

그리고 또 하나 반드시 기억해야 할 사실은 우리의 인생은 성공하기 위해 사는 것이 아니라, 행복하기 위해 산다는 것이다. 세상에는 큰 성공을 이루었음에도 행복하지 않은 삶을 사는 사람들이 너무나 많다. 즉, 성공이 곧 행복이라는 믿음은 착각이다. 성공은 행복을 이루는 하나의 수단일 뿐이며 행복 자체를 보장해 주는 목적은 아니다. 성공으로 경제적·시간적 여유가 생기면, 행복에 이르는 선택과 행동을 더 많이 할 수 있기에 단지 도움이 될 뿐이다.

행복은 외부 조건이 아니라 내 마음의 상태에서 결정된다.

아무리 많은 돈과 지위를 가졌더라도 마음속이 불안과 비교와 집착으로 가득하다면 그 사람은 결코 행복할 수 없다. 반대로 삶이 단순하더라도 평온, 감사, 사랑, 여유의 마음을 가진 사람은 어떤 상황에서도 충분히 행복할 수 있다. 행복은 밖에서 찾는 것이 아니라, 내 안에서 만들어 내는 것이다. 그리고 그 행복을 매일, 매 순간 느끼려면 그만큼 지속적인 노력이 필요하다. 명상으로 마음을 비우고, 오감이 전해 주는 작은 기쁨을 느끼고, 여유를 가지고 천천히 삶을 바라보며, 부정적인 생각이 아닌 긍정적인 감정으로 현재를 채우는 습관이 필요하다.

우리가 하는 대부분의 생각은 과거에 대한 후회와 자책, 미래에 대한 불안과 두려움, 그리고 인간관계에서 오는 질투, 미움, 분노, 원망 등 대부분이 부정적인 생각들로 이루어져 있다. 이런 부정적인 생각들이 우리의 행복을 가로막는다. 그러므로 성공하기 위한 마음가짐과 행복해지기 위한 마음가짐은 본질적으로 다르지 않다. 머릿속의 부정적인 생각과 감정들이 우리의 성공과 행복을 동시에 방해하는 것이다. 이러한 부정적인 생각과 감정을 억누르지 말고 흐르는 물결처럼 자연스럽게 흘려보내고, 그 빈

자리를 감사, 사랑, 여유, 평온 같은 긍정의 에너지로 채워야 한다. 이것이 성공과 행복으로 이르는 가장 단순하면서도 가장 근본적인 길이다. 우리는 이 파트에서 긍정적인 마음을 채우는 실질적인 방법을 배우게 될 것이다.

그러나 마음가짐은 안다고 해서 바로 이루어지는 것이 아니다.

성공에 긴 노력이 필요하듯 마음의 훈련 또한 꾸준한 연습이 필요하다. 하지만 우린 각자 삶의 창시자이자 알파로서 성공과 행복을 누릴 수 있도록 항상 노력해야 한다.

Chapter 1.

에고에서 벗어나 알파로서 살기

인간은 자연의 일부이다. 우리는 자연과 분리된 존재가 아니라, 자연 그 자체의 연장선 위에 존재한다. 자연의 법칙을 깊이 바라보면, 인간의 본질 또한 그 안에서 자연스럽게 드러난다.

물을 떠올려 보자. 물은 하나의 고정된 개체가 아니다. 수많은 미세한 물방울이 모여 구름을 이루고, 그 구름은 다시 세상 곳곳에 비로 내려 흐른다. 강이 되고, 바다가 되고, 땅속으로 스며들었다가 시간이 지나면 증발하여 다시 하늘로 올라간다. 그리고 또다시 구름이 된다. 이 과정에서 물은 형태를 바꿀 뿐 사라지지 않는다. 본질은 변하지 않은 채 모습만 달리하며 끊임없이 순환한다. 이것이 대자연의 순환 원리이며 동시에 에너지의 본질이다.

우리는 흔히 세상을 '분리된 개체들의 집합'으로 인식한다. 나와 너, 인간과 자연, 생명과 무생물 등 그러나 자연은 그런 구분을 알지 못한다. 자연에는 경계가 없다. 경계는 인간의 사고가 만들어 낸 개념일 뿐이다. 물방울 하나만 떼어 놓고 보면 그것은 분명 개별적인 존재처럼 보인다.

그러나 그 물방울은 어디서 왔는가? 그리고 어디로 가는가?

그 물방울은 바다에서 왔고, 비가 되어 떨어졌으며, 다시 증발해 바다로 돌아간다. 개별처럼 보이지만 실제로는 단 한 순간도 전체와 분리된 적이 없다.

인간 또한 마찬가지다. 우리는 하나의 거대한 우주 에너지에서 나뉘어 각 각의 개별적인 삶을 경험하고 있다.

각자 다른 이름을 가지고, 다른 얼굴을 하고, 다른 인생을 살아가는 것처 럼 보인다. 그러나 그 근원은 같다. 우리는 모두 하나의 거대한 우주 에너 지에서 출발했다. 그 에너지의 상태에서는 분리도 없고, 나와 남의 구분 도 없으며, 경계라는 개념 자체가 존재하지 않는다. 그곳에는 '나'도 없고 '너'도 없다. 오직 하나의 전체만이 있을 뿐이다.

모든 존재는 하나였고, 하나의 전체로서 서로 완전히 연결되어 있었다. 그 상태에서는 비교도, 경쟁도, 결핍도 없다. 존재 자체가 충만이기 때문 이다. 이러한 우주 에너지는 물방울처럼 다양한 형태로 나뉘어 세상에 보 내진다. 인간으로 태어난 우리는 개별적인 자아를 가진 존재처럼 보인다. 각자 다른 생각을 하고, 다른 감정을 느끼며, 다른 선택을 하며 살아간다. 이때 우리는 착각에 빠진다.

'나는 혼자다', '나는 분리된 존재다', '세상은 나와 대립한다'

그러나 이것은 의식이 한정된 시야로 세상을 바라볼 때 생기는 착시일 뿐 이다. 본질은 결코 변하지 않는다. 우리는 여전히 하나의 에너지이며, 단 지 그 에너지가 에고란 형태로 서로 다르게 표현되고 있을 뿐이다.

과학은 이것을 '에너지 보존의 법칙'이라고 부른다. 에너지는 생성되지도, 소멸되지도 않는다. 오직 형태를 바꿀 뿐이다. 이 법칙은 물질에만 적용되는 것이 아니다. 의식에도 동일하게 적용된다. 태어나기 전의 우리는 이미 전체였고, 삶을 마친 뒤의 우리 또한 다시 전체로 돌아간다. 죽음 또한 끝이 아니라 분리라는 환상이 해체되는 순간이다.

기독교에서는 "성부(하나님), 성자(예수님), 성령(개별 의식)은 모두 하나"라는 삼위 일체론을 말하고 있다. 즉 우리 모두의 개별 의식은 우주 하나님에서 비롯된 하나라는 뜻이다.

불교에서는 이것을 진짜 의식으로서 나인 '진아'로 설명한다.

가짜인 나에 대한 집착을 버리면 아집과 아상이 사라지고, 그 자리에 순수한 '진아'가 남는다. '진아'는 무한공간, 무한시간으로서의 우주이다. 즉 나와 우주는 하나란 뜻이다.

힌두교의 가르침 또한 동일하다.

"너의 본질, 아트만(=개별적 자아)은 우주의 근원적 실체인 브라흐만(=우주 에너지)과 같다." 즉 너의 가장 깊은 본질은 우주 그 자체라는 뜻이다.

서양 과학의 상징과도 같은 아인슈타인조차 이렇게 말했다.

"만물은 상호 연결되어 있다. 서로 다른 존재란 없다."

이 말은 단순한 철학적 표현이 아니다. 우주를 깊이 이해한 과학자가 도달한 결론이다.

각 분야의 큰 지도자들은 오랜 공부와 수련을 통해 결국 비슷한 결론에 이르렀을 것이다. 그들의 시대와 언어, 문화가 달라서 그 표현이 서로 다를 뿐이지만 그 근본 원리는 같았다. 즉, 우리는 서로 분리된 존재가 아닌 하나다.

본래 하나의 근원에서 갈라져 현생에서 잠시 서로 분리된 경험을 하고 있을 뿐이라는 것이다.

이 사실을 깨닫는 순간 삶을 바라보는 관점은 완전히 달라진다. 타인은 더 이상 적이 아니다. 세상은 더 이상 나를 시험하는 공간이 아니다. 삶은 처벌도 아니고, 우연의 연속도 아니다. 삶은 우주가 나를 통해 자신을 경험하는 과정이다. 우리는 모두 우주에서 비롯된 또 하나의 의식 에너지이며, 하나의 소우주이다.

우리는 에고가 낳은 피해자가 아니라 에고를 바라보는 의식이자 관찰자이며, 더 이상 삶의 방관자가 아니라 내 삶의 유일한 창조자이다. 내 삶의 주인이 되고, 내 선택의 책임자가 되며, 내 현실의 창조자가 될 수 있다. 이것이 내 삶의 알파(Alpha)이다.

2. 에고의 형성

인간은 태어나는 순간부터 자신을 둘러싼 세계를 인식하고 구분하는 법을 배운다. 처음에는 단순한 감각의 흐름일 뿐이지만, 성장과 함께 언어와 교육, 사회적 규범이 더해지며 점점 분리된 '나'라는 개념이 만들어진다. 이렇게 형성된 '나'의 개념이 바로 에고(Ego)이다.

에고는 본질적으로 잘못된 것이 아니다. 오히려 인간이 물질 세계에서 살아가기 위해 반드시 필요한 생존 장치이자 인식 도구이다. 에고는 위험을 감지하고, 타인의 반응을 예측하며, 사회 속에서 자신의 위치를 파악하도록 돕는다. 에고가 없다면 인간은 현실 세계에서 정상적인 생활조차 하기 어려울 것이다.

문제는 에고 그 자체가 아니라, 에고가 유일한 나라고 믿게 되는 순간부터 시작된다. 어린 시절의 에고는 단순하다.

"이것은 아프다.", "저것은 무섭다.", "이 사람은 안전하다."

그러나 시간이 흐르며 사회적 기준이 주입되기 시작한다.

성적, 외모, 돈, 직업, 지위, 관계, 인정, 에고는 이 모든 기준을 흡수하며 '나는 어떤 존재인가'를 외부 기준으로 규정하기 시작한다. 그때부터 에고는 생존을 넘어 비교와 증명의 장치로 변질된다.

에고는 끊임없이 묻는다.

"나는 충분한가?", "나는 남들보다 나은가?", "나는 뒤처지고 있는 것은 아닌가?"

이 질문들은 결코 끝나지 않는다. 왜냐하면 에고는 만족을 목적으로 하지 않기 때문이다. 에고의 본질은 결핍을 유지하는 것에 있다. 결핍이 사라지는 순간, 에고는 존재 근거를 잃는다. 그래서 에고는 항상 새로운 불안과 문제를 만들어 낸다.

에고는 생각을 멈추지 않는다. 눈을 뜨는 순간부터 잠들기 직전까지, 미래에 대한 걱정과 과거에 대한 후회를 끊임없이 재생한다. 그 생각들은 대부분 실제 현실이 아니라 머릿속에서 만들어진 가상의 시나리오들이다. 그러나 에고는 그 가상을 마치 현실인 것처럼 느끼게 만든다. 아직 오지 않은 실패를 이미 겪은 것처럼 괴로워하고, 이미 지나간 상처를 지금 이 순간에도 다시 경험하게 한다. 이로써 인간은 현재에 존재하면서도 현재를 살지 못하는 상태에 빠진다.

에고는 '나'라는 생각과 그에 수반된 감정, 기억, 반응 들이 서로 얽히며 형성된 하나의 심리적 구조물이다. 이 구조물은 실체가 없다. 손으로 잡을 수도 없고, 고정된 형태도 없다. 그럼에도 우리는 이 구조물을 자기 자신이라고 굳게 믿는다. 이 동일시가 깊어질수록 인간은 점점 작은 자아의 감옥에 갇히게 된다. 그 감옥 안에서 세상은 경쟁의 장이 되고, 타인은 비교의 대상이 되며, 삶은 끊임없이 증명해야 할 시험이 된다. 에고와 동일시된 인간은 사랑을 조건으로 바꾸고, 행복을 결과로 미루며, 지금 이 순간을 수단으로 전락시킨다.
"이 정도면 아직 부족하다.", "조금만 더 이루면 행복해질 수 있다."
이 생각은 끝없는 내일로 삶을 밀어내는 에고의 전략이다.

그러나 우리가 잊고 있는 진실이 있다.
에고는 '나'가 아니다. 에고는 내가 세상에 적응하기 위해 사용하는 도구일 뿐이다. 하늘을 가리는 것은 구름이지, 하늘 그 자체가 아니다. 마찬가지로 생각을 만들어 내는 것은 에고이지만, 그 생각을 알아차리고 있는 '의식'이란 존재는 결코 에고가 아니다.
우리는 생각을 가지고 있지만, 생각 그 자체는 아니다.
우리는 감정을 느끼고 있지만, 감정 그 자체는 아니다.
우리는 에고를 경험하고 있지만, 에고 그 자체가 아니다.

에고를 관찰할 수 있다는 사실은 이미 그 너머에 우리가 서 있다는 증거이다. 본래의 우리는 분리된 개체가 아니라, 하나의 전체에서 파생된 의식 에너지이다. 에고 이전에도 우리는 존재했고, 에고 이후에도 우리는 존재한다. 에고는 태어나고 사라지지만, 의식은 영원하다. 에고와 동일시된 삶은 두려움 속에서 세상을 해석하지만, 의식에서 바라보는 삶은 세상을 하나의 흐름으로 인식한다. 이 흐름 속에서 우리는 피해자가 아니라 참여자이자 창조자가 된다.

에고를 없앨 필요는 없다. 다만 에고를 주인 자리에서 내려오게 할 뿐이다. 에고는 도구로 남고 의식이 운전대를 잡을 때 인생은 더 이상 비교와 생존의 전쟁이 아니라 경험과 창조의 여정이 된다. 그리고 이 지점에서 우리는 비로소 기억해 낸다.
우리는 에고의 관점에서 남과 비교해 항상 부족한 존재가 아니라, 소우주이자 알파로서 이미 그 자체로 완벽한 존재라는 사실을 말이다.

3. 에고를 분리하고 관찰하기

불교의 무아(無我) 사상은 '나'라는 고정된 실체(에고)가 없음을 깨닫고, 모든 것이 연결된 전체의 일부임을 인식하라고 가르치고 있다.
우리는 에고를 우리의 의식 에너지와 분리하는 것이 중요하다. 그렇다면 에고의 부정적 생각을 완전히 없앨 수 있을까? 그럴 수 없다.
에고의 생각은 쉽게 사라지지 않으며, 오히려 나 자신에게 마저 외면당하면 에고는 더 절망적이게 된다. 에고와 저항하며 싸우는 것은 무의미한 일이다.

우리는 단지 창조자로서의 본연을 잊지 말고, 에고의 생각들과 거리를 두어 지켜보며 그저 에고를 관찰할 뿐이다.

에고는 나의 본질이 아니다. 에고는 나를 위해 만들어진 작은 장치일 뿐이다. 따라서 에고가 떠올리는 생각과 감정들을 거리감을 두고 바라보는 것이 중요하다.

'위빠사나'는 '있는 그대로를 본다'는 뜻으로, 불교에서 가장 핵심적인 명상법 중 하나이다. 이는 감각, 감정, 생각 등 끊임없이 변화하는 모든 현상을 판단하거나 개입하지 않고, 그저 객관적으로 관찰하는 수련법이다.

현대 심리치료 기법 중 하나인 ACT는 내면의 고통스러운 생각과 감정을 회피하거나 통제하려 하지 않고, 있는 그대로 수용(Acceptance)하는 것에 초점을 맞춘다.

특히 '탈융합(Defusion)'이라는 개념을 사용하는데, 여기서 탈융합은 생각(에고)과 자신(의식)을 분리하는 것이다.

예를 들어 '나는 실패자다'라는 생각이 들 때, 그 생각과 감정을 자신과 동일시하지 않고 "지금 내 머릿속에 '나는 실패자다'라는 생각이 떠오르는구나"라고 관찰하는 것이다.

이렇게 에고를 관찰하며 바라볼 때, 우리는 에고 위에서 존재하는 상위의 식인 '창조자'가 된다.

우리는 본래 우주 에너지에서 비롯된 의식 에너지이자 내 삶의 창조자 알파이다. 우리는 에고의 동반자이자 보호자로서 에고를 관찰하고 타이르고 위로해 주면 된다. 한 걸음 물러서서 관찰하면 에고의 생각이나 감정은 내 것이 아니라 내가 도움을 줄 수 있는 하나의 존재처럼 느껴진다.

에고가 두려움을 느낄 때 그 두려움을 없애려고 싸우지 말고 그저 다정하게 바라보면 된다.

"아, 지금 에고가 두려워하는구나. 두려워하지 않아도 돼. 다 잘될 거니까."

에고가 욕심을 낼 때 그 욕심을 억누를 필요도 없다.

"아, 에고가 욕심을 내고 있구나. 그럴 수 있어. 하지만 우리는 지금으로도 충분히 행복하고, 노력하는 만큼 앞으로 더 좋은 일이 올 거야."

에고가 남과 비교할 때 자신을 비난할 필요가 없다.

"아, 다른 사람과 비교하고 있구나. 하지만 사람마다 길이 다른 것이고, 우리가 함께 걸어가는 이 길도 정말 소중하고 즐거워."

이렇게 에고를 관찰하고 위로해 주는 순간, 우리는 에고가 주는 부정적인 생각과 지배에서 벗어나게 된다. 에고에 휘둘리던 마음이 고요해지고, 집착과 두려움이 자연스럽게 풀린다. 그리고 그 자리에는 안정과 평화가 찾아온다.

에고는 작은 흔들림에도 고통을 느끼지만, 본연의 의식 에너지는 광대한 하늘처럼 고요하고 평온하다. 구름이 하늘을 손상시키지 못하듯, 에고의 감정은 우리의 본질을 흔들 수 없다.

에고에 휩싸이지 말고 에고를 관찰하여 따뜻하게 감싸안아라. 그 순간 우리는 더 이상 작은 에고가 아니라, 우주 의식으로 깨어난 알파로 존재하게 된다.

Chapter 2.   에고를 치유하고 사랑하기

1. 에고의 고통을 이해하기

많은 사람들은 현재의 삶에서 이유 모를 괴로움을 느끼며 살아간다. 문제가 없어 보이는 상황에서도 마음이 불안하고, 사소한 말 한마디에 쉽게 상처받으며, 타인의 시선과 평가에 끊임없이 흔들린다. 이러한 괴로움이 반복될수록 사람들은 상담이나 심리치료, 자기계발서, 명상, 종교 등 외부의 도움을 통해 문제를 해결하려 한다. 물론 이러한 시도들은 분명 의미가 있고, 일시적인 위로와 통찰을 제공하기도 한다.

그러나 우리가 겪는 에고의 고통 대부분은 지금 이 순간에 실제로 벌어진 사건 때문이 아니다. 그 고통의 뿌리는 훨씬 오래전, 이미 지나가 버린 과거 속에 존재한다. 어릴 적 받았던 상처, 부모와의 관계 속에서 경험한 결핍과 오해, 충분히 사랑받지 못했다고 느꼈던 기억, 인정받고 싶었지만 외면당했던 순간들, 버려질지도 모른다는 두려움 속에서 억눌렀던 감정들, 사랑받고 싶었지만 표현하지 못했던 간절함 등등 이러한 감정들은 그 당시 충분히 느껴지고 이해받지 못한 채 무의식 깊은 곳에 고스란히 남게 된다. 그리고 시간이 지나면서 그 감정들은 단순한 기억이 아니라 하나의

'자아 구조'로 굳어지게 된다.

이렇게 형성된 것이 바로 부정적인 에고, 혹은 상처 입은 자아다. 이 자아는 끊임없이 자신을 보호하려 하고, 다시는 상처받지 않기 위해 세상을 경계하며 반응한다. 타인의 말과 행동을 과도하게 해석하고, 비교와 열등감 속에서 스스로를 평가하며, 불안과 분노, 질투와 집착을 만들어 낸다.

중요한 사실은 이 에고가 만들어 내는 감정과 생각들이 '지금의 나'라고 착각된다는 점이다. 우리는 현재의 상황에 스스로 반응하고 있다고 믿지만, 실제로는 과거의 상처가 현재의 현실을 왜곡해서 해석하고 있는 것이다. 그 결과 우리는 같은 유형의 인간관계를 반복하고, 비슷한 갈등과 상처를 계속해서 경험하며, 행복해지고 싶다는 바람과는 달리 스스로를 괴롭히는 삶의 패턴 속에 머물게 된다.

에고는 끊임없이 더 많은 것을 요구한다. 더 인정받아야 하고, 더 안전해야 하며, 더 사랑받아야 한다고 말한다. 그러나 아무리 외부 조건이 충족되어도 에고의 결핍은 쉽게 사라지지 않는다. 왜냐하면 에고의 고통은 외부의 문제가 아니라, 내면에서 해결되지 않은 과거 감정의 문제이기 때문이다.

우리가 진정으로 추구해야 할 행복은 결코 에고가 원하는 만족에서 오지 않는다. 행복은 과거의 상처를 반복하는 에고를 인식하고, 그 에고와 자신을 동일시하지 않고 의식으로서 깨어날 때 비로소 가능해진다. 에고의 고통을 이해하는 것은 자신을 비난하기 위한 과정이 아니다. 오히려 그것은 지금까지 무의식적으로 나를 지배해 온 에고 내면의 구조를 알아차리

2. 에고의 감정을 치유하기

필자는 어린 시절, 눈앞에서 사고로 어머니가 돌아가시는 장면을 경험했다. 그 순간은 단순한 기억이 아니라 의식 깊숙이 각인된 트라우마로 남았고, 그 이후의 삶은 오랫동안 설명하기 어려운 고통과 슬픔 속에서 흘러갔다. 겉으로는 평범하게 성장한 것처럼 보였지만, 내면에서는 늘 불안과 공허함이 공존했다. 이유 없이 우울해지거나, 사소한 일에도 과도하게 반응하며, 사랑과 관계 앞에서 쉽게 무너졌다. 당시에는 그것이 트라우마 때문이라는 사실조차 명확히 인식하지 못했다.

성인이 된 후 나는 이 고통에서 벗어나기 위해 심리 치유, 아바타 교육, 명상, 자기계발 등 수많은 방법을 시도했다. 분명 일시적으로 도움은 되었지만, 마음 깊은 곳의 상처가 완전히 사라지지는 않았다. 마치 고요해진 것처럼 보이다가도 특정 상황이 오면 다시 고통이 되살아나는 느낌이었다. 그 후에도 나는 여러 심리학, 종교, 영성학 등의 책을 읽고 끊임없이 해결책을 찾았다.

그러던 어느 순간 해결의 깨달음을 얻게 되었다. 문제는 내 안의 에고에 있었다. 어린 시절의 트라우마로 형성된 상처 입은 에고는 여전히 내 안에서 살아 있었고, 나는 그것을 '나'라고 믿으며 그 상처에 끌려다니고 있었다. 그때부터 나는 상처받은 에고를 의식적으로 '분리'하기 시작했다. 도망치거나 없애려 하지 않고, 억누르거나 부정하지도 않고, 그저 한 발짝 물러나 그 에고의 감정을 바라보았다. 그리고 마치 오랜 시간 외면당했던 존재를 대하듯 그 감정을 들어 주고, 공감해 주고, 위로해 주기를 반복했다. "그래, 많이 무서웠구나.", "그래, 정말 외로웠겠구나.", "그래, 너무 아팠겠다."

놀랍게도 이 단순한 태도의 변화가 내면에 큰 전환을 가져왔다. 에고의 감정은 더 이상 나를 압도하지 않았고, 점점 힘을 잃고 자연스럽게 흘러가기 시작했다. 이 경험을 통해 나는 분명히 알게 되었다.

가장 중요한 것은 에고를 없애는 것이 아니라, 의식이자 창조자인 '내'가 에고와 분리되어 그 에고를 공감하고 치유해 주는 것이다.

감정 치유의 핵심은 결국 단 하나로 귀결된다.

"감정을 억누르지 않는 것."

우리는 어릴 때부터 부정적인 감정을 표현하지 말라는 교육을 받아 왔다. 울지 마라, 참아라, 강해져라.

그러나 감정을 억누르거나 무시하면 그 감정은 사라지지 않는다. 형태만 바꾼 채 더 깊은 무의식 속으로 숨어들었다가 분노, 불안, 중독, 관계 문제, 자기 파괴적인 행동 등 다른 모습으로 다시 나타난다. 억눌린 감정은 해결되지 않은 채 잠재되어 우리를 반복적인 고통의 패턴으로 이끈다.

에고의 감정이 올라올 때, 의식으로서 우리가 취해야 할 태도는 분명하다. 그 감정과 동일시하지 않고, 곁에서 조용히 지켜보는 것이다. 마치 하늘이 구름을 판단하지 않고 바라보듯, 우리는 그 감정을 있는 그대로 허용해야 한다. 이때 필요한 태도는 통제도 분석도 아닌 존재와 공감이다. 어린아이가 울고 있을 때 그 아이를 다그치거나 억지로 울음을 멈추게 하지 않듯이, 에고에게도 같은 태도가 필요하다. 안아 주고, 곁에 있어 주고, "괜찮아"라고 말해 주는 것. 이렇게 에고의 감정을 따뜻하게 바라보고 있는 그대로 받아들이면, 에고는 더 이상 저항할 이유를 잃는다. 자신이 이해받고 있다고 느끼는 순간, 감정은 자연스럽게 힘을 내려놓는다.

심리학자 칼 로저스는 이렇게 말했다.
"감정은 받아들여질 때 비로소 변하기 시작한다."
감정은 싸워서 이기는 대상이 아니다. 감정은 통제해야 할 적도 아니다. 감정은 인정받을 때 치유되고, 받아들여질 때 풀리며, 함께 있어 줄 때 사라진다. 이 치유의 과정은 단번에 끝나지 않을 수도 있다. 과거의 깊은 상처는 쉽게 사라지지 않는다. 반복적인 치유를 통해 상처를 점차 낫게 만드는 것이다. 에고의 감정을 치유한다는 것은 결국 자기 자신을 가장 깊은 차원에서 사랑하는 일이다.

3. 에고를 사랑하고 내 안의 에너지 채우기

많은 사람들은 타인에게서 사랑을 얻고, 타인의 관심과 인정 속에서 자신의 에너지를 채우려 한다. 사랑받고 싶다는 욕구, 인정받고 싶다는 마음은 인간에게 매우 자연스러운 감정이다. 그러나 이 욕구가 외부에만 의존하게 되면 그 순간부터 우리는 타인의 반응에 의해 흔들리는 수동적인 삶을 살게 된다. 상대가 나를 충분히 사랑해 주지 않는다고 느끼는 순간 마음속에는 결핍이 생긴다. 그 결핍은 집착으로 바뀌고, 불안과 두려움으로 확장된다. 상대의 말 한마디, 행동 하나에 기대와 실망이 반복되며 스스로를 잃어버리게 된다. 이러한 상태가 오래 지속되면 관계는 건강함을 잃고, 극단적인 경우 집착, 스토킹, 혹은 깊은 우울과 무기력으로까지 이어질 수 있다.

중요한 사실은 사람은 자신이 기대하는 만큼 결코 타인에게서 완전한 사랑을 얻을 수 없다는 점이다. 왜냐하면 상대 역시 자기만의 결핍과 상처를 안고 살아가는 불완전한 존재이기 때문이다. 우리가 겪는 많은 관계의 고통은 사랑의 부족이 아니라, 사랑을 외부에서만 얻으려는 방식의 문제에서 비롯된다. 이 지점에서 앞선 장에서 이야기한 '에고와의 분리'가 중요한 의미를 갖는다.

우리는 의식으로서 에고와 자신을 분리하고, 그 에고를 치유하는 동시에 사랑해 줄 수 있다. 이 과정은 외부에 의존하여 에너지를 채우기에서 벗어나, 이미 내 안에 존재하는 에너지를 다시 회복하는 일이다.

핵심은 단순하다. 내 안의 에고를 마음껏 사랑해 주는 것.

많은 사람들은 자기 자신에게 유독 냉정하다. 타인에게는 쉽게 이해와 관용을 베풀면서도, 자기 자신에게는 끊임없이 부족하다고 말하고, 더 나아져야만 사랑받을 수 있다고 믿는다. 그러나 치유는 조건에서 시작되지 않는다. 치유는 지금 내 모습 그대로를 허락하는 순간 시작된다.

"나는 지금 이 모습으로도 괜찮아."

"나는 이미 충분히 소중해."

"나는 나를 정말 사랑해."

이 말들은 단순한 긍정 확언이 아니다.

이것은 상처 입은 에고에게 건네는 가장 근본적인 치유의 언어다. 내 안의 에고를 비난하거나 에고에 종속되지 않고, 있는 그대로 인정하고 사랑해 주는 사람은 점차 내면의 에너지가 채워지기 시작한다. 그 에너지는 외부에서 빌려오는 것이 아니라, 내 안에서 스스로 생성되는 에너지다.

내면에 에너지가 충만해지면 삶의 태도는 분명히 달라진다.
더 이상 타인에게 의존하지 않게 되고, 사랑받기 위해 애쓰지 않게 된다. 타인의 시선, 평가, 인정에 과도하게 휘둘리지 않으며, 누가 뭐라고 하든 마음이 쉽게 무너지지 않는다. 혼자 있는 시간마저도 불안이 아닌 평온으로 채워지고, 자기 자신에 대한 신뢰를 통하여 내면에서 자신감이 차오른다.
이 상태에 이르면 관계 역시 달라진다. 상대에게 사랑을 구걸하지 않고, 집착하지 않으며, 함께 에너지를 나눌 수 있는 존재로 바라보게 된다. 아이러니하게도 이렇게 내면이 충만해질수록 관계는 더 건강해지고, 사랑은 자연스럽게 흐르게 된다. 내면이 사랑으로 채워진 사람은 외부의 조건과 상관없이 행복할 수 있다. 성공 여부, 관계의 변화, 타인의 평가와 무관하게 자기 자신과 함께 있는 법을 알기 때문이다. 그리고 바로 이 지점에서 우리는 비로소 타인에게 의존해 사는 것이 아니라, 진정한 내 삶의 주체자로 살아가게 된다.

자신의 에고를 스스로 사랑한다는 것은 이기적이 되는 것이 아니다. 그것은 자신의 내면 에너지를 회복하고, 세상과 건강하게 관계 맺기 위한 가장 성숙한 선택이다.

Chapter 3.

인생은 즐거운 게임

1. 에고는 캐릭터이며 우리는 플레이어다

우리는 단순히 육체를 가진 존재가 아니다. 우리는 하나의 소우주이자 이 현실을 경험하기 위해 잠시 인간의 몸을 입은 창조자인 의식이다. 이 의식은 자라나면서 에고라는 캐릭터와 동일시되어, 진정 자신이 누구인지 잊어버린 채 세상을 살아가게 된다. 그리고 우리는 평생 동안 그 에고란 캐릭터가 겪는 생각과 감정, 성공과 실패를 '나 자신'이라고 믿으며 살아간다.

이 구조를 이해하기 위해 삶을 하나의 게임에 비유해 보자.

플레이어는 게임을 시작할 때 특정 캐릭터를 선택한다. 능력치와 외형, 성향이 다른 캐릭터를 고른 뒤 그 캐릭터의 시점으로 게임 속 세계를 탐험한다.

그러나 플레이어는 안다. 캐릭터가 다치거나 죽어도 자신은 다치지 않는다는 사실을 안다. 게임이 끝나면 게임은 꺼지더라도 우리의 본질은 전혀 손상되지 않는다.

삶도 이와 다르지 않다. 우리는 '나'라는 캐릭터를 선택해 현생이라는 게임을 플레이하고 있다. 이름, 성별, 성격, 환경, 과거의 상처와 성취까지 모두 캐릭터의 설정일 뿐이다.

명상가 에크하르트 톨레는 이 사실을 단 한 문장으로 표현했다. "당신은 당신의 생각이 아니다."

우리가 하루에도 수천 번 떠올리는 생각, 끊임없이 올라오는 감정과 반응들은 모두 에고, 즉 캐릭터의 작동 방식이다. 그 생각을 바라보고 그 감정을 알아차리고 있는 무언가가 바로 진짜 나인 플레이어인 의식이다. 그러나 대부분의 사람들은 이 사실을 망각한 채 살아간다.

에고라는 캐릭터는 현실에서 벌어지는 모든 일을 생존의 위협으로 받아들인다. 실패는 곧 '내가 무가치하다는 증거'가 되고, 거절은 '버려질 위험'이 되며, 손실은 '존재의 붕괴'처럼 느껴진다. 그 결과 우리는 불안해하고, 분노하고, 두려움 속에서 고통받는다. 에고에게 삶은 너무나도 잔인하고 힘든 게임이다. 한 번의 실수로 모든 것이 끝날 것 같고, 항상 긴장하며 나를 증명하고 지켜 내야만 할 것처럼 느낀다. 이처럼 우리는 캐릭터가 겪는 고통을 자신의 본질로 착각한 채 그 무게에 짓눌려 살아간다. 끊임없는 긴장, 스트레스, 불안과 피로 속에서 말이다.

하지만 플레이어로서의 의식은 다르다. 플레이어는 이 삶의 과정을 통해 경험을 쌓고, 의식을 확장하고, 성장하기 위해 이곳에 왔다. 실패도, 상처도, 상실도 의식에게는 위협이 아니라 하나의 게임상 경험일 뿐이다. 즉, 우리는 에고라는 캐릭터가 아니라 그 캐릭터를 경험하고 있는 상위 의식이다.

캐릭터의 성공이나 실패는 우리의 본질과는 아무런 관계가 없다. 우리는 이 세상에 증명하려 온 것이 아니라 단지 경험하러 온 것이다. 이 사실을 자각하는 순간 삶을 대하는 태도는 근본적으로 바뀐다.

에고는 두려워하지만 나는 두렵지 않다.

에고는 집착하지만 나는 자유롭다.

에고는 고통받지만 나는 고요하다.

이것은 자기암시가 아니다. 의식의 위치가 캐릭터에서 플레이어로 이동했을 때 자연스럽게 드러나는 진실이다.

불경에는 이런 구절이 있다.

"일어나는 모든 일과 감정은 스쳐 가는 바람이다. 바람은 나를 다치게 하지 않는다."

감정은 불어왔다가 지나가고, 생각은 떠올랐다가 사라진다.

그러나 그 모든 것을 바라보는 의식은 언제나 그대로다.

즉, 에고의 삶에서 일어나는 수많은 사건과 감정들은 플레이어인 우리에게 그저 하나의 장면이자 단순한 경험일 뿐이다. 이러한 삶의 경험들은 우리를 파괴하지도, 우리의 본질을 손상시키지도 않는다.

삶이 행복하기 위해선 에고의 문제를 해결하는 것보다 먼저 내가 에고란 캐릭터가 아니라 삶을 가볍게 즐기러 온 의식 플레이어라는 사실을 알아차려야 한다. 이 알아차림이 에고를 치유하고, 자신을 사랑하며, 진정한 알파로서 삶의 자유로 나아가는 모든 과정의 출발점이 된다.

철학자 마르쿠스 아우렐리우스는 이렇게 말했다.

"인생은 우리가 바라보는 방식에 따라 전혀 다른 얼굴을 가진다." 이 말은 단순한 위로가 아니다. 삶을 바라보는 관점 하나가 인생 전체의 질과 무게를 완전히 바꾼다는 뜻이다.

의식인 플레이어의 시점에서 보면 시련, 실패, 상처, 손실, 이별, 심지어 죽음조차 벌을 받는 사건이 아니다. 그것들은 모두 의식을 성숙하게 만들기 위한 인생 게임 속 경험들일 뿐이다.

게임을 떠올려 보자. 캐릭터는 게임 속에서 수없이 넘어지고, 패배하고, 아이템을 잃고, 때로는 게임 오버를 맞이한다. 하지만 캐릭터가 쓰러졌다고 해서 플레이어가 죽지는 않는다. 오히려 플레이어는 그 경험을 통해 전략을 배우고, 다음 플레이를 준비하며 더 높은 레벨로 나아간다.

삶도 정확히 이와 같다. 죽음은 의식의 끝이 아니다. 죽음은 단지 에고라는 캐릭터를 통해 진행하던 게임이 종료되는 순간일 뿐이다.

영성가 로버트 먼로는 죽음을 이렇게 표현했다.

"죽음은 문 하나를 지나 다음 방으로 이동하는 단순한 과정이다."

이 관점을 이해하는 순간 죽음에 대한 두려움도 눈 녹듯 사라진다. 죽음조차도 벌이나 존재의 상실이 아니라, 하나의 전환이자 여정의 일부가 되기 때문이다.

이 관점을 이해하는 순간 삶 전체가 한없이 가벼워진다.

우리는 더 이상 삶을 감내하고 두려워해야 할 존재가 아니라, 삶의 경험을 가볍게 즐기러 온 존재가 된다. 현실에서 누군가가 나에게 모욕적인 말을 했다고 해 보자. 캐릭터인 에고는 즉시 감정적으로 반응한다.

"내가 무시당했다.", "나는 열등한 사람인가?", "저 사람 때문에 상처받았다."

그러나 플레이어는 한 발짝 떨어져 이 장면을 이렇게 바라볼 수 있다.

"지금 캐릭터가 모욕이라는 감정을 체험 중이구나. 이 경험을 통해 인내와 통찰을 배우고 있구나."

외부에서 주어진 사건은 같지만 의식의 위치가 달라지면 삶의 고통은 더 이상 고통이 아니다. 그것은 의식의 학습이자 성장의 재료가 된다.

결국 인생의 모든 경험은 캐릭터의 시점이 아니라 플레이어의 관점에서 바라보아야 한다.

플레이어는 집착하지 않는다.

플레이어는 과도하게 두려워하지 않는다.

플레이어는 실패를 인생의 끝으로 해석하지 않는다.

플레이어는 감정에 끌려가지 않는다.

플레이어는 모든 경험 속에서 의미와 배움을 발견한다.

이처럼 우리 본래의 정체성인 플레이어의 관점에서 삶을 체험하기 시작하면, 에고가 만들어 내던 부정적인 생각과 감정들은 자연스럽게 힘을 잃는다. 그 자리에 여유가 생기고, 삶을 바라보는 공간이 생기며, 조건에 휘둘리지 않는 평온과 행복이 자리 잡는다.

도덕경에서 노자는 말했다.

"무거운 것을 가볍게 여기고, 어려운 것을 쉽게 여기면 길은 자연히 열린다."

삶이라는 게임에서 지나치게 긴장하고 힘을 주어 체험하려는 태도는 우리에게 행복이 아닌 불행을 가져온다.

또한 우리가 삶을 어렵고 힘들게 생각하면, 그 생각이 미래의 부정적 현실을 창조하여 결국 더 힘든 삶을 경험하게 된다.

우리는 에고가 아니다. 창조자이자 의식인 우리는 플레이어로서 삶을 쿨하고 가볍게 경험할 수 있다. 삶의 모든 사건을 가벼운 마음으로, 열린 마음으로 바라보고, 감사하는 마음으로 받아들일 수 있게 된다.

힌두교의 '릴라(Lila)' 개념은 우주의 창조와 운행 자체가 신의 놀이임을 뜻하며, 삶의 모든 사건이 즐거움을 위한 자발적인 경험 과정임을 강조한다. 즉, 우주는 창조주가 자신의 존재를 경험하고 즐기기 위해 펼쳐 놓은 거대한 무대이며, 우리는 그 놀이에 참여하는 작은 역할을 맡은 존재다.

삶을 고통이 아닌 놀이로 바라볼 때 우리는 비로소 근원적인 진리에 가까워진다. 이처럼 우주는 우리에게 감당하지 못할 삶의 무게를 지우려 하는 것이 아니다. 이 소중하고 즐거운 삶의 경험은 우리 의식의 성숙을 위한 과정이다.

우리는 의식 플레이어로서 새로운 경험들로 가득 찬 인생을 즐기고, 의식을 성숙시키는 기회로 삼으면 된다. 결국 우리가 할 일은 인생이라는 놀이를 가벼운 마음으로 여유 있게 즐기고 마음껏 느끼는 것뿐이다.

알파

Chapter 4

모든 것은 나에게서 시작돼서 돌아온다

1. 작용·반작용의 법칙

우주는 거대한 에너지 집단이며, 에너지의 흐름과 법칙으로 움직인다. 사람들은 흔히 '행동'만이 결과를 만든다고 생각한다. 하지만 행동 이전에 언제나 생각과 감정, 그리고 말이 존재한다. 이들 역시 모두 에너지이며 각각 고유한 진동수를 가진 파동이다.

뉴턴의 운동 법칙 중 하나인 작용·반작용의 법칙은 물리학의 영역을 넘어 삶 전체에 그대로 적용된다. 내가 밖으로 보낸 에너지는 그 크기와 성질에 맞는 형태로 반드시 다시 나에게 돌아온다. 우리가 어떤 생각을 품는 순간, 그 생각은 머릿속에서만 머무르지 않는다. 생각은 파동이 되어 보이지 않는 공간으로 퍼져 나가고, 그 파동은 유사한 에너지를 끌어당긴다.

우주는 판단하지 않는다. 옳고 그름도, 선과 악도 구분하지 않는다. 그저 같은 파동에는 같은 파동으로 응답할 뿐이다.

그래서 두려움을 품은 사람은 이상하게도 두려워할 사건을 연달아 만나고, 불신을 품은 사람은 믿을 수 없는 사람들만 주변에 모이게 된다. 반대로 감사의 태도로 하루를 사는 사람은 작은 행운들을 연달아 경험하고, 사랑의 시선으로 세상을 바라보는 사람은 사랑받을 상황 속으로 흘러가게 된다.

이것은 우연이 아니다. 운이 좋고 나쁨의 문제도 아니다.

내가 내보낸 에너지가 만든 필연적인 결과다. 따뜻한 말 한마디, 진심 어린 배려, 조건 없는 감사와 사랑의 감정은 우주의 거대한 강 속으로 흘러 들어가 보이지 않는 곳에서 순환한다. 그리고 그 에너지는 사람의 모습으로, 기회의 형태로, 때로는 사건이나 깨달음으로 반드시 다시 우리의 삶에 도착한다.

반대로 부정적인 말과 행동, 무시와 원망, 질투와 증오는 겉으로는 타인을 향하는 것처럼 보이지만 사실 우리 자신을 향해 되돌아온다. 부정적인 감정이나 생각에 가장 괴로울 사람은 그 감정을 품고 있는 나 자신이다. 타인을 향해 던진 말 한마디는 부메랑처럼 돌아온다. 어떤 이는 그것을 인간관계의 문제로 경험하고, 어떤 이는 건강의 문제로, 어떤 이는 돈과 기회의 차단으로 경험한다.

형태만 다를 뿐 본질은 동일하다. 내가 보낸 에너지가 돌아온 것이다.

불교에서는 이를 "카르마(업보)"라고 부른다. 카르마는 흔히 오해되듯 벌이나 심판이 아니다. 카르마란 에너지의 불균형이 만들어 낸 자연스러운 되돌림이다. 에너지의 균형이 깨지면 우주는 다시 균형을 맞추려 한다. 그 과정에서 우리가 내보낸 원인 에너지는 같은 결과를 가져오게 되는 것이다.

이 사실을 진정으로 이해하게 되면 우리는 세상을 적으로 돌릴 수 없게

알파

된다. 타인을 쉽게 미워할 수 없게 된다. 그 사람이 아니라 내가 어떤 에너지를 내보내고 있는지를 먼저 바라보게 되기 때문이다. 질투와 원망, 증오와 복수심이 올라올 때 이 에너지가 언젠가 나에게 돌아올 것임을 자각해야 한다.

결국 삶에서 긍정적인 에너지를 내보낸 사람이 카르마로 인해 긍정적인 현실을 돌려받게 된다.

성공과 행복한 삶을 위해 긍정적으로 살아야 하는 이유가 바로 여기에 있다.

2. 이해하고 용서하라

우리는 각자 분리된 존재처럼 보이지만 실제로는 우주라는 거대한 에너지의 강 속을 흐르는 하나의 물방울에 불과하다.

개별적인 이름과 역할, 성격을 가지고 있지만 본질에서는 모두 같은 근원에서 흘러나온 에너지다. 삶은 서로 고립된 개체들의 나열이 아니다. 보이지 않는 차원에서 우리는 끊임없이 연결되고 영향을 주고받으며 하나의 거대한 흐름을 이루고 있다.

이 사실을 깊이 이해하기 시작하면 타인을 미워하기 위해 부정적 에너지를 쓰는 것이 곧 나 자신을 향해 칼을 휘두르는 행위와 같다는 것을 깨닫게 된다. 상처를 주는 말, 공격적인 감정, 증오의 시선은 겉으로는 타인을 향하는 것처럼 보이지만 결국 손상되는 것은 그 에너지를 발산한 나 자신이다.

그래서 인생에서 가장 지혜로운 태도는 상대를 이기고 복수하는 것이 아니라 미움과 증오를 내려놓는 것이다. 포용, 용서, 배려, 사랑의 태도는 도덕 교과서 속의 미담이 아니라 에너지의 관점에서 볼 때 가장 지혜로운 선택이다. 이러한 태도는 긍정적인 카르마를 만들고 그 에너지는 반드시 선한 흐름으로 다시 나에게 돌아온다. 우리는 흔히 용서를 '상대에게 베푸는 것'이라고 착각한다.

그러나 용서는 상대를 위한 행위가 아니다. 용서는 나 자신을 부정적인 에너지의 감옥에서 풀어 주는 행위다.

성경에는 이런 말씀이 있다.

"누가 네 오른쪽 뺨을 치거든 왼쪽 뺨도 돌려 대라."

"죄를 미워하되 사람은 미워하지 말라."

이 말들의 본질은 폭력에 대한 굴종이 아니라 내가 보내는 에너지의 진동을 바꾸라는 것이다. 부정적인 에너지를 부정적으로 되갚으면, 부정적인 흐름은 나에게 돌아오는 악순환이 된다. 나에게 큰 잘못을 한 상대는 자신의 카르마에 의해 스스로 응보를 받을 것이다. 하지만 내가 이미 지나간 그 일로 인해 계속 마음의 상처를 받고 부정적인 진동을 내보내면, 나에게도 더 안 좋은 영향이 오는 것이다.

이해와 용서란 상대의 행동을 정당화하는 것이 아니다. 그 사람이 옳았다고 순응하는 것도 아니다. 타인을 이해하고 용서하는 선택은 결국 타인을 위한 것이 아니라 미래의 나를 위한 선택이다.

우리가 지금 내보내는 생각, 감정, 말, 행동 하나하나는 미래의 나를 빚어내는 재료가 된다. 좋은 에너지를 세상에 흘려보내는 순간, 그 에너지는 보이지 않는 경로를 따라 순환하며 언젠가 반드시 우리의 삶을 다시 채운다. 타인을 미워하지 않고 이해와 용서를 행할 때, 내 삶의 긍정적인 카르마가 반드시 돌아오는 것이다.

3. 선한 영향력을 행사하라

선한 영향력이란 한 사람의 선의와 긍정적인 선택이 주변 사람과 환경, 더 나아가 사회 전체에까지 긍정적인 변화를 만들어 내는 힘을 의미한다. 이 힘은 눈에 보이지 않는다. 하지만 분명히 존재하며 가장 조용한 방식으로 가장 깊은 변화를 일으킨다. 선한 영향력은 어디선가 갑자기 떨어지는 거대한 기적이 아니다. 항상 한 사람의 마음 상태에서 시작된다. 그리고 그 마음은 행동과 말, 태도로 자연스럽게 드러난다.

에너지는 확산된다. 특히 따뜻한 에너지는 저항 없이 더 멀리 번져 나간다. 한 사람의 친절은 또 다른 사람의 마음을 풀어 주고, 풀어진 마음은 다시 누군가에게 여유와 배려로 전달된다. 이렇게 선한 에너지는 연쇄적으로 확산되며 보이지 않는 파동의 네트워크를 만든다.

선한 영향력은 결코 거창한 행동에서만 나오지 않는다. 오히려 대부분의 변화는 아주 사소한 선택에서 시작된다.

엘리베이터에서 마주친 누군가에게 먼저 인사하는 것,

길에 버려진 쓰레기 하나를 줍는 것,

주변 사람에게 친절한 말 한마디를 건네는 것,

도움이 필요한 사람에게 작은 손길을 내미는 것.

이 모든 행동은 겉보기에는 너무 작아 아무 의미도 없어 보일 수 있다. 그러나 우주는 '작음'과 '큼'을 구분하지 않는다. 오직 진동의 방향만을 인식할 뿐이다. 작은 선의는 누군가의 하루를 바꾸고, 그 하루의 변화는 그 사람의 선택을 바꾸며, 그 선택은 또 다른 사람의 인생에 영향을 미친다.

그래서 선한 영향력은 항상 씨앗의 형태로 작동한다. 지금 당장은 보이지 않지만 반드시 자라난다. 거리의 쓰레기를 줍는 행동은 거리를 깨끗하게 만드는 데서 끝나지 않는다. 그 행동을 본 누군가의 의식을 조금 더 깨어나게 만든다.

이렇게 작은 실천들이 쌓이면 우리 안에는 선한 마음의 습관이 형성된다. 선한 마음을 반복적으로 선택하는 사람은 자기 자신의 에고를 긍정적으로 변화시키고 유지하게 된다. 그 결과 삶은 점점 가볍고 행복해지며, 긍정적인 미래가 자연스럽게 다가온다.

선한 영향력은 작용·반작용의 법칙이 만들어 내는 가장 아름다운 순환 고리다. 개인의 선한 카르마는 그 사람의 삶을 넘어 주변 환경과 사회 전체로 확장된다. 선한 영향력은 나의 희생이나 손해가 아니다. 나의 장기적인 이익을 위해 선택하는 현명한 행위다. 선한 영향력은 이타적인 마음에서 출발하지만 결과는 항상 나 자신에게도 돌아온다.

따뜻한 시선으로 타인을 바라보고, 배려의 태도로 하루를 살며, 작은 선행을 꾸준히 반복하는 것.

이 단순한 선택이 우리가 모두 연결된 하나의 존재임을 몸으로 이해하게 만든다.

알파

결국 선한 영향력이란 세상을 바꾸기 위한 거대한 운동이 아니라 내가 어떤 파동으로 세상을 대할 것인가를 선택하는 것이다. 그리고 그 선택은 결과적으로 내 삶을 풍요롭게 만들고, 내 주변을 따뜻하게 변화시키며, 사회 전체를 밝게 물들인다. 선한 영향력은 나와 사회 전체에 행하는 가장 강력한 긍정의 에너지 법칙이다.

Chapter 5

끌어당김의 법칙으로 현실 창조

1. 끌어당김의 법칙

최근 수많은 자기계발서와 성공 철학에서 공통적으로 등장하는 개념이 있다. 바로 끌어당김의 법칙이다.

하지만 대부분의 사람들은 이 법칙을

"간절히 바라면 이루어진다", "좋은 생각만 하면 좋은 일이 생긴다" 정도로 단순하게 이해한다.

이러한 이해는 끌어당김의 법칙을 단순한 희망 회로나 자기 위안의 수준으로 격하시킨다. 그러나 끌어당김의 법칙은 결코 막연한 소망의 이야기가 아니다. 끌어당김의 법칙은 우주의 구조와 의식의 작동 원리를 관통하는 근본적인 법칙이다. 그리고 이 법칙을 올바르게 이해하고 적용하는 순간 우리는 더 이상 현실에 반응하며 살아가는 존재가 아니라, 스스로 현실을 설계하고 창조하는 존재로 이동하게 된다.

우주는 물질이 아니라 에너지다. 우리가 살고 있는 이 우주는 겉으로 보기에 단단한 물질의 집합처럼 보인다. 하지만 현대 물리학이 밝혀낸 사실은 명확하다. 이 세상은 고정된 물질로 이루어져 있지 않다. 모든 것은 에너지이며, 끊임없이 진동하고 있다. 원자, 전자, 빛, 파동, 공간 자체까지 모두가 고유한 주파수로 진동하는 에너지의 흐름이다. 우리가 만지고 보고 느끼는 현실은 그 진동이 특정한 형태로 응축된 결과일 뿐이다.

인간 역시 예외는 아니다. 우리의 몸은 물론이고, 보이지 않는 생각과 감정 또한 명확한 에너지와 진동을 가진다. 생각과 감정은 우주에 내보내는 진동 신호다. 많은 사람들은 생각을 단순한 머릿속 상상으로 여긴다. 감정 역시 개인적인 기분 정도로 치부한다. 하지만 생각과 감정은 결코 가벼운 것이 아니다. 생각은 방향을 가진 에너지이고, 감정은 강도를 가진 에너지다. 이 둘이 결합될 때 우리는 우주에 분명한 신호를 송출하게 된다. 즉 우리가 반복적으로 느끼고 생각하는 감정 상태는 우주에 보내는 주파수 신호와 같다. 그리고 우주는 이 신호를 판단하거나 평가하지 않는다. 그저 그 신호와 같은 주파수의 현실을 공명시킬 뿐이다.

우리는 우주 에너지의 일부이며, 현실을 만들어 내는 소우주이다. 다시 말해 우리는 주어진 현실에 휘둘리는 피해자가 아니라 우주와 함께 현실을 창조하는 공동 생성자이다. 이 사실을 부정하는 한, 우리는 계속해서 외부 환경과 타인의 선택에 휘둘리며 반응하는 삶을 살 수밖에 없다. 그러나 이 사실을 받아들이는 순간, 우리는 마침내 스스로 삶의 운전석으로 돌아오게 된다.

끌어당김의 법칙의 핵심은 단순하다. 같은 주파수는 공명하여 서로를 끌어당긴다. 이 원리는 감정과 현실에서도 정확하게 동일하게 작동한다.

우리가 매일같이 부족함, 두려움, 불안, 분노, 비교, 결핍에 머문다면 그 감정의 진동은 그와 같은 성질의 사건과 상황을 불러온다. 돈이 부족하다는 감정은 부족함을 확인시켜 줄 현실을 끌어오고, 사람을 믿지 못하는 마음은 불신을 증명할 인간관계를 끌어온다.

반대로 항상 감사하고 자연스럽고, 여유롭고, 안정된 상태에 있다면 바로 그 상태의 긍정적 진동이 미래의 현실을 따라오게 만든다. 즉 감사하는 마음은 행복한 결과의 보상이 아니라, 행복한 현실 창조의 출발점이 된다.

창조자는 기약 없는 미래를 기다리지 않고 내 삶을 현실에서 창조한다. 대부분의 사람들은 현실이 먼저 변해야 자신의 감정이 바뀔 수 있다고 믿는다. 하지만 창조자는 반대로 산다. 내 상태가 먼저 바뀌면 현실은 반드시 따라온다는 것을 안다.

지금 이 순간 자신이 어떤 주파수를 내보내고 살아가고 있는지 끊임없이 관찰하라. 그리고 의도적으로 감사, 확신, 여유, 풍요의 상태를 선택하라. 이것이 끌어당김의 법칙이며, 내 삶의 창조자이자 알파로서 현실을 살아가는 방식이다.

2. 이미 이루어진 것처럼 느껴라

끌어당김의 법칙을 설명할 때 많은 사람들이 "간절함"을 강조한다. 하지만 역설적이게도 간절함은 끌어당김을 방해하는 경우가 훨씬 많다. 성공을 이룬 사람들은 성공을 간절히 원한 사람들이 아니라, 자신의 성공을 한 치의 의심도 없이 확신했던 사람들이다. 간절함의 이면에는 대부분 부족함, 결핍, 아직 이루어지지 않았다는 인식이 깔려 있기 때문에 결국 부

  알파

정적인 현실만 끌어당긴다. 이 원리는 종교와 철학, 그리고 오래된 지혜 속에서도 이미 반복해서 이야기되어 왔다.

성경에도 이런 구절이 나온다.

"무엇이든지 기도하고 구하는 것은 받은 줄로 믿으라. 그리하면 너희에게 그대로 되리라."

이 문장에서 가장 중요한 표현은 "이미 받은 줄로 믿으라"이다. 믿음이란 희망이 아니라 상태다.

많은 사람들은 '믿는다'는 말을 미래에 대한 희망이나 기대 정도로 이해한다.

"언젠가는 잘될 거야.", "아마도 이루어지겠지."

하지만 이것은 믿음이 아니다. 이것은 기대이자 소망이며, 동시에 불안한 마음이다. 성경에서 말하는 믿음은 원하는 미래를 소망하고 기다리라는 수동적인 의미가 아니다. 미래의 이루어진 감정을 현재로 끌어와 이미 확정된 사실처럼 받아들이는 적극적이고 긍정적인 상태를 의미한다. 즉 '앞으로 받을 것이다'가 아니라, '이미 받았다'는 확신의 긍정적 감정 상태다.

끌어당김의 법칙은 바로 이 지점에서 작동한다. 끌어당김의 핵심은 현재의 감정 상태이다. 끌어당김의 법칙에선 현재의 생각과 감정이 중요하다. 현재의 긍정적인 생각과 감정만이 자신이 원하는 미래를 끌어오기 때문이다.

이미 이루어진 사람은 조급하거나 불안해하지 않는다.

이미 풍요로운 사람은 집착하거나 두려워하지 않는다.

그의 내면에는 여유가 있고, 안정이 있고, 자연스러운 감사와 기쁨이 흐른다. 그리고 바로 이러한 여유, 안정, 감사, 기쁨이야말로 원하는 현실을 만들어 내는 가장 강력한 진동 에너지다.

우리는 목표를 설정할 때 자주 이런 태도를 취한다.

"정말 성취하고 싶다.", "언젠간 해낼 수 있겠지."

하지만 이런 불안과 의심의 태도는 목표를 멀어지게 만든다. 중요한 것은 확실하고 긍정적인 태도와 감정이다. 목표를 정했다면 그 목표가 마치 원래부터 내 것이었던 것처럼 자연스럽게 느끼는 태도가 필요하다.

억지로 믿으라는 말이 아니다. 자신을 속이면서 긍정하라는 말도 아니다. 그저 "이건 이미 내가 소우주로서 내 삶을 스스로 창조하는 현실이다"라는 차분한 확신의 상태를 유지하는 것이다.

의심은 가장 강력한 방해 신호다.

"과연 될까?", "혹시 실패하면 어쩌지?", "이번에도 안 되면?"

이 질문들은 논리적으로는 합리적으로 보인다. 하지만 현실을 창조하는 우주 진동의 관점에서 보면 이 질문들은 매우 치명적이다. 의심과 불안은 '아직 이루어지지 않은 상태'를 지속적으로 상기시키고 의심의 진동을 내보낸다. 그리고 우주는 그 불안한 상태를 그대로 반영해서 부정적인 미래를 현실화한다.

철학자 괴테는 이렇게 말했다.

"믿음이 없는 곳에는 기적이 있을 수 없다."

확신을 가진 상태에서만 현실의 흐름이 열릴 수 있다는 뜻이다. 믿음은 현실을 완전히 무시하는 맹신이 아니다. 미래보다 한 단계 앞서 스스로 현실을 창조하려는 적극적인 의식의 위치다.

알파

내비게이션을 생각해 보라. 우리는 여행을 떠날 때 자동차 내비게이션에 목적지를 설정한다. 우리는 그 목적지에 도착하지 못할까 봐 의심하거나 불안해하지 않는다.

"혹시 길이 틀리면 어떡하지?", "정말 도착할 수 있을까?"

이런 생각을 하지 않는다. 이미 확실한 도착이 전제되어 있기 때문이다. 여기서 목적지가 바로 우리의 목표다. 그리고 내비게이션은 우주가 인도하는 현실창조의 경로이다. 우리는 모든 길을 미리 알 필요가 없다. 중간에 돌아갈 수도 있고, 막히는 길을 만날 수도 있다. 하지만 목적지만 제대로 설정되어 있다면 결과는 반드시 우주가 이끌어 준다. 그래서 우리는 흔들리지 않고, 조급해지지 않으며, 의심하지 않는다.

이미 이루어진 사람처럼 느끼는 것은 상상을 현실로 착각하라는 말이 아니다. 의식과 감정의 위치를 미래에 대한 수동적인 불안한 소망이 아니라, 내가 능동적으로 창조하는 긍정적인 현실로 옮기라는 말이다.

이미 이루어진 것처럼 생각하고, 느끼고, 노력하라.

그것이 내 삶을 스스로 창조하는 방법이다.

3. 행동으로 확신을 만들어라

끌어당김의 법칙을 오해하는 사람들이 가장 자주 빠지는 함정이 있다. 바로 생각과 감정만 있으면 현실이 알아서 바뀐다고 믿는 것이다. 이미 이루어진 것처럼 느끼는 태도는 중요하다. 그러나 그 태도만 있고 아무 행동도 하지 않는다면 원하는 현실은 절대 끌려오지 않는다.

끌어당김의 법칙은 '가만히 있어도 우주가 대신 해 준다'는 법칙이 아니다. 이 법칙은 의식과 행동이 일치할 때 비로소 작동하는 법칙이다.

목적지를 설정한 내비게이션이 있어도 결국 운전은 내가 해야 한다. 우리는 목적지를 설정하면 자동차 내비게이션이 길을 안내해 준다. 하지만 내비게이션이 아무리 완벽해도 내가 운전석에 앉지 않으면 차는 결코 움직이지 않는다. 엑셀을 밟는 것도, 방향을 틀어 주는 것도, 정체 구간을 통과하는 것도 모두 운전자의 몫이다.

목표 역시 마찬가지다. 목표를 설정하고, 우주의 흐름을 믿는다고 해도, 현실 세계에서 그에 따른 노력이 없다면 그 목표는 결코 현실로 다가오지 않는다.

또한 사람은 자신이 아무 행동도 하지 않으면 결코 스스로를 믿을 수가 없다. 행동하지 않는 순간 내면 깊은 곳에서는 이미 불안과 의심이 스며들기 시작한다.

"이래서 정말 되겠어?", "내가 노력을 안 해도 이루어지는 게 맞나?"

이 질문들은 노력이 없는 곳에서 생겨난다.

노력하지 않는 사람은 사실상 자신의 성공을 온전히 확신하기 힘들다. 그래서 불안이 올라오고, 의심이 반복되고, 확신은 점점 흔들린다. 그리고 그 불안과 의심의 진동이 현실에 그대로 반영된다.

이때 사람들은 말한다.

"끌어당김의 법칙은 효과가 없다."

그러나 실제로는 법칙이 실패한 것이 아니라, 자신의 의식과 행동이 분리되어 있었던 것이다.

알파

미래의 시점에서 현재의 행동을 선택하라.

진짜 중요한 질문은 이것이다.

이미 이루어진 미래의 나의 시점에서 보았을 때,

"지금 현재의 나는 어떤 노력을 하고 있을까?"

이 질문은 막연한 상상이 아니다. 나의 행동을 자극시키는 강력한 기준이다.

이미 목표를 이룬 미래의 나의 입장에서 오늘 어떤 선택을 했을까?

현재 어떠한 행동을 반복했을까?

지금 어떤 공부를 했고, 어떤 사람을 만났을까?

그 답을 지금 현실에서 하나씩 실행에 옮기는 것이다. 행동이 확신을 만들고, 확신이 더 강한 진동을 만든다.

이 과정이 반복되면 확신했던 현실이 만들어진다.

확신의 감정과 그에 맞는 행동이 일치할 때, 우주는 그 주파수에 맞는 현실을 자연스럽게 펼쳐 준다. 이것이 현실 창조의 가장 기본적인 원리다.

우리는 우주의 일부이며, 동시에 스스로의 삶을 창조하는 존재다. 그리고 이 사실을 태도와 행동으로 일치시키는 순간, 우리의 인생을 원하는 대로 이룰 수 있다. 이것이 끌어당김의 법칙으로 삶 전체를 변화시키는 방법이다.

4. 끌어당김의 법칙 활용하기
─ 생각, 감정, 행동 일치시키기

끌어당김의 법칙을 효과적으로 사용하기 위해서는 세 가지 요소의 일치가 필요하다.

1) 생각(의식): 진정으로 원하는 것을 명확히 선택한다

- **핵심**: 생각은 현실 창조의 '목적지 설정' 단계이다.
당신이 원하는 목표를 모호하게 설정하는 것이 아니라 구체적이고 명확하게 상상하고 선택해야 한다.

- **주의점**: "나는 월급 받으며 일하지 않는다"처럼 원치 않는 것이 아니라, "나는 경제적 자유를 얻는다"처럼 원하는 것에 집중해야 한다. 우주는 '하지 않겠다'는 부정형을 잘 인식하지 못하고 초점을 맞춘 에너지에만 반응하기 때문이다.

"나는 경제적 자유를 얻겠다" 같은 미래형이 아니라, "나는 경제적 자유를 얻고 있다" 처럼 이미 이루어진 현재형으로 선언을 해야 한다. 우주의 입장에선 현재와 미래의 시간관념이 없다. 미래형으로 선언은 오히려 현재는 이루지 못한 상태라는 부정적 확신이 돼서 이루어지지 않는 현실이 끌려오게 된다.

"나는 로또에 당첨된다"처럼 너무 과장되거나 노력을 요하지 않는 목표는 끌려오기가 어렵다. 이는 마치 자동차 내비게이션에 달나라로 목적지를 정하는 것과 같다. 이러한 과장된 목표는 자기 스스로에게도 의심이 들 것이며, 우주의 입장에서 목적지에 도달하기 위한 경로 설정이 무척 어렵

알파

기 때문이다.

그리고 목표를 설정할 때는 내가 진정으로 원하는 것을 선택해야 한다. 그래야 중간에 의심하거나 포기하지 않고 끝까지 노력해서 도착할 수 있다.

2) 감정(진동): 이미 이루어진 것처럼 충분히 느낀다

- 핵심: 감정은 현실 창조의 '발신 신호'이자 가장 강력한 진동 에너지이다. 단순히 생각만으로는 원하는 현실을 끌어오기엔 부족하다. 이미 목표가 이루어졌을 때 느껴지는 기쁨, 감사, 여유, 안정 같은 감정을 현재에 실제로 느껴야 한다. 이때 너무 인위적인 느낌이 아니라 자연스러운 느낌이 중요하다. 이미 목표가 이루어진 상태를 느껴야 하기에 조바심이나 집착의 감정이 아니라, 조금은 담담하고 여유 있는 상태에서 감사와 평온한 행복을 느끼는 것이다.

3) 행동(실천): 확신 속에서 노력으로 움직인다

- 핵심: 끌어당김의 법칙은 '가만히 앉아 바라기만 하는 것'이 아니다. 생각과 감정, 행동을 일치시키는 것이 중요하다. 당신이 목표가 이미 이루어졌다고 확신하는 상태에서 그 목표를 성취한 미래의 내가 되기까지 지금의 현실에서 어떤 노력을 하였을지 생각하고 실천하는 단계가 필요하다. 노력은 목표 달성을 위한 수단이기도 하지만, 가장 중요한 역할은 스스로의 믿음과 확신을 100%로 끌어올리게 만들어 준다. 노력하지 않는다

면 잠재의식 속의 불안과 의심이 강해지고 부정적인 진동을 일으켜 목표
한 현실을 가져오기 힘들어진다.

예를 들어 보자

"나는 정말 멋지고 매력 있는 이성을 미래에 사귀고 있다"라고 구체적인
목표를 설정하고, 사귀고 있을 때의 긍정적인 느낌을 현실로 가져와서 자
연스럽게 느껴야 한다.
행복감과 기쁨, 만족감, 담담함 등의 감정들을 느끼며 감정의 주파수가 우
주와 공명하여 현실로 끌어당겨지게 계속 신호를 보내 줘야 한다.
그리고 미래의 목표를 이룬 내 자아에게 현실에서 어떤 노력을 했을지 물
어보며 그 노력을 현실에서 꾸준히 수행해야 한다. 집에만 앉아 있는 게
아니라 소개팅을 받고, 모임에도 나가 보고, 헌팅도 도전하는 등 목표에
도달하기 위한 여러 노력을 해 보는 것이다.

물론 중간에 많은 실패도 하고 지치기도 할 것이다. 우리가 내비게이션에
목적지를 친다고 다 빨리 도착하지 않는다. 목표가 클수록 현재 내 위치
에서 목적지까지 거리가 멀어져 도착 시간은 늘어나는 것이다.
그때 "역시 난 안 되는 구나", "이게 되겠어", "내 주제에 그냥 적당히 만나
자" 등으로 중간에 목표를 바꾸거나 포기하면 결국 잘 가고 있다가 중간
에 내비게이션의 경로를 이탈하는 꼴이 된다. 길이 좀 멀고 차가 막힌다
고 해서 중간에 포기하거나 되돌아가는 것은 내 삶을 창조하는 알파의 삶
이 아니다.

당연히 도달하게 될 목표가 조금 늦어지는 것뿐이다. 쉽게 안 이루어지면 더 열심히 다방면으로 노력하면 되는 것이다.

남들이 소개팅을 한 번 할 때 나는 5~10번을 하는 식으로 기회 창출의 횟수도 늘려 보고,

스스로 자신감을 가지기 위해 능력도 기르고,

운동, 옷차림, 피부 등 자기 관리에도 신경을 쓰고,

이성의 마음을 이해하기 위해 연애나 심리 관련 서적도 읽는 등등 이렇게 포기하지 않고 여러 노력을 다방면으로 기울이다 보면 결국 목표는 이루어지는 것이다.

결국 내가 진심으로 원하는 목표를 설정하고,

목표를 이룬 긍정적 감정을 현실에서 먼저 충분히 느끼고,

그 목표를 위해 실현 가능한 노력을 포기하지 않고 여러 방면으로 꾸준히 하다 보면,

결국 목표한 현실이 당연히 끌려오게 된다.

이게 내 삶의 창시자인 알파로서 현실을 창조하는 원리이다.

Chapter 6. 내 안의 행복

1. 행복에 대한 착각

인생에서 가장 큰 착각은 행복은 '무언가를 더 얻은 후에야' 가능한 상태라는 믿음이다. 이 착각은 너무 자연스러워서 대부분의 사람들은 그것을 의심조차 하지 않는다.

사회는 어릴 때부터 이렇게 가르친다. 더 잘해야 하고, 더 가져야 하며, 더 높은 곳에 올라가야 한다고.

그래서 우리는 조건을 하나씩 쌓아 올린다. 이 정도면 아직 부족하고, 저 정도가 되어야 비로소 만족할 수 있을 것 같고, 그 선을 넘어서야 행복해질 수 있다고 믿는다.

그러나 그 선은 한 번도 고정된 적이 없다. 도달하면 곧바로 다음 조건이 생긴다. 이것이 바로 착각의 본질이다.

행복을 조건으로 만들어 버리는 순간, 행복은 영원히 도달할 수 없는 대상이 된다. 조건은 끝이 없기 때문이다.

우리는 흔히 말한다.

"지금은 힘들어도 나중에 편해지기 위해서야." 하지만 '나중'은 늘 미래로 밀려난다.

행복을 미래에 기대는 순간, 지금 이 순간의 삶은 늘 불완전해지는 것이다. 오늘이 힘든 사람은 내일도 같은 방식으로 힘들어할 뿐이다. 왜냐하면 문제는 상황이 아니라 상황을 대하는 마음의 구조이기 때문이다.

대부분의 사람들은 자신이 불행한 이유를 외부에서 찾는다.

돈이 부족해서, 환경이 나빠서, 능력이 아직 부족해서, 기회가 오지 않아서라고 말한다.

그러나 더 깊이 들어가 보면 그 모든 이유의 바탕에는 하나의 공통된 믿음이 깔려 있다.

"지금의 나는 아직 완전하지 않다.", "지금의 나는 아직 부족하다."

이 믿음이 바로 우리를 끊임없이 불안하게 만드는 정체다.

사람들은 종종 이렇게 생각한다.

"이 부족함을 채우기만 하면 나는 편안해질 수 있을 거야.", "조금만 더 벌면 행복해질 수 있어.", "이 일만 끝나면 마음 편해질 거야.", "성공만 하면 그때는 웃을 수 있겠지."

하지만 부족함을 느끼는 마음 자체가 사라지지 않는 한 채움은 결코 끝나지 않는다.

불교에서는 행복을 "욕망이 사라진 마음의 고요함"이라 설명한다.

이는 아무것도 가지지 말라는 말이 아니다. 무언가를 가져야만 행복할 수 있다는 강박에서 벗어나라는 뜻이다.

욕망 그 자체가 문제는 아니다. 문제는 욕망이 충족되지 않는 지금 이 순간을 불행하다고 규정해 버리는 마음이다.

우리는 욕망 때문에 고통받는 것이 아니라, 욕망이 충족되기 전까지는 행복해져서는 안 된다고 믿기 때문에 고통받는다.

이것이 에고의 작동 방식이다. 에고는 항상 결핍을 기준으로 자신을 정의한다.

나는 아직 부족하고, 나는 아직 증명되지 않았고, 나는 아직 도달하지 못했다는 이야기.

에고는 '아직'이라는 단어로 현재를 끊임없이 부정한다. 그래서 에고가 강할수록 우리는 현재를 살지 못한다. 지금의 삶은 항상 임시 상태가 된다. 진짜 삶은 나중에 시작될 것처럼 느껴진다.

하지만 삶은 결코 나중에 시작되지 않는다. 삶은 늘 지금 여기서만 일어난다.

가장 큰 착각은 성공하면 마음이 바뀔 것이라고 믿는 것이다. 돈이 많아지면, 지위가 올라가면, 인정받으면, 불안이 사라질 것이라고 믿는다.

그러나 현실은 정반대다. 먼저 마음이 바뀌지 않으면 아무것도 바뀌지 않는다. 불안한 마음으로 성공한 사람은 성공 속에서도 불안하고, 결핍의 마음으로 부자가 된 사람은 부 속에서도 결핍을 느낀다. 외부의 성취는 내면의 상태를 증폭시킬 뿐 결코 마음을 바꾸어 주지는 않는다. 그래서 어떤 사람들은 모든 것을 이루고도 공허하다. 그들이 실패해서가 아니라, 행복을 잘못된 곳에서 찾았기 때문이다.

행복은 미래에 있는 것이 아니다.

행복은 소유의 결과도 아니다.

행복은 외부 조건이 아니라 내부 인식의 전환이다.

지금 이 순간을 '부족한 상태'가 아니라, '괜찮은 상태'로 바라보는 긍정적 시선의 전환이다. 그 전환이 일어나는 순간, 삶은 더 이상 견뎌야 할 과정이 아니다. 삶은 행복한 경험 그 자체가 된다.

행복은 지금 이 순간을 있는 그대로 허용하는 힘이다.

불완전한 나 자신을 허용하고, 완벽하지 않은 삶을 허용하고, 아직 이루지 못한 미래를 허용하는 상태이다.

그 상태에서 마음은 더 이상 싸우거나 도망치지 않는다.

그 순간 삶은 바뀌지 않아도 삶을 대하는 나의 태도는 바뀐다. 그리고 그 변화는 어떤 외부의 어떤 성공보다도 더 깊고 지속적인 행복을 가져온다.

2. 지금 이순간 행복을 선택하기

필자는 20대부터 성공을 꿈꾸며 정말 바쁘게 살아왔다. 수많은 분야의 책들을 읽고, 매일 5시간씩 재테크와 책 정리를 하고, 낮에는 수의사 공부와 일을 하고, 저녁과 주말에는 종잣돈을 모으기 위해 하루 종일 과외를 다니며 15년간을 살았다. 미래의 성공이란 꿈과 열망이 있기에 현재를 희생한다고 생각하고 버티었지만, 다신 절대 그때로 돌아가고 싶지 않다.

노력의 시간이 힘들어서가 아니라 당시 내 마음속에서 행복을 선택할 수 없었다. 그 당시 난 미래의 성공만을 위해 노력하였을 뿐, 현재를 행복하기 위한 노력을 하지 않았다.

톨스토이는 말했다.

"진정한 행복은 미래에 있는 것이 아니라 지금 이 순간에 있다."

나는 그 말을 뒤늦게야 깊이 이해하게 되었다. 그래서 20대의 내가 지금은 너무 안타깝다.

미래의 성공을 위하여 현재의 시간들을 무조건 희생한다고 생각하면 하루하루가 버티어 내야 하는 지옥같이 힘든 삶이 된다. 내 꿈을 위해 현재의 노력을 즐기며 하루하루 더 나은 내가 된다고 생각하고 받아들이면, 벅찬 하루하루에 감사하며 행복한 삶이 된다. 같은 현실을 살아도 내 스스로 현실을 어떻게 정의하느냐에 따라서 행복과 불행을 선택할 수 있는 것이다. 결국 행복은 현실의 순간순간을 내가 어떤 마음가짐으로 받아들이는지에 달려 있다.

과거의 내 목표는 경제적인 자유였다면, 현재 내 삶의 목표는 세상 누구보다도 행복한 하루를 살아가는 것이다.

커다란 경제적인 자유는 수많은 사람들과 경쟁해야 하기에 정말 쉽지 않은 일이고, 설령 그 목표를 달성한다고 해도 행복이 따라오는 건 아니다. 하지만 나의 행복은 내 안에서 만들어지는 주관적인 마음이기에 누구랑 경쟁할 필요도 없다. 세상 누구보다 행복하기는 얼마든지 지금 이 순간에도 가능한 것이다. 우리의 인생의 목적은 미래의 성공이 아닌 현실의 행복임을 잊지 말아야 한다.

필자는 34살 때 믿었던 친구에게 사기당하여 10년 동안 시간을 쪼개어 가며 악착같이 모은 돈을 잃어버리고 죽고 싶었던 적이 있었다. 그 당시 부정적인 생각들을 한시라도 잊기 위하여 하루 종일 명상을 하고 밤낮없이 일을 하였다.

어느 봄날 밤의 일이었다. 그날도 일과 과외를 마치고 돌아오던 길에 마음을 다잡기 위해 명상을 하며 걷고 있었다. 아파트 단지에서 하얀 벚꽃잎들이 무수히 내리고 있었고 명상으로 고요해진 마음으로 이를 바라보는데 너무 아름답고 행복하여 눈물이 멈추질 않았다.

그 순간 인생의 행복은 바로 이 순간에 있다는 걸 깨달았다.

슬픈 과거는 이미 지난 일이고, 두려운 미래는 오지 않은 일이니, 결국 우리가 실제로 마주치는 이 순간에 행하는 생각과 감정만이 불행과 행복을 선택하는 것이다.

행복은 이처럼 멀리 있지 않다. 행복은 사실 아주 단순하다.

행복은 가진 양이 아니라 지금 가진 것을 바라보는 방식에서 시작된다.

호흡에 집중하는 순간 생기는 고요함, 햇살이 스치는 순간 느껴지는 따뜻함, 맛있는 음식이 입안에 차오르는 기쁨, 샤워하며 느껴지는 상쾌함, 내가 건강하게 살아 있다는 사실에서 오는 감사, 이웃들에게 미소 지으며 인사를 건네는 여유 등 이런 것들이 모두 행복의 형태다.

행복은 거창한 성취가 아니라 우리 삶 속 작은 순간들의 합이다.

불교의 일체유심조는 "모든 것은 내 마음이 만들어 낸 그림자"라고 말하고 있다.

즉 현실은 고정된 실체가 아니라 마음이 만들어 낸 인식의 결과이니 현실의 행복도 불행도 모두 내 마음에 따른 것이라는 뜻이다.

철학자 에픽테토스는 말했다.

"행복은 원하는 것을 얻으려는 것이 아니라 현재 가진 것을 사랑하는 것이다." 행복은 멀리서 찾을 필요가 없다. 행복은 내가 서 있는 지금 여기에 이미 존재한다. 그 존재를 내가 알아차리기만 하면 된다. 행복은 외부 조건과 무관하다. 행복은 내면의 숨결처럼 지금 여기에 피어난다. 행복은 내가 지금 선택할 수 있는 감정이다. 내가 오늘 이 순간 긍정적인 감정들로 행복을 선택할지, 부정적인 감정들로 불행을 선택할지는 오로지 내가 정하는 것이다.

행복은 기다리는 것이 아니라 선택하는 것이다.

행복은 조건이 아니라 태도다.

행복은 미래가 아니라 지금 이 순간의 마음 상태다.

행복은 이미 우리 안에 있다.

우리는 그저 내면에 가득한 행복을 지금 이 순간 선택하기만 하면 된다.

Chapter 7.　　　　　　**행복을 위한 실천**

행복의 원리를 안다고 해서 그것이 곧바로 삶으로 이어지는 것은 아니다. 이해와 실천 사이에는 언제나 긴 시간이 놓여 있다. 일상에서 행복을 선택하는 긍정적 태도를 습관적으로 만들기까지는 생각보다 많은 시간과 의식적인 노력이 필요하다. 특히 지금까지 삶을 부정적인 관점으로 살아왔던 사람이라면 그 변화는 더욱 어렵게 느껴질 수밖에 없다. 오랜 시간 몸에 밴 생각과 감정의 방향은 하루아침에 바뀌지 않기 때문이다.

대부분의 사람들은 삶의 시간 대부분을 돈을 버는 일에 쏟는다. 물론 생계를 위한 노력은 중요하다. 그러나 문제는 어느 순간부터 수단이 목적이 되어 버렸다는 데 있다. 주객이 전도된 삶이다. 돈은 삶을 살아가기 위한 도구일 뿐, 삶의 목적 그 자체가 될 수는 없다. 인생의 목적은 돈이 아니라 삶의 행복에 있다. 그럼에도 우리는 아이러니하게도 돈을 벌기 위해서는 수많은 시간과 노력을 기꺼이 투자하면서, 행복해지기 위해 얼마나 노력하고 있는지에 대해서는 좀처럼 돌아보지 않는다.

행복은 저절로 유지되지 않는다. 그 역시 하나의 훈련이 필요하다. 의식적으로 마음을 관찰하고, 감정을 다스리고, 현재에 머무르는 연습을 해야 한다. 하루 중 문득문득 부정적인 생각들과 감정들이 나타날 때 이를 알아차리고 관찰하고 조용히 흘려보내야 한다. 에고의 부정적인 생각과 감정들이 비어진 곳에서 행복은 조용히 피어난다.

우리는 하루의 시간들 가운데 일부를 '더 잘 살기 위해'가 아니라, '지금 이 순간을 더 온전히 느끼기 위해' 사용할 필요가 있다. 행복해지려는 노력이 조금씩 습관이 될 때, 그 노력은 어느 순간 눈에 띄는 결실을 맺기 시작한다. 크게 달라진 것 같지 않은 하루 속에서도 어제보다 조금 더 편안해진 나, 조금 더 여유로워진 나를 발견하게 된다. 그렇게 우리는 어제보다 조금 더 행복한 사람으로 오늘을 살아간다. 그리고 그 작은 차이들이 쌓여 결국 삶 전체의 방향을 바꾸게 된다.

삶의 행복은 단번에 도달할 수 있는 것이 아니다.
지금 이 순간을 긍정적인 생각과 감정들로 수용하려는 꾸준한 연습의 결과이다.

1. 운동과 건강

행복은 분명 마음에서 시작된다. 그러나 그 마음이 머무는 자리는 결국 몸이다. 몸은 마음의 그릇이며, 그 그릇이 약해지면 아무리 좋은 생각과 깨달음도 오래 담아 둘 수 없다. 건강한 몸은 건강한 마음을 지지하고, 건강한 마음은 더 깊고 풍요로운 삶을 가능하게 한다. 몸이 약해지면 마음도 쉽게 흔들린다. 작은 피로에도 짜증이 늘고, 사소한 자극에도 감정이 요동친다. 집중력은 떨어지고, 의지는 약해진다.

 알파

동서양의 지혜는 오래전부터 이 사실을 알고 있었다. 선승들은 명상만 하지 않았다. 걷고, 절하고, 호흡을 다듬으며 몸 수행을 병행했다. 몸을 움직이는 수행 없이 깊은 마음의 고요에 도달할 수 없다는 것을 알았기 때문이다. 몸이 고요해질 때, 마음도 고요해진다.

불교에서는 "신체와 마음은 둘이 아니며 하나다"라고 말한다. 몸과 마음을 분리해 생각하는 것은 편의적인 구분일 뿐, 실제로 둘은 끊임없이 영향을 주고받는 하나의 시스템이다.

서양 철학자 스피노자 역시 "몸의 힘이 증가하면 영혼의 힘도 함께 증가한다"고 말했다.

운동이 단순히 근육을 키우고 체중을 조절하는 행위에 그치지 않는 이유가 여기에 있다. 운동은 신체를 단련하는 동시에, 정신과 삶의 전체적인 에너지를 끌어올린다. 그래서 운동을 꾸준히 하는 사람은 외형뿐 아니라 태도와 시선, 삶의 리듬 자체가 달라진다.

과학 또한 이를 뒷받침한다. 운동을 하면 뇌에서는 다양한 화학물질이 분비된다. 엔도르핀은 기쁨과 쾌감을 느끼게 하고, 세로토닌은 마음을 안정시키며 평온함을 준다. 도파민은 동기와 성취감을 높이고, 노르아드레날린은 우울감을 줄이며 활력을 끌어올린다. 이것은 곧 운동이 자연이 준 최고의 항우울제이자, 가장 안전한 행복 생성 장치라는 뜻이다. 외부 자극이나 약물에 의존하지 않고도 우리 몸은 스스로 행복을 만들어 낼 수 있는 시스템을 이미 갖추고 있다.

불안과 우울은 종종 마음의 문제로만 여겨지지만, 실제로는 몸 안에 정체된 에너지와 흐르지 않는 감정에서 비롯되는 경우가 많다. 오래 앉아 있고, 움직이지 않고, 생각만 반복할수록 그 에너지는 안에서 뭉친다.

그 결과 생각은 무거워지고, 감정은 더 깊은 수렁으로 빠진다. 운동은 그 정체된 에너지를 순환시킨다. 몸을 움직이면 감정도 함께 움직인다. 머릿속을 가득 채우던 잡념은 자연스럽게 흩어지고, 과거와 미래로 흩어져 있던 마음은 다시 지금 이 순간으로 돌아온다. 그래서 운동은 가장 현실적인 명상이며, 가장 즉각적인 마음 훈련이다.

우리는 주기적인 운동을 통해 스트레스 지수를 낮추고, 행복 지수를 높여야 한다. 건강은 한번 잃어버리면 회복하는 데 오랜 시간이 걸린다. 그래서 행복을 오래 유지하길 원한다면 운동과 건강 관리가 필수이다.

2. 명상

행복의 가장 큰 장애물은 바로 에고의 생각이다. 에고는 끊임없이 생각을 만들어 내며, 우리를 과거와 미래로 끌고 간다. 과거의 후회, 미래의 불안, 타인과의 비교, 상처받은 자존심과 증명 욕구는 모두 에고가 만들어 낸 이야기들이다.

이 잡념들은 쉬지 않고 흐르며 우리의 주의를 빼앗고, 지금 이 순간을 살지 못하게 만든다. 우리가 불행하다고 느끼는 대부분의 시간은 사실 마음이 현재에서 벗어나 있을 때다. 몸은 여기 있지만 마음은 이미 지나간 과거에 머물러 있거나, 아직 오지 않은 미래를 걱정하고 있다. 그 순간 우리는 현실이 아니라 생각 속에서 살아간다. 그리고 그 생각들은 대개 부정적인 감정을 동반한다.

명상은 이 흐름을 끊는 훈련이다. 명상의 본질은 지금 이 순간에 집중하는 훈련이다. 명상을 통해 우리는 부정적인 생각들이 떠오르면 의도적으로 인식해야 한다. 그리고 조용히 생각들을 관찰하고 흘려보낸다.

현재에 머무르는 순간, 과거의 후회도 미래의 불안도 힘을 잃는다. 지금 이 순간에는 아무 문제도 존재하지 않기 때문이다. 그 단순한 현존 속에는 놀랍게도 평안과 고요함이 있다.

명상은 단순히 앉아서 눈을 감는 시간이 아니다. 그것은 삶의 태도를 바꾸는 훈련이다. 걷는 동안 걷는 것을 느끼고, 먹는 동안 맛과 감각에 집중하며, 말하는 동안 자신의 말과 감정을 알아차리는 것 역시 모두 명상이다. 이렇게 현재에 머무르는 시간이 늘어날수록 삶은 덜 흔들리고, 감정은 안정된다. 에고의 소음이 잠잠해지고, 우리가 다시 현재와 연결될 때 행복은 자연스럽게 드러난다.

1) 호흡 명상

에고가 걱정으로 가득 찬 미래나 후회로 가득 찬 과거로 도망치려 할 때, 의도적으로 그 흐름을 끊고 '현재 순간'의 호흡에 집중하자. 호흡에 집중할 때 우리는 에고가 만든 생각과 감정에서 즉각적으로 벗어나, 지금 이 순간의 고요함과 안정감을 회복할 수 있다.

하루에도 자주 이 호흡에 집중하여 생각을 비우고 마음을 차분히 유지하

라. 일상에서 호흡 명상이 습관화되게 계속 연습해야 한다. 처음에는 계속 에고의 잡념이 들어와서 방해할 것이다. 잡념을 있는 그대로 관찰하고 흘려보내면서 다시 호흡에 집중하기를 반복하다 보면 마음의 고요함을 느낄 수 있다.

방법

- **멈춤**: 하던 일을 잠시 멈추고 눈을 감거나, 시선을 한곳에 고정한다.
- **집중**: 온 주의를 호흡의 물리적 감각에 집중한다. 들이마실 때 배가 부풀고 내쉴 때 가라앉는 호흡의 움직임을 깊게 관찰한다.
- **알아차림**: 마음속에 떠오르는 잡념이나 감정이 있다면 그것을 어떠한 판단 없이 "단지 에고의 생각이구나"라고 알아차리고 다시 호흡으로 주의를 되돌린다.

2) 오감 명상

사람은 매순간의 오감(시각, 청각, 후각, 미각, 촉각)에 집중하기보다 에고가 주는 생각(걱정, 불안, 질투, 후회 등)에 집중하기에 지금 이 순간에서 행복을 느낄 수 없다. 무의식적으로 행하던 일상 속에서 우리가 지닌 오감에 집중하면 지금 이순간이 주는 기쁨과 풍요로움을 느낄 수가 있다. 이로 인해 삶의 행복이 아주 가까이에 있다는 것을 깨닫게 된다.

방법

- **식사 시**: 음식의 맛(단맛, 짠맛), 음식의 냄새, 씹을 때 나는 소리, 목을 넘어가는 촉감 등 오감을 확장하여 식사에 완전히 몰입하며 식사가 주는 행복을 느낀다.
- **샤워 시**: 몸에 닿는 물의 온도와 촉감, 비누 거품의 향, 발밑의 물 흐르는 소리 등 감각에만 집중하여 행복감을 느낀다.
- **걷기 시**: 발이 땅에 닿는 감각, 주변의 새와 풀 벌레소리, 아름다운 자연을 보는 시각 등 자연 환경과 접촉하는 감각을 온전히 집중하여 행복을 느낀다.

아침에 기상 후나 자기 전에, 운전이나 이동하는 중에, 하루 중 부정적인 생각이 차오를 때, 음식을 먹는 중에, 걸을 때, 샤워할 때, 운동할 때 등 우리는 일상의 곳곳에서 호흡 명상과 오감 명상을 생활화할 수 있다.

명상이 생활화되면 에고의 부정적인 생각과 감정은 줄어들고, 내면의 고요함과 침착함이 유지될 것이다.

명상은 행복으로 가는 가장 좋은 지름길이다.

3. 긍정적인 마음 가지기

앞에서 우리는 행복이란 외부 환경이나 조건에서 오는게 아니라, 우리가 선택하는 긍정적인 마음가짐에서 피어난다는 것을 알게 되었다. 행복은 갑자기 찾아오는 선물이 아니라, 반복된 선택의 결과다. 삶의 순간순간에서 우리는 부정적인 생각과 감정에 머무를 수도 있고, 그 자리를 벗어나 긍정적인 생각과 감정을 선택할 수도 있다.

이 선택이 쌓여 우리의 삶의 질을 결정한다.

이를 위해 우리는 의식적인 훈련이 필요하다. 긍정적인 마음은 타고나는 성격이 아니라 길러지는 능력이다. 가장 효과적인 방법 중 하나는 긍정적인 단어와 문장을 의식하여 반복적으로 사용하는 것이다.

말은 단순한 표현 수단이 아니라, 생각과 감정을 형성하는 도구다. 우리가 어떤 말을 자주 하느냐에 따라 뇌는 그 방향으로 현실을 해석하기 시작한다. 어떠한 외부 조건이 주어져서 감사하고 행복한 것이 아니라, 먼저 긍정적으로 말하고 생각해야 그에 맞는 삶과 현실이 뒤따르는 것이다. 인간의 마음은 부정적인 생각과 감정을 더 오래 붙잡는 경향이 있기 때문에, 긍정적인 기억은 의식적으로 불러오지 않으면 쉽게 사라진다. 부정적인 감정이 올라올 때, 그것을 억누르기보다 인식하고 흘려보내는 연습이 필요하다. 그리고 다시 긍정적인 방향으로 시선을 돌리면 된다.

하루를 돌아보며 감사할 일을 찾는 것만으로도 마음의 방향은 달라진다. 그 작은 전환이 쌓이면 삶을 바라보는 기본 프레임 자체가 바뀐다. 외부 세상은 그대로인데 내가 서 있는 위치가 달라지는 것이다.

우리는 삶에서 긍정적인 단어들을 자주 반복하고, 긍정적인 생각과 감정들을 상기하려고 꾸준히 노력해야만 한다.

알파

책에서 배운 것들을 자주 기억하고 상기시켜라

- 우리는 에고의 부정적 생각과 감정들을 분리하여 관찰하고 공감함으로써 흘려보낼 수 있다.
- 우리는 에고를 포용하고 사랑하여 내 안의 에너지를 가득 채울 수 있다.
- 우리는 캐릭터가 아닌 플레이어로서 삶을 가볍고 즐겁게 경험할 수 있다.
- 우리는 작용 반작용의 법칙에 따라 선한 영향력을 행사하여 돌려받을 수 있다.
- 우리는 끌어당김의 법칙에 따라 목표를 설정하여 느끼고 노력함으로써 원하는 결과를 가져올 수 있다.
- 우리는 호흡과 오감에 집중하여 행복을 현재로 가져올 수 있다.

긍정적인 단어와 생각을 자주 반복하라

- 행복은 내 안에 있기에 나는 현재에 누구보다 행복하다.
- 나는 내 안의 에고를 진심으로 사랑한다.
- 나는 내게 주어진 모든 것에 감사한다.
- 나는 매사에 여유가 넘친다.
- 나는 타인을 이해와 배려로 대한다.
- 나의 내면은 항상 고요하고 평안하다.
- 나는 즐겁고 가볍게 삶을 경험한다.
- 나는 내 삶의 창시자이자 소우주인 알파이다.

Chapter 8. 물질 만능주의에 빠지지 마라

1. 물질이 목적이 되면 안 된다

우리가 삶에서 성공을 추구하여 노력하고 성취하는 것은 정말 의미 있는 일이다. 하지만 어디까지나 물질은 내 삶의 행복을 위한 수단일 뿐, 결코 목적이 되어서는 안 된다. 물질적 욕망이 삶의 최우선 목적이 되는 삶에는 결코 현재의 행복이 머무를 수 없을 것이다.

물론 물질을 거부할 필요는 없다. 성공은 우리의 열정과 성취감을 일깨워 주며 우리의 삶을 풍요롭게 만든다.

시간과 경제적 자유는 우리에게 더 많은 경험(여행, 취미, 모임, 봉사, 재능 기부 등)들과 성장할 수 있는 기회(자기계발, 기술 습득, 내면 치유, 명상 공부 등)를 주고, 그로 인해 더 쉽게 행복에 도달하게 도와준다. 물질과 성공은 행복을 위한 소중한 수단이자 자산인 것이다.

물질을 가지는 것은 이처럼 행복에 도움이 된다.

문제는 물질이 우리의 주인이 되는 것이다.

우리는 물질적 소유를 늘리기 위해 태어난 존재가 아니라 삶을 경험하고 의식을 확장하기 위해 태어났다. 도구가 목적이 되는 순간 우리는 중대한 삶의 균형을 잃게 된다. 돈이 목적이 되면 욕망은 계속 커지고, 마음은 한없이 흔들린다. 돈이 도구가 되면 삶은 자유로워지고, 마음은 가벼워진다. 진정한 성공은 물질과 마음의 조화로운 균형 위에서만 이루어지는 것이다.

스토아 철학자 세네카는 이렇게 말했다.

"가난한 사람은 적게 가진 사람이 아니라, 끝없이 원하는 사람이다." 이 말은 시대를 초월해 정확히 들어맞는다.

우리는 흔히 가난을 가진 것의 부족함으로 정의한다. 통장에 찍힌 숫자가 적으면 가난하고, 집이 작으면 부족하며, 남들보다 덜 가졌다면 실패했다고 여긴다.

하지만 가난의 본질은 전혀 다른 곳에 있다. 그것은 물질을 가진 양이 아니라, 물질을 원하는 내 마음의 크기이다. 아무리 많은 재산을 가졌어도 더 많은 것을 갈망하는 사람은 결코 풍요로워질 수 없다. 반대로 소유가 많지 않더라도 지금의 삶에 만족할 수 있는 사람은 이미 부유한 사람이다. 진정한 빈곤은 통장이 아니라 마음에서 시작된다.

현대 사회는 끊임없이 우리에게 속삭인다. 더 벌어라. 더 가져라. 더 올라가라. 지금의 너는 아직 부족하다고.

돈, 명품, 큰 집, 좋은 차, 높은 지위는 어느새 행복의 조건처럼 포장되었다. 사람들은 그것들을 손에 넣기 위해 밤낮없이 일하고, 비교하고, 스스로를 몰아붙인다. 마치 그것만 가지면 비로소 안심할 수 있고, 인정받을 수 있으며, 행복해질 수 있을 것처럼 믿는다.

하지만 현실은 다르다. 원하던 것을 손에 넣는 순간 기쁨은 오래가지 않는다. 처음에는 벅차고 충만한 감정이 밀려오지만, 인간은 놀라울 정도로 빠르게 그 환경에 적응한다. 익숙해지는 순간 감동은 사라지고, 그 자리에 다시 결핍이 고개를 든다. 그리고 마음은 또 다른 목표를 향해 달리기 시작한다.

이것이 바로 욕망의 메커니즘이다. 욕망은 충족되는 순간 힘을 잃는 것이 아니라, 형태를 바꿔 되살아난다. 더 좋은 것, 더 큰 것, 더 남들보다 앞선 것을 요구하며 끝없이 확장된다.

욕망에는 종착지가 없다. 그래서 물질적 욕망을 인생의 중심에 두는 순간, 우리는 평생 부족함 속에서 현재를 살아가게 된다. 물질적 추구에만 몰두한 삶의 아이러니는 여기에 있다. 소유는 계속 늘어나지만 만족은 오히려 줄어든다. 이미 가진 것보다 아직 가지지 못한 것에 시선이 고정되기 때문이다. 남들과의 비교와 질투는 깊어지고, 삶에 대한 사랑과 감사는 사라진다. 가진 것은 놓치지 않으려 하고, 못 가진 것은 더 가지려 하기에 마음은 늘 바쁘고 여유가 없다.

물질은 결코 나쁜 것이 아니다. 문제는 물질 그 자체가 아니라, 그것에 매달리는 마음이다. 물질은 삶을 편리하게 만들 수는 있지만, 삶의 의미를 만들어 주지는 못한다. 그것은 잠시 만족과 성취의 감정을 자극할 수는 있어도, 인간의 깊은 내면과 영혼의 갈증을 채워 주지는 못한다.

불교에서는 이 지점을 명확히 짚는다.

"욕망은 고통의 문이다."

욕망을 좇는 마음에는 고요함이 없다. 늘 다음을 향해 달려가야 하고 지금은 항상 불충분하다. 만족이란 개념은 미래로 미뤄지고 현재는 끊임없이 희생된다. 그렇게 사람은 '언젠가 행복해질 삶'을 기대하며 살다가 끝내 행복을 경험하지 못한 채 생을 마친다.

물질로 정의된 자아는 극도로 불안정하다. 잃는 순간 무너지고, 뒤처지는 순간 스스로를 부정하게 된다. 그래서 물질에 의존한 행복은 늘 조건부이며, 현실은 늘 불안하고 위태롭다.

진정한 자유는 더 많이 가지는 데서 오지 않는다. 덜 원해도 괜찮은 상태, 지금의 나로도 충분하다고 느낄 수 있는 여유 있는 마음에서 시작된다. 욕망을 통제하는 사람은 자신의 삶을 통제하지만, 욕망에 끌려다니는 사람은 평생 삶에 끌려다닌다.

우리가 진정으로 내려놓아야 할 것은 물질이 아니라, 물질이 있어야만 행복할 수 있다는 믿음이다. 그 믿음이 사라지는 순간, 우리는 비로소 현재에 머물 수 있고, 있는 그대로의 삶을 온전히 느낄 수 있다. 물질은 삶의 도구일 뿐 목적이 아니다. 삶의 도구가 목적이 되어 우리의 정신을 지배하게 두면 안 된다.

물질을 소유하되, 물질에 소유되지 말아라.

성공 이후에도 더 많은 것에 끝없이 욕심내지 말라.

우리는 현실에서 꾸준히 노력하고 경험하고, 나머지 결과는 우주에 내맡기면 그만이다.

물질에 대한 과도한 집착을 내려놓는 순간, 지금 가진 것에 감사하고 집중하는 순간, 현실은 여유 있고 편안해지고 비로소 삶의 만족이 현실로 찾아오게 된다.

물질을 최우선의 가치로 생각하고 살아가는 사람들이 있다.

그들은 죽는 그 순간까지 채워지지 않는 숫자에 갈망하며 사람 또한 돈으로만 평가한다. 그들에겐 자신보다 가진 돈이 적은 사람은 인생의 실패자일 뿐이다. 그리고 이런 의식이 더 나아가게 되면 타인을 자신의 돈을 채우기 위한 수단으로 사용한다. 타인의 재산과 생명에 피해를 입혀서라도 나의 돈을 채우는 데 이용한다. 이들의 에고는 이미 도덕성이 결여되었고, 우리는 본래 하나라는 소우주적 의식이 사라졌다. 창조자로서의 순수의식이 사라지고, 그 자리에 남은 건 오로지 끝없는 물질적인 욕망뿐이다.

이들은 법의 심판과는 별개로 의식의 순환과정에서 반드시 그에 맞는 응보를 받는다. 먼저 스스로 부정적인 에고에 잠식당하여 평생을 살기 때문에 항상 불안하고 부족함과 죄책감을 느끼며, 현재의 삶에서 진정한 평안과 행복을 경험하지 못한다.

이를 기독교에서는 "하나님의 나라는 너희 마음 안에 있다"고 하였고, 불교에서도 "그대의 마음이 평온하면 천상에 살고, 마음이 번뇌로 가득하면 지옥에 산다"고 하였다.

즉 내 마음 안에 스스로 천국과 지옥을 만든다는 것인데 물질적 욕망으로 잠식당한 부정적 에고의 마음으로는 아무리 물질이 넘쳐나더라도 스스로 감정의 지옥만을 경험하게 되는 것이다.

그리고 내가 남긴 부정적인 에너지는 언젠가 다시 그 의식에게 어떤 형태로든 돌아오게 될 것이다. 현재의 삶은 잠시 경험하고 사라지는 작은 파도와 같은 것이다.

하지만 삶은 지속될 것이고 의식은 영원할 것이다. 영원한 의식의 순환 속에서 내가 보낸 에너지인 카르마는 반드시 내게 '업'이 되어 되돌아온다.

모든 종교에서는 하나같이 이를 경계하는 가르침을 주고 있다.

불교와 힌두교의 응보설은 업(카르마)과 그 결과에 대한 가르침을 의미한다.

즉, "모든 행위는 반드시 그에 상응하는 결과를 낳는다"가 핵심 원리이다.

유대교와 기독교에서는 "사람은 무엇을 심든지 뿌린 대로 거두리라"고 말하여 선과 악이 반드시 자신에게 돌아갈 것임을 말하였다.

이슬람교에서는 모든 행동은 알라가 기록하여 각자의 영혼은 자기가 행한 대가를 받는다고 하고 있다.

도교와 유교에서는 각각 '선악보응', '인과보응'이라 하며 착한 마음과 행동은 복을 부르고 악한 행동은 화를 불러온다 하였다.

결국 삶에서 가졌던 에너지가 살아서도, 그리고 죽어서도 공명하는 것이다. 이는 신의 형벌이라기보다 내 행동과 마음이 만든 지극히 당연한 자연의 순리인 것이다. 우리는 이러한 가르침을 새겨듣고 반드시 경계해야 할 것이다.

즉 타인을 이용하여 자신의 물질적인 쾌락만을 좇는 이들은 스스로 악한 업보를 쌓고 부정적인 생각과 감정에 잠식당하여 살아서도 죽어서도 화를 피하기는 힘들 것이다.

Chapter 9. 인간관계 설정하기

1. 인간관계의 중요성

성공과 행복은 결코 혼자 만들어지지 않는다. 아무리 강한 의지와 뛰어난 능력을 가졌더라도, 인간은 홀로 살아갈 수 없는 존재다. 우리는 늘 사람 속에서 살아가며, 누군가와 관계를 맺고 영향을 주고받는다.

그리고 그 관계의 질이 곧 삶의 질을 결정한다. 누구와 함께 시간을 보내느냐는 단순한 취향의 문제가 아니다. 그것은 우리의 감정, 생각, 습관, 그리고 삶의 방향 자체를 조형하는 결정적인 요소다. 인간은 생각보다 훨씬 더 주변 환경에 쉽게 물들며, 특히 가장 가까운 인간관계의 영향을 깊게 받는다. 우리는 종종 자신의 인생을 모두 스스로 선택한다고 믿지만 실제로는 함께 있는 사람들의 분위기와 가치관, 말투와 사고방식에 의해 무의식적으로 조율된다. 긍정적인 사람들 사이에 있으면 마음은 자연스럽게 밝아지고, 불평과 냉소가 가득한 사람들과 오래 머물면 이유 없이 삶이 무거워진다.

심리학에서는 이를 '사회적 환경 조정'이라고 부른다.

인간의 감정과 행동, 선택은 개인의 의지뿐 아니라 주변 사람들의 태도와 기대에 의해 끊임없이 재구성된다. 우리는 주변 사람들의 기준을 기준으로 삼고, 그들의 한계를 우리의 한계로 받아들이며, 그들의 가능성을 우리의 가능성으로 인식한다. 그래서 인간관계는 단순한 배경이 아니다. 그것은 우리의 사고방식과 자아 인식을 빚어내는 틀이다.

동서고금의 지혜는 이 사실을 반복해서 강조해 왔다.

부처는 "지혜로운 사람과 가까이하라"고 했고,

성경에서도 "사람은 함께 있는 자의 성품을 닮는다"고 말한다. 결국 어떤 사람들과 함께하느냐는 어떤 삶을 살게 될 것인가를 미리 결정하는 일과도 같다.

인간관계는 눈에 보이지 않는 진동과 같다.

어떤 관계는 에너지를 끌어올리고, 어떤 관계는 에너지를 소모시킨다. 어떤 사람과 함께 있으면 이유 없이 의욕이 생기고 시야가 넓어지지만, 어떤 사람과 함께 있으면 설명할 수 없는 피로감과 무력감이 쌓인다.

이는 기분 탓이 아니다. 인간은 감정과 의식을 통해 서로에게 끊임없이 영향을 미치는 존재다. 말 한마디, 표정 하나, 태도 하나가 서로의 내면에 파장을 남긴다. 그 파장이 쌓여 우리의 상태를 만든다.

그래서 인간관계를 정리하고 선택하는 일은 냉정함이 아니라 내 삶에 대한 책임이다. 모두와 잘 지내야 한다는 믿음은 아름다워 보이지만, 현실에서는 자신의 감정과 시간을 소진시키는 선택이 될 수 있다. 모든 관계를 유지하려다 보면, 정작 자신의 삶을 잃게 된다.

관계를 정리한다는 것은 사람을 무시하거나 버린다는 뜻이 아니다. 그것은 거리와 깊이를 조절하는 일이다.

어떤 사람은 가까이 두고, 어떤 사람은 예의를 지키되 거리를 유지하며, 어떤 관계는 과감히 내려놓아야 할 때도 있다. 이 선택은 이기심이 아니라 내 삶의 존중에서 비롯된다.

행복하고 성장하는 삶을 원한다면, 스스로에게 물어야 한다.
지금 내 곁에 있는 사람들은 나를 확장시키는가, 아니면 축소시키는가?
그들과 함께 있을 때 나는 더 나은 내가 되는가, 아니면 나 자신을 잃는가?
인간관계는 의식적으로 관리하지 않으면 가장 강력한 방해물이 된다.
반대로 잘 선택된 인간관계는 아무 노력 없이도 삶을 끌어올리는 가장 강력한 자산이 된다. 좋은 관계는 동기부여가 되고, 기준이 되며, 삶의 방향을 위로 끌어당긴다.
우리는 결국 관계의 평균으로 살아간다. 그 평균을 어디에 두느냐에 따라 삶의 높이와 깊이는 달라진다. 그러므로 인간관계는 선택의 문제가 아니라 전략의 문제다. 성공과 행복을 진지하게 원한다면, 누구와 함께할 것인가를 반드시 점검해야 한다.

2. 부정적 인간관계 정리하기

사람은 타인에게서 받는 영향이 생각보다 훨씬 크다. 특히 부정적인 에너지는 긍정적인 에너지보다 전염 속도가 빠르고 파급력이 크다.
해외 연구에서 유명한 '게 양동이 실험'이 있다.
게 한 마리를 양동이에 넣으면 게는 벽을 타고 올라가 밖으로 탈출한다.

그러나 여러 마리를 같이 넣으면 다른 게들이 올라가는 게를 끌어내려 결국 어느 누구도 탈출하지 못한다.

부정적 인간관계도 이와 같다.

내가 변화하려고 하면 "그게 되겠어?", "괜히 힘 빼지 마라", "넌 원래 그런 사람이야"라며 끌어내리는 사람들이 있다.

이런 인간관계는 행복과 성공을 가로막는 가장 강력한 장애물이다. 게들이 서로를 끌어내리듯 부정적 인간관계는 우리의 진동을 낮추고, 잠재력을 제한하며 성장을 흔들리게 만든다.

남을 대놓고 시기하고 질투하는 사람, 사소한 일에 분노하고 폭력적인 사람, 타인을 무시하는 사람, 과도한 물질 우선 주의에 빠진 사람, 도덕성이 결여되고 거짓을 일삼는 사람, 원인 모를 피해의식을 지닌 사람, 불평과 불만만 가득한 사람, 열정 없이 무기력한 사람, 받기만 하고 감사할 줄 모르는 사람, 타인에게 과도하게 집착하고 불안해하는 사람 등 이런 부정적 진동을 가진 사람들과 오래 머물면 우리는 어느새 그 진동의 영향을 받고 우리의 에고 또한 불안과 비교, 열등감 등으로 부정적 에너지가 전염되어 크게 흔들리게 된다. 심리학에서는 이를 '정서 전염'이라고 한다.

다른 사람의 감정이 무의식적으로 뇌에 복사되어 나의 감정처럼 느껴지게 되는 현상이다. 즉 부정적인 사람 곁에 오래 머물면 내가 부정적인 사람이 되어 버린다.

단 모든 사람은 완벽하지 않다.

나에게 어떤 면에서는 긍정적인 영향을 주고, 어떤 면은 부정적인 영향을 주는 사람들이 대부분일 것이다. 이럴 땐 그 사람과 함께 있으면 내가 스트레스를 받아 불안해지는지, 아니면 마음의 안정이나 위로를 받고 좀 더 행복해지는지를 스스로 확인해서 결정하면 될 것이다.

그리고 나 자신도 누군가에게 부정적 영향력을 주는 사람은 아닌지 항상 경계해야 한다. 타인의 평가와 시선을 의식할 필요는 없지만 부정적인 에너지를 주는 사람이 되어서는 안 될 것이다.

회사나 조직 등에 속해 있어서 어쩔 수 없이 감수 해야하는 부정적 인간 관계가 있다. 그럴 땐 되도록 부정적인 사람들의 말과 에너지에 휩싸이지 마라. 그들이 내던지는 부정적인 에너지는 내가 그 에너지에 반응하고 수용해야만 내 안에서 작동한다. 즉 내가 반응하지 않으면 그냥 스쳐가는 바람처럼 흘러갈 뿐이다. 우리가 내 안의 에고를 분리하여 지켜보듯이 그냥 조용히 그들을 관찰하라.

'아 이 사람은 아직 부정적인 자아를 벗어나지 못했구나' 측은한 마음을 가지고 그냥 바라보면 된다. 나이의 많고 적음과는 상관없이 감정과 의식의 성장속도는 사람들마다 차이가 많이 난다. 의식이 성숙한 성인은 의식이 미성숙한 초등학생이나 하는 말에 상처받지 않는다. 단지 아직 의식이 어려서 그러려니 측은하게 생각하고 가볍게 흘려보내면 되는 것이다.

우리는 앞으로 나아가기도 바쁘다. 내 주변의 부정적 인간 관계에 결코 시간과 에너지를 낭비하지 마라. 알파로서의 삶을 살길 바란다면, 부정적인 사람들을 정리하고 멀리해야 한다. 대다수의 사람들이 주는 부정적인 진동에서 벗어나야 한다.

우리는 흔히 인간관계는 많을수록 좋다고 배운다. 연락처에 저장된 숫자, 모임의 개수, 아는 사람의 범위가 마치 삶의 풍요로움을 증명하는 것처럼 여겨진다.

하지만 인생을 살아 보면 깨닫게 된다. 삶의 질을 결정하는 것은 관계의 양이 아니라 질이라는 사실을 말이다. 에너지와 시간을 낭비하지 말고 나에게 도움이 되는 긍정적인 소수에게 집중하라. 인생을 변화시키는 것은 수백 명의 인간관계가 아니라 소수의 긍정적인 진동을 가진 사람들이다. 그런 이들은 많지 않다. 오히려 쉽게 만날 수 없기 때문에 더 소중하다.

나에게 위로와 응원이 되는 사람, 열정이 넘치고 끊임없이 도전하는 사람, 삶의 의미와 행복을 이야기하는 사람, 겸손하면서도 타인을 존중하는 사람, 여유와 배려가 몸에 밴 사람, 선한 영향력을 조용히 퍼뜨리는 사람, 긍정과 감사로 하루를 살아가는 사람 등 이런 사람들과의 대화와 만남은 긍정적인 에너지를 남긴다. 마음이 가벼워지고 열정이 샘솟는다. 주변에 따뜻하고 열정적인 소수의 사람들만 가득하다면, 그 자체로 인생은 더없이 행복해진다.

행복은 멀리 있지 않다. 좋은 주변 환경, 좋은 인간 관계 속에 자연스럽게 스며 있다.

성공 철학자 짐 론은 이렇게 말했다.

"당신은 가장 자주 만나는 다섯 사람의 평균이다."

모든 사람을 내 삶의 중심에 둘 필요는 없다. 중심에는 나를 성장시키는 소수만 있으면 충분하다. 당신이 긍정적인 소수를 선택하는 순간, 삶은 조용히 그러나 확실하게 변하기 시작한다.

행복해지고 싶다면, 성공하고 싶다면, 먼저 함께할 소수의 사람을 선택하라. 그 선택이 당신의 행복한 인생을 만든다.

4. 내 안의 에너지로 타인에게서 벗어나기

인간관계는 분명 중요하다. 우리는 사람을 통해 배우고, 성장하고, 위로를 얻는다. 그러나 그보다 더 중요한 것이 내 안의 에너지다. 아무리 좋은 사람들과 함께 있어도 내면이 비어 있다면 우리는 외부에 쉽게 흔들린다. 반대로 내 안의 중심이 단단하다면 외부 환경은 더 이상 나를 지배하지 못한다.

우리는 생각보다 외부 에너지에 너무 쉽게 영향을 받는다.

타인의 말 한마디, 표정 하나, 평가와 시선, 비교와 판단에 순식간에 기분이 바뀌고 스스로의 가치를 의심한다. 그렇게 우리는 내 안의 에너지로부터 멀어진다.

반드시 기억해야 한다. 진짜 중심은 언제나 나에게 있다.

타인의 인정이 나의 가치를 결정하지 않는다. 타인의 감정이 나의 상태를 규정하지도 않는다. 그 모든 것은 외부에서 스쳐 지나가는 파동일 뿐이다. 외부 사람들에게 지나치게 의지할수록 우리는 그들의 진동에 종속된다. 기대가 커질수록 실망도 커지고, 의존이 깊어질수록 자유는 사라진다. 그러니 타인의 감정과 평가에 스스로를 묶어 두지 말아야 한다.

에너지는 결코 외부에서 채워지는 것이 아니다. 온전히 나 자신에게서 비롯되는 것이다. 행복해지기 위해 누군가의 말과 행동을 기다리지 말고, 그들의 평가와 인정에 기대지 말아라. 그 모든 것을 내려놓는 순간 에너지는 다시 나에게로 돌아온다.

타인의 진동에 흔들리지 않는 나만의 중심을 세워라. 그 중심은 자신감으로 단단해지고, 열정으로 살아 움직이며, 선한 마음으로 따뜻해지고, 사랑과 감사로 충만해져야 한다.

그렇게 채워진 에너지는 외부 상황에 쉽게 소모되지 않는다. 오히려 주변을 밝히는 빛이 된다.

그리고 그 에너지를 서로 북돋아 줄 수 있는 사람들과 함께 가라. 열정이 넘치고, 사랑이 흐르고, 여유와 행복이 자연스럽게 묻어나는 사람들과 공명하라.

행복은 외부가 아니라, 내 안에 존재한다. 타인에게 의존하거나 집착하지 말고, 내 안에서 온전히 에너지를 얻어라.

Chapter 10.　　　　　　　　　　**가화만사성**

1. 가족은 삶의 근원이다

가족은 삶의 근원이며 행복의 첫 번째 토대이다. 우리는 태어나는 순간부터 가족이라는 울타리 안에서 삶을 시작한다. 가족은 내가 무엇을 이루기 전에도 이미 나를 존재 자체로 받아들여 주는 유일한 공동체다. 그 존재만으로 삶을 지탱해 주고, 감정의 안정과 회복력을 만들어 주며, 상처 입은 마음을 다시 일으켜 세운다.

성공은 혼자서도 이룰 수 있을지 모른다. 그러나 가족이 없다면 그 성공은 쉽게 공허해진다. 결국 가족은 상처를 치유하고, 삶을 성장시키는 가장 깊은 토양이다.

기독교에서는 "가정은 하나님이 처음 주신 공동체"라고 말한다. 가족이라는 구조가 인간이 이 세상에서 가장 먼저 경험해야 할 사랑과 보호의 공간이라는 뜻이다.

가정 안에서 배우는 사랑은 조건이 없다. 성과를 내지 않아도, 실패해도, 흔들려도 다시 돌아올 수 있는 자리가 있다. 그 무조건성은 인간의 마음을 가장 깊이 안정시킨다.

그리고 그 안정감이 삶 전체를 떠받치는 보이지 않는 기둥이 된다.

따뜻한 대화 한마디, 가족의 미소, 소소한 식탁 위의 음식, 함께 쌓아 가는 추억, 말없이 건네는 위로, 서로를 향한 작은 배려 등 이런 사소해 보이는 순간들이 우리의 내면을 가장 깊이 풍요롭게 만든다.

행복은 거창한 성취 속에서 갑자기 찾아오는 것이 아니다.

대부분은 가족의 일상적인 사랑 속에서 조용히, 그러나 확실하게 피어난다. 가족은 우리가 다시 숨을 고를 수 있게 해 주는 공간이며, 에너지를 충전하고 다시 세상으로 나아갈 힘을 얻는 근원이다.

결국 가족과 함께할 수 있는 삶, 서로의 존재를 느끼며 살아갈 수 있는 시간이야말로 우리가 누릴 수 있는 가장 크고 본질적인 행복이다.

2. 가족에게 노력하라

우리는 행복한 가족이 만들어질 수 있도록 서로 노력해 나가야 한다.

1) 작은 감사 표현하기

가정의 행복은 커다란 이벤트보다 작고 꾸준한 감사 한마디에서 시작된다. "고마워", "수고했어", "덕분이야" 이 말들은 가족 사이를 가장 따뜻하게 연결하는 에너지다. 감사는 가족을 변화시키는 가장 부드럽고 강력한 진동이다.

2) 감정보다 상대의 의도를 먼저 보기

가족의 말이나 행동이 마음에 걸릴 때 즉시 감정으로 반응하지 말고 그 뒤에 있는 선한 의도를 먼저 바라보아야 한다. 가족은 사실 상처 주려던 의도가 아니라, 자신의 방식대로 모르고 표현한 것일 때가 대부분이기 때문이다. 의도를 보면 관계는 부드러워지고 감정만 보면 관계는 날카로워진다.

3) 서로의 감정을 억누르지 않고 들어 주기

대화를 할 때 중요한 것은 해결책이 아니라 감정을 온전히 들어 주는 것이다.
"그래서 힘들었구나", "네 말이 맞아", "그럴 수도 있겠다" 같은 공감은 가족의 마음을 깊이 치유한다. 가족은 서로의 감정을 받아 주는 '안전한 공간'이 되어야 한다.

4) 절대 비교하지 않기

"누구 남편은 저렇다더라", "누구 아이는 그런다더라" 등의 비교는 가족의 마음을 가장 깊이 상처 주는 독이다. 내 가족을 비난하는 것은 나의 얼굴에 침 뱉기이다. 가족은 비교의 대상이 아니라, 인생을 함께 걸어가는 소중한 동반자다.

5) 개인의 시간과 공간 보장하기

행복한 가족은 모든 일에 관여하고 항상 붙어 있는 관계가 아니라, 적절한 거리와 균형이 있는 관계다. 각자의 시간과 개인적 공간이 필요한 부분이 있다. 때로는 혼자만의 시간과 공간을 존중할 때 가족 관계는 오히려 더 단단해진다.

6) 내가 원하는 것을 가족에게 요구하지 말기

나의 행복이 꼭 가족의 행복은 아니다. 서로의 가치관은 다를 수 있다. 특히 부모는 자녀를 통하여 대리 만족을 느끼려 하는 경우가 많다. 자녀는 나의 만족을 채워 주는 도구가 아니라 스스로 삶의 창조 의식이자 주체이다. 물론 자녀가 삶의 길에서 방황하고 있을 때 부모는 조언자 역할을 할 수 있을 것이다.

하지만 선택은 결국 자녀의 몫이다. 자녀가 좀 더 좋은 선택을 할 수 있게 함께 독서를 하고, 경험을 쌓고, 소통하라. 진정한 부모는 자녀에게 명령하는 사람이 아니라 자녀와 함께하는 사람이다.

7) 서로 발전하고 노력하는 관계 형성하기

가족 관계도 노력에 의해 얼마든지 개선되고 발전 가능하다.

또한 함께 성장하는 관계도 될 수 있다.

서로의 목표를 나누고 응원해 주기, 일주일에 하루는 함께 봉사활동 가기,

하루 한 시간은 함께 책 읽는 시간 가지기, 하루 삼십 분은 함께 호흡 명상하기 등 혼자 보단 가족과 함께 한다면 노력과 성장은 가속화된다. 가족 구성원 모두가 긍정적인 생각과 감정을 가지고 행복을 영위할 수 있도록 함께 노력하고 발전해 나가야 한다.

우리는 지금까지 1부 성공하기 위한 법칙(알파로 가는 길)과 2부 여러 재테크 분야별 투자 방법(알파의 투자법), 3부 성공을 가능하게 만드는 마음가짐과 행복해지는 길(알파로서의 마음가짐)에 대해 함께 살펴보았다.

이 책에 담긴 내용들은 필자가 살아오며 직접 경험하고, 실패하고, 고민하고, 공부하며, 오랜 시간에 걸쳐 정리해 온 생각과 경험의 기록이다.

그러나 반드시 기억해야 할 것이 있다. 아무리 좋은 책도 읽기만 해서는 아무것도 바꾸지 못한다. 말을 물가로 끌고 갈 수는 있어도 물을 억지로 먹일 수는 없듯, 이 책의 내용을 읽고, 어떤 생각을 하고, 어떤 선택을 하고, 어떤 행동을 할지는 이제 온전히 여러분의 몫이다.

실천하지 않는 지식은 아무런 힘을 가지지 못한다. 반대로 작은 실천 하나라도 시작하는 순간, 이 책은 비로소 여러분의 인생 속에서 살아 움직이는 나침판이 될 것이다.

책의 내용을 더 깊이 공부하고 같은 방향을 바라보며 함께 성장하고 싶은 분들이 있다면, 앞서 이야기한 필자의 블로그 채널이나 카카오 오픈 채팅방에 참여하는 것도 좋은 선택이 될 수 있다.

필자의 블로그 채널(https://m.blog.naver.com/alpha3232)은 책에서 다 설명하지 못한 여러 분야의 더 자세한 정보들과 재테크 시장의 흐름을 분석하고 적어 나갈 생각이다.

오픈 채팅방 '알파(재테크)'는 여러 재테크 정보를 공유하고 나누며, 함께 공부하며, 재테크에 서로 도움을 주고받기 위해 만든 공간이다.

오픈 채팅방 '알파(자기계발)'는 자기계발, 독서, 명상, 행복 관련 등등 삶을 스스로 창조하는 알파가 되기 위해 서로의 정보나 경험, 에너지를 나누며 함께 나아가는 공간이다.

이 책을 마치는 순간에도 한 가지는 분명히 전하고 싶다. 우리는 에고의 생각과 감정에 갇혀 외부 상황에 영향을 받으며 살아가는 수동적 존재로 이곳에 온 것이 아니다. 우리는 스스로 삶을 창조하고 경험하며 그 경험을 통해 온전한 사랑과 행복을 느끼기 위해 이곳에 왔다. 여러분 모두는 자기 인생의 주인이며 동시에 스스로 삶의 창조주인 알파다. 환경이 어떻든, 출발선이 어디든, 과거에 어떤 선택을 했든지 간에 다시 인생을 설계할 수 있는 권한은 지금 이순간 온전히 여러분에게 있다. 결국 내 삶의 성공도 행복도 모두 다 내가 선택하고 결정하는 것이다.

알파로서 스스로의 인생을 설계하고, 두려움 속에서도 한 걸음 내딛고, 꾸준히 노력하며, 성장하고, 원하는 성취를 만들어 가길 바란다.

그리고 무엇보다 성공만을 쫓는 삶이 아니라, 행복으로 가득 찬 삶을 매 순간 선택하며 살아가길 바란다. 삶의 소중한 매 순간을 최대한 즐기고, 감사하고, 사랑하고, 행복하자!

이 책이 그 빛나는 여정의 작은 불씨가 되었다면 그것으로 충분하다.

당신의 인생은 지금 이 순간에도 당신의 선택에 의해 계속해서 창조되고 있다.

당신은 이미 알파다. 절대 포기하지 마라!

알파

ⓒ 임성현, 2026

초판 1쇄 발행 2026년 5월 1일

지은이   임성현
펴낸이   이기봉
편집   좋은땅 편집팀
펴낸곳   도서출판 좋은땅
주소   서울특별시 마포구 양화로12길 26 지월드빌딩 (서교동 395-7)
전화   02)374-8616~7
팩스   02)374-8614
이메일   gworldbook@naver.com
홈페이지   www.g-world.co.kr

ISBN   979-11-388-5862-5 (03190)

• 가격은 뒤표지에 있습니다.
• 이 책은 저작권법에 의하여 보호를 받는 저작물이므로 무단 전재와 복제를 금합니다.
• 파본은 구입하신 서점에서 교환해 드립니다.